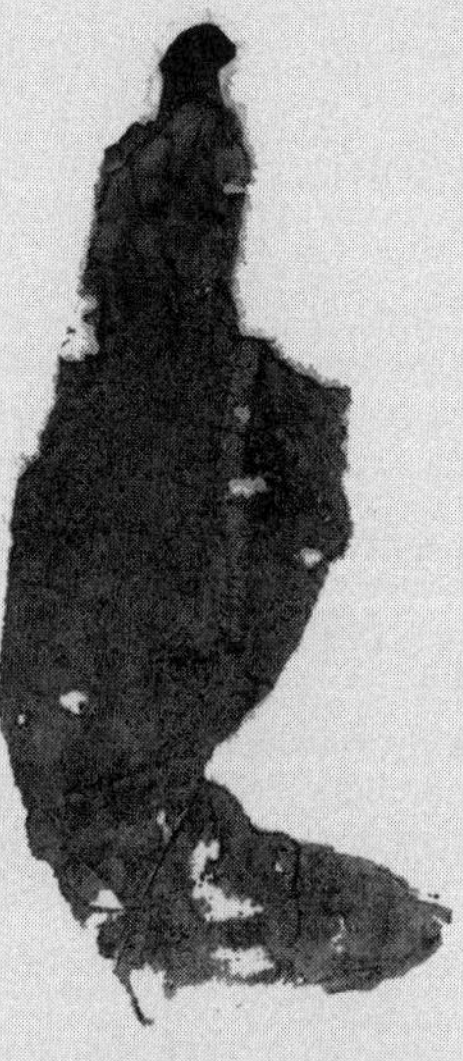

ニーチェ 知のゆくえ

二 知と非知

仲井幹也

三元社

はじめに

本書は二〇一九年に幻冬舎ルネッサンス新書として刊行された『ニーチェ、知への問い』（以下『知への問い』）の続編である。新たに前作を『ニーチェ　知のゆくえ』三巻本の第一書とし、本書をその第二書として同時刊行するものである。『知への問い』の「あとがき」にも書いたが、前作が扱ったのは当初構想していたニーチェ論の半分または三分の一を論じたもので、本書はその残りのすべてを論じる予定であった。本書第二書は、本来『ニーチェ　生命、美、そして知』というタイトルで書かれる予定であったもので、残りのすべてとは、知と生命、とくに知と美との関係を論じるのが本書の当初の目的であった。だが執筆途中で、ついでに言及するだけだったはずのヘーゲルに関する論述が肥大してしまい、思いのほか分量が増し、時間もかかりすぎてしまった。それゆえ今回も当初の構想を三分した場合の第二の部分に相当するものを書き終えた段階で、『知と非知』という予定外のタイトルをつけ第二書として刊行することになった。本書を構成する「星座」にすでに生命や美にかかわる部分が小惑星として紛れ込んでいるのはそのためである。本書の数年後に刊行されるであろう第三書は、『生命、美、そして知』という本来のタイトルを持つことになる。今回は哲学的推論にかかわりがある範囲で物理学や生物学など、筆者にとって完全に専門外のことまで言及せざるを得なかった。各領域の基本的知識の欠如や誤解のため、筆者が誤った方向でものを考えていると認められる場合は、専門家諸賢から忌憚のない批判が寄せられ、筆者の誤りを糺していただければ幸いである。

ある知人は、前書きも目次もなく、章立てもない前作を「反時代的形式」と呼んでくれた。賛同の意味か批判の意味か、真意は明らかではないが、そのどちらだとしても悪い気はしなかった。『反時代的考察（Unzeitgemäße

Betrachtungen)』を書いたニーチェにとって、時代に即して（zeitgemäß）いることは、多分に時代に迎合していること、時流に流されていることを意味していた。「今どき風」であることなど、「本源的」であることに比べたら、どうでもいいことでしかない。

筆者は『知への問い』で、読者に対する意地悪な意図からではなく、むしろ親切心からそうした「反時代的形式」を選んだのである。それは筆者自身の本の読み方に関わっている。もともと文学徒であった筆者は、ニーチェ論を書くようになって難解な哲学書と格闘することになるのだが、これはどうにも歯が立たないというテキストに出会ったときにどうするかというと、小学校の国語の時間に習った方法を取るのである。つまり段落ごとにその内容を自分の言葉でまとめるという地道な作業をする。多くの場合、作業が済んで全体をつなぎ合わせてから理解ができるというよりも、作業の経過中にどんどん理解ができていき、なんだ、なんにも難しくないじゃないか、と腑に落ちていく。ちょうど、こんな球、打てるはずがないという一五〇キロの剛速球が、スローモーションで見える感覚に似ている。一見迂遠で時間がかかる作業だが、急がば回れで、結果的には時間がさほどかかることはなく、何よりも確実で精確な理解ができることが最大の利点である。当然ながらその時間の中で浮かんだ着想や疑問も併記しておく。ニーチェはノートを取るときに左のページに内容をまとめ、右ページを空白にしておくというやり方を取った。あとから右ページに自分の考えを書き込むためである。筆者は通常そのやり方は取らないが、難解なカントのテキストについては、一部そのやり方を取った。細部に対して精確な理解ができるというだけではない。ゆっくりと経過する作業の時間の中で、著者の思想の全体の構図がありありと浮かんでくるのである。いま読み解いている細部が著者の全体の思想のどの部分を構成し、核心部分とどのような関係にあるかなどが明瞭になっていく。細部の理解と全体の理解は相関的である。細部の理解によって全体の見え方が変わってくるし、全体の見え方によって細部の理解もまた変わる、またはより精確なものになり、相補的に理解が深まっていく。筆者は四〇代半ばを過ぎた頃から少し本が読めるようになってきたが、四〇歳頃から始めたこの地道な作業が大いに与っているのだろうと思っている（初めてこのやり方で読解に努めた本が、ニーチェの『悲劇の誕生』であった。若書きの、青臭い匠気が鼻につく悪文甚だしき書物である。ただ、種子として秘められたその豊饒な哲学的内容の全体は、未だ汲みつくされていないと筆者は考えている）。内容をまとめるという手間のかかる作業を要しない通常の読みやすい本であっても、筆者は著者が設定した章立てや小見出しとは関係なく、自分自身で内容の区分けをし、ポイントを示す簡単な言葉を本の余白に書き込んでいくのを常としている。失礼ながら、著者ご自身が自分のテキストの内容を適切に段落や章に振り分けられていないケースも間々あるのである。同じ内容を、はなはだしい場合は一冊の本の中で四、五回も繰り返す人がいる。一度聞けばもういいよという簡単な内容なら、その繰り返しは読者にとって迷惑でしかない。ただ、難しい内容の本である場合は、それらは必ずしも無駄な繰り返しということではなく、それぞれの箇所の微妙な表現の違いによって、一度目の箇所では理解できなかったものが、次の箇所で、また次の箇所でと、次第に意味が鮮明となっていくのである。読者である筆者は、それら同じ内容がどのページに現れたものか、同じ内容が書かれたすべてのページ番号をその都度、余白に書き込んでいくのを常としている。それらの複数箇所を照合してより正しい理解を得ていくのである。それらは、一冊の本の各所に現れた、理解の手掛かりとなる「ロゼッタストーン」として貴重である。ちなみにカントの著作は、多くの場合、何十回もの同じ内容の繰り返しの合成物である。想定しうる誤解や曲解を先手を打って排除し、読者に誤解の余地なき精確な理解を期すると、そういう書き方になる。筆者が紙の本にこだわるのは、時代遅れの人間だからだけではなく、電子書籍では書き込みができないからである。同じ理由で、図書館の本ではなく、極力、購入した本を使う。筆者が「反時代的形式」を選んだのは、読者の方々にもそうした作業をしていただいて、その非効率に見える読み方の効率性を知っていただきたかったからである（教育政策に関わる人たちの中で、デジタル教材の導入が教育の新局面を開くとの考えを述べる人がいるが、鉛筆をシャープペンシルに変えたら教育の新局面につながるというような虚仮《こけ》な話でしかない。教育の新局面につながるかどうかを決めるのは、あくまで教材の中身である）。

本の読み方は各人独自のものであっていいし、自分の読み方を確立している諸賢に偉そうに上から教示を垂れるつもりはない。筆者がいま念頭に置いているのは若い読者諸氏である。『知への問い』は難解な書物ではないし、すらすら読めるわかりやすい本だと筆者自身は思っている。本を読んだ筆者の知人たちもそういう反応だった。ただ幻冬舎版『知への問い』にネット上でレヴューを寄せてくれた読者（おそらく若い方だろうと思うが）から、知らない言葉がいきなり出てきて読みにくい本だという感想をいただいた。若い友人たちよ、靴下は他人がはかせてくれる、パジャマのボタンは他人がはめてくれる、などという期待はもういい加減持たないように。おじさん（筆者）が若い頃は——という言い方自体がおじさん丸出しだが、筆者はおじさんどころかおじいさんと言ってもよい年齢なので、今さら言葉に気をつけて、おじさんと思われまいとするほどオシャレな人間ではない——、知らない難しい言葉が出てくると、すわ、何かの宝玉か、と嬉々として辞書や事典を引いたものだ。君たちの読解力では『知への問い』ですら読みにくいというのなら、自分自身で章立てを試みて、内容を捉えてみてほしい。パネルをタッチさえすれば疑問を解決する答えがすぐに得られるという幻想を生じさせるかのような教育を施した愚かしい大人たちには、満腔の侮蔑と呪詛を向けていい。時代が違うのだ、現代は鈍牛の歩みのようなそんな悠長なことをやっていられるのんびりした時代ではないのだ、と言いたいのなら、それこそがまさに現代人の浅はかさというものである。パネルをタッチして得られるのは、タブレットの中に集積されている、すでに確定している答えでしかない。だが、それらのほとんどは確定していることにとりあえずしているだけのものでしかなく、確定している答えなどというものはこの世にはほとんどないということの方がむしろ真相であり、そんな当てにならないものを山ほど頭に詰め込んだとしても、何の益にもならないことを知るべきである。そんなものは、最新の英語の論文を数本読んだだけで知恵者ぶって得々と社会問題の解決策を披露する一部の軽薄才子や、クイズ番組で全問正解して狂喜乱舞する東大生らが手にしたがる、その辺に転がっている「情報」でしかない。彼らはせいぜい自転車に乗って町内をうろうろしているだけである。実際は逆で、時間をじっくりかける地道な学習こそが、ロケットのように君たちを遠くへと運ぶのだ。考えることをせず覚えることに終始する学習、自分で答えを考え出すのではなく、単にどこからか答えを探し出してくるだけの学習は、学習ではなく単なる作業である[1]。その答えを正しいとする根拠が、「偉い人がそう言っているから」とする人は、言うまでもなく、偉い人ではない人たちである。外から与えられて得られた認識もまた、ただそれを覚えさえすれば認識と呼びうるものではあるが、それは他人の理性を自らの範としただけで、所与に基づく認識でしかなく、その人自身の理性から生じた原理に基づく合理的認識ではない。単に「覚えた」というのはその人の模造的能力を証明したにすぎない。自ら考えながら行う学習のみが、合理的認識へと向かう産出的能力を育むのである。

筆者の前作にネット上でレヴューを書いて下さった方は二、三人にとどまる。特にどうという内容のものではなかったが、二〇一九年の夏の刊行直後にいち早く出たレヴューが、最も筆者に色々考えさせるものだった。主に否定的意味でだが、我々みんなにとって反面教師として役立つ教材ともなるものなので、少しそれに触れたい。刊行直後に出たそのレヴューというのは、頭ごなしに筆者の著書に罵声を浴びせるような内容だったが、現在ネット上に残っているものは、その罵声的表現が削られたもので、七割ほどが以前と同じ文面となっている。おやおやと思ったのは、直後のレヴューでも、修正後のものでも、その人が、筆者が『知への問い』を一気に書き上げた、と断言していることである。筆者がどのように執筆していたかなど知るはずもないのに、よくまあ、見てきたような嘘を言うものだとあきれた。よほど筆者のことを買いかぶっているのか、逆にあの本のごときは一気に書ける程度のものでしかないと見ているのか、いずれにせよ専横な決めつけである。「〇〇は××である」という一文を書くために、どれほどの事実確認とどれほどの長い熟考を要するか、多少なりとも哲学に従事したことがある者なら知らぬはずはないのに、なぜあのようなありえない想像をするに至ったのか。できるはずもないそんな断言をする資格が自分にあると考えている時点で、相当に勘違いしている人物と言うことになろう。その人は、ろくに調べもせず、いい加減に文章を書き散らす、後述する「売文著述業者」の類なのか。

ついでにニーチェについて触れると、彼の発狂の原因は梅毒説など、いろいろある。特に根拠があってのことではないが、ツァラトゥストラ第一部を一〇日で書き上げたことが発狂の遠因なのではないかと、筆者は勝手に想像している。おそらくニーチェは脳のオーバーヒートも辞さず、リミッターを外し、一気に書き上げた。それによってかなりの脳細胞がそのとき破壊されたのではないか。お肌の曲がり角にすら留意する筆者は、無論そんな危険なことはしない。脳が酸欠状態になってきたと感じたら、さっさと筆をおく。筆者の著作は、うららかな春の海の如き、のどけきまどろみの中で、ゆるり、のたりと書き進められる。英知の青白い炎は、睡眠と覚醒のはざまに灯ることを知るからである。黄昏に飛ぶミネルヴァの梟は、単なる事実学の使者である。哲学をいざなうミネルヴァの梟は、夜明け後の世界への予感を探りながら、暁闇に飛ぶ。

レヴューの内容に話を戻すと、その人がそこで言っていることは、お前のニーチェ論は従来の定説とは違う、だから間違いだ、というだけのことで、批判にも何もなっていない。筆者は、その「従来の定説」を論拠を上げて間違いであると論じた。筆者の異論こそがやはり間違いだというのなら、その人もまた筆者の論述のどこがどのように間違っているのかを根拠を上げて示さなければならない。筆者は、自分の説が間違いだと人から言われても、それはそれでいいと思っている。仮に本当に間違いだったとしても、無駄だったとは思わないからである。真摯で誠実な間違いの累々たる屍を踏み越えて学問は前に進み、その命脈を保つ。固陋な定説の墨守、十分な検討もせずに異説を排除する姿勢こそが学問を停滞・枯死させる。自然科学ならずとも、学問は様々な人々から異なる知見が持ち寄られ、それらに対する公共的な議論によって、より真なるものへと近づけていく営みだからである。何が本当に正しいことなのかが筆者の知りたいことなのであって、自説が間違っていないということが筆者の知りたいことではないのである。筆者は自分への反対意見を述べる人々からも多くを学びたいと考えている。そこまで高所からご高説を賜る様子から察するに、おそらくそれなりに名もあり立場もある方なのだろう。学者であるのなら、きちんと論拠を示した上で意見を述べていただきたい。ちなみに筆者はスマホはおろかガラケーすら手にしたことがない人間で、SNSで何が言われていようと、それを目にすることはない。職を辞して以来、こんなことが言われているよと教えてくれる人も身辺には一人もいないので、間接的に知ることもない。新聞や雑誌は読まないので、そこで意見が公表されていたとしても、人が教えてくれない限り、それを知ることはない。意見がある方は、ご面倒でも三元社経由で手紙かメールを送っていただきたい。言うまでもなく、差出人の名がないものは三元社のごみ箱に直行するので、筆者の目に触れることはない。メールも同様である。士《さむらい》は刀を抜くときに名乗りを上げるものである。学者であれば、藪に身を伏せたまま竹槍で不意を突く野伏せりのような者ではあるまい。返事を書くかどうかは、手紙の内容次第である。さらにつけ加えれば、士であるなら、その書簡は当然、内容が公開されることも承知の上で出すものと考えて差し支えなかろう。

筆者への批判は、それが「批判」であるかぎり、大歓迎である。『知への問い』でも書いたように、学問における批判とは、瑕疵や不明点を指摘することによって批判対象者の学問的営為を協働的に補完する貢献・協力に他ならないからである。学問的「批判」の根底にあるのは親切心や友情である。それを単なる誹謗・悪口と取り違える者は、学問的批判の意味を理解できていない俗物でしかないとも前作で述べた[2]。筆者は前作で、各方面に対し様々な批判的意見を述べた。その批判によって傷ついた人も中にはいたかもしれない。もし筆者の意見が正しくないと考えるのなら、反論をしていただければよいだけのことで、反論者が理路整然と筆者の誤りや不当性を示してくださるのなら、ためらうことなく筆者は謝罪する。だが、筆者の批判があくまで正鵠を得ているのなら、筆者の批判のせいで傷ついたその人の心は、その人自身が克服しなければならないものである。二たす五を八だと言っている人に、いや、それは七だよ、と正すのが学者の使命であり、もしその指摘が不服ならば、その人がしなければならないのは、自分は二たす五を八だなどとは言っていない、自分の言っているのはこういうことであると反論するか、二たす五が八となる場合もあることを論証するかのどちらかである。その指摘で傷つくかどうかは、指摘する側の問題ではなく、指摘された側の問題である。間違って考えていた人が自分の誤りを正面から見つめ、自分のみじめさや恥ずかしさをよく咀嚼し、いつまでもそれに捕われているのではなく、後ろ向きの状態を自分で早々に乗り越えなければならない。いちおう筆者は学者のはしくれなので、正しいことを正しく論じることが第一義的にあり、自分の発言によって相手が傷つくかどうかは第二義的問題でしかない。相手を傷つけないことを斟酌することで議論の精確性を欠き、その分、議論が真理から逸れるようなことは自分に許されることではないと考えるからである。学問的訓練を受けた経験のない人は、どう反論すればいいかわからないと弱気になることもあるかもしれない。だが、それは自分が本当に大切に思い、その価値を信じているものに対する信念の問題であろう。我が子を馬鹿にされたら、たとえどんな無学無教養な親であっても、「てやんでぇ、べらぼうめ！」と昂然と迷いなく、誰も抗いようのない正しい言葉で相手の不当性を糾弾することだろう。その対象への愛が真実なものであるのなら、自ずと正しい反論の言葉が口をついて出て来るはずである。筆者の意見や疑問に正面から答えることもなく、「悪口」を言われて自分は傷ついたと愚痴っているだけの人は、その対象に対する愛や信念が薄いか、偽りの価値しかないものに自分がこだわっていることを最初から自覚しているからであろう。筆者へ根拠に基づいた反論をするのではなく、筆者の根拠に基づく論理的「批判」を「悪口」と矮小化している時点で、それこそが筆者に対する「批判」ではなく、単なる「悪口」でしかない。ちなみに、筆者は宗教を馬鹿にしてはいない。筆者が真の宗教としてイメージするものは、敬意を向けるに値するものである。だが他方で、制度化された宗教に安住し、自分たちのやっていることが宗教の本質にかなうかどうかもろくに考えていないように見える人たちこそ、宗教を馬鹿にしているように思えるのである（いわゆる「葬式仏教」は、そもそも仏陀の教えとは何の関係もない。「葬式仏教」は、キリスト教封じ込め政策の一環として徳川体制下で導入された檀家制度の下で形骸化が進み、現代ではただのビジネスに成り下がっている。懇意の僧侶に葬儀一式を依頼したら、後で数百万円という予想もしない法外なお金を請求されたなどというケースは、統一教会の霊感商法と同様、法的取り締まりの対象となるべき行為であろう）。すでに故人となっている日本のある国民的作家は、正義という概念に対して懐疑的で、自分は正義を振り回すことよりも、できるだけ無害な人間でいたいと願っていると述べている。だが、それは無理な話で、人は生きている以上、常に誰かに対して加害的であらざるを得ない（あるいは、相手からそう取られざるを得ない）。善きことを願う人間が生きて活動する上で唯一選べることは、薬のように、病んでいる人を回復させるための有害性を発揮するか、人の生命を蝕む病原菌のような存在を死滅させるための有害性を発揮するかのどちらかだけである。筆者の見方では、その作家は、そうした正義にとって有益な有害性を十分すぎるほど持ち合わせていた人である。

「親切」ということで言うと、『知への問い』は引用箇所の出典をすべて明示した極めて親切な書物である。れっきとした学術書ならありえないことだが、新書などでは、出典箇所も示さず誰それがこう言っていると明言することが普通に行われている。不親切この上ない。テキストの理解には前後関係も重要なので、正確な理解を得るためには引用では読むことのできない前後部分を知るために、原典に当たらねばならないことも多い。執筆者はその時、そのテキストがどこにあるかを知って書いているわけだから、ページを明示してくれさえすれば、読者に無駄な労力を省くことができるのだ。しかも読者数千人分の労力をである。単に不親切なだけなら許せるが、その引用が間違っている場合は、許しがたい不誠実ぶりである。ある人などは、執筆の際に原典をちゃんと確認もしないまま、うろ覚えのまま先賢の言葉を「引用」する。「引用」した言葉が不正確であったため、先賢の理解を間違った方へ誘導したり、ひどい場合には、誰それはこう言っていると書いた内容の箇所を、筆者がたまたま原典で見つけたら、実際に原典で著者が語っているのはその人の「引用」とは正反対の内容だったこともあった。こうした物書きをニーチェは「売文著述業者Buchmacherei」（『教育施設』P363/S.681）[3]と呼ぶ。自説に自信がないために原典に当たられると困ると思って明示していないのではないかと疑いたくなるケースすらある。その場合は不誠実どころか卑怯である。

というわけで、今回も引用箇所の出典はすべて明示し、章立ても小見出しも施さない。筆者はあくまで、親切な人間なので。

凡例

1　ニーチェの引用箇所は、白水社版『ニーチェ全集』（第一刷、一九七九―一九八七年）からは以下に示す著書名の略称、巻数および頁数、またFriedrich Nietzsch: Kritische Studienausgabe. Hrsg. von Giorgio Colli und Mazzino Montinari. Neuausgabe 1999. Deutscher Taschenbuch Verlag GmbH & Co.KG, München. により、原書の巻数および頁数を本文中に挙げる。例えば（『ツァラ』II-1,P47/4-S.35）となる。日本語訳については、必ずしも白水社版を使用してはいない。

『道徳以外の意味における真理と虚偽について』→『真理と虚偽』

『悲劇の誕生』→『悲劇の』

『われわれの教育施設の将来について』→『教育施設』

『ツァラトゥストラはかく語りき』→『ツァラ』

『道徳の系譜』→『道徳の』

「遺された断想」については（NF,II-10, P494/13-S.156）のように表記する。

ただし、何年から何年の断想かが文脈上明らかな場合は、グロイター版の配列番号（白水社版全集もそれに準拠）に基づき19［67］などのようにだけ表記する場合がある。

2　プラトンの訳文は岩波文庫を使用し、著書名とステファヌス版の巻章番号で引用箇所を本文中に挙げる。例えば（『国家』335D）となる。
3　カントの引用箇所は、『カント全集』全22巻・別巻1、岩波書店、一九九九—二〇〇七年、からは著書名および全集巻番号-頁数、またImmanuel Kant: Werkausgabe in zwölf Bänden. Hrsg.von Wilhelm Weischedel. 2014-2018.(suhrkamp taschenbuch.wissenschaft 55-57,186-193）により、原書の著作集巻番号-頁数を本文中に挙げる。例えば（『純粋理性批判（上）』4-P115/3-S.85）となる。
4　ヘーゲルの引用箇所は、『ヘーゲル全集』全20巻32冊、岩波書店、からは著書名、発行年、全集巻番号-頁数、またGeorg Wilhelm Friedrich Hegel: Werke in zwanzig Bänden(+Register).2014-2016.(suhrkamp taschenbuch.wissenschaft 601-621）により、原書の著作集巻番号-頁数を本文中に挙げる。例えば『精神の現象学（上）』（一九七一年、4-P46/3-S.48）となる。邦訳ヘーゲル全集にのみ個別に発行年を付すのは、筆者の所蔵する全集が、一九六〇・七〇年代の古いものと、一九九〇・二〇〇〇年代の近年のものとが混在しているからである。
5　本文中の人名は原則的に敬称を略す。
6　『知への問い』の参照箇所を指定した頁数は、三元社版『ニーチェ　知のゆくえ　一　知への問い』のものである。

ニーチェが伝統的形而上学を批判する議論において、一般に、プラトンなどのロゴス論に対する反ロゴス論という対立図式で語られるが、ニーチェが二八歳の若い頃に書いた『道徳以外の意味における真理と虚偽について』（以下『真理と虚偽』と略記）は、ロゴス―反ロゴスの対立図式そのものをも包摂する一段次元を異にする問題圏を形成している。その意味で『真理と虚偽』はメタ・ロゴス論の書と言ってもよいだろう。この『真理と虚偽』にはメタ・ロゴス論とは別に、筆者にとってもう一つの議論の柱としたい論点があって――ニーチェ自身はそれを前面に押し出している訳ではないが――、それは生命論的な観点から論じられる人間の知の問題である。この二つの柱、一つはメタ・ロゴス論において、真理、概念、言語という諸対象を徹底的に原初化（白紙の状態からとらえ直す姿勢、初期化と言ってもよい）する姿勢、そしてもう一つは生命論的な人間の知の問題で、我々が通常、当然のものと思い込んでいる人間の尊厳性の徹底した相対化・初期化が、それぞれの顕著な特徴となっている。

『真理と虚偽』は大宇宙に浮かぶ一つの天体に関する寓話で始まる。その天体上で、ある怜悧な動物が認識というものを発明するが、その後、天体は凍結し、その怜悧な動物も死滅してしまう。ニーチェはその寓話で人間知性のはかなさを語り、それがいかに無目的で身勝手なものであるかと書く（ただし細かい指摘をするなら、この「身勝手なもの」という言葉の選択は、ニーチェの恣意的な主観的判断でしかなく、あまりいただけない。だというのなら宇宙の神羅万象はすべて身勝手なものともいえるし、そう呼ぶのは単なる呼び方の問題でしかないからである。ニーチェはあえてこうしたあまり適切ではない言葉の使い方で人間の尊厳性の相対化の方向へ我々を誘導しているということである。これは些細な異論なので話を先に進めよう）。彼はさらに続けて「人間知性の与らなかった数々の永遠が存在したのだ」と述べる。宇宙は人間の都合とは無関係に存在しているという認識は、この世界が我々人間にとっていかなる意味を持つかを出発点とする多くの哲学者との違いを示すニーチェに特徴的な視座であり、彼の著作には繰り返しそれが現れる。我々は平素、「人間は神の似姿」だの「人間は万物の霊長」だなどと自分たちが特別な存在であるかのように誇らしげに語るわけだが、進化生物学者たちは、人間が万物の霊長のような地歩を現在地球上で占めていることには、なんら必然的なものなどはなく、単なる偶然の積み重ねによってたまたまそうなっているということでしかないと、今日ではすでに常識的なことがらとして述べている。場合によっては進化の過程で、もともと知能の高いタコが地球上の覇者になっていてもおかしくはなかったし、脳の発達したナメクジが万物の霊長の地歩を占めていることだってあり得たわけである。

手塚治虫の『火の鳥』にはすばらしい場面がいくつもあるが、『火の鳥』「未来篇」には筆者が感動してやまない箇所がある。火の鳥から永遠の命を授けられた登場人物の山之辺マサトは、人間の愚行によって地球上の全生命が死滅したのち、たった一人だけ地球上に残り、生物の進化がもう一度繰り返される様子を、有機物がコロイドに変化する原初的発生の段階から見届けることになる。さまざまな生命の営みが続き、数億年が過ぎて、あるとき知能の発達したナメクジが登場する。それがその後、地上を席巻し惑星の支配者となる。ナメクジたちは自分たちこそ万物の霊長と自覚するのだが、かつて愚かな人類が犯したのと同じような種族間の対立よる報復合戦[4]により、彼らもまた絶滅の危機にさらされる。地上で最後の一匹となったナメクジが自らの運命を振り返り、この高等生物である私がこのように死んでいかねばならないのかと嘆くのだが、不死となっている山之辺マサトが、何をそんなに嘆くのか、お前はただのナメクジではないかと語りかける場面がある。手塚治虫の眼目はわれわれ人間もそうしたナメクジにすぎないということにある訳だが、この悲哀とペーソスに富んだ、ある種の滑稽味も含む寓話は、筆者の心のかなり深いところを揺さぶる感動を繰り返し与えてくれる。死が目前に迫るナメクジの悲壮な嘆きは、『真理と虚偽』でニーチェが続けて述べる「世界の軸が人間知性を中心に回転しているかのようにじつに悲壮に知性を受け止めているのは、ひとりその知性の所有者と産出者だけなのである」(I-2,P469/I-S.875)という指摘と軌を一にしている。現代科学の知見がすでにニーチェの時代にあったはずはないのだが、彼の著作には、巷間にあふれる、人間が特別な存在であるかのような言説を批判・揶揄する箇所はたくさんあるし、人間と動物との違いが相対的なものでしかないこと、むしろ人間の方が他の動物よりも愚かで醜い劣った存在であると述べるところさえ数多くある。これを人間の相対性を強調するための単なる修辞として語っているだけとするのは、浅い見方であろう。哲学の歴史の過程で、とりわけ一七世紀以来数学や物理学と哲学との緊密な関係は際立っていたが、これからの哲学においても宇宙物理学や生命科学などの自然科学的知見の助けを借りて、あるいはそこからヒントを得て哲学を語ることがますます重要になっていくだろうと思われる。『真理と虚偽』で、ニーチェは「人間知性にとって、およそ人間の生命を超えて、そこから先へ導くような使命などは存在しないからである」(同箇所)と語り、人間知性の有効性、存在意義、尊厳性を、人間という生物がたまたま存在して初めて、その枠内でのみ有効であり、意義があり、尊厳に満ちたものであるにすぎない、なんら絶対的なものではないとして徹頭徹尾相対化する。ニーチェの見方では、われわれはいまだに人間中心の天動説(それは後述する「擬人観」でもある〔本書34頁参照〕)を信奉している段階にあるということになろう。もしわれわれが蚊と話ができたなら、蚊もまた人間と同じような悲壮さをいだいて空中を浮遊し、自分の内部に世界の中心を感じているだろうとも彼は述べている。

そのように人間が相対的存在でしかないことを確認したのち、人間知性に関する彼の議論が始まる。まずニーチェは人間知性を偽装の一種と捉え、猛獣のような強靭な肉体や牙を持たない弱い生物である人間が、個体保存の手段として知性という偽装手段を持ったのだと考える。そこからいきなり、自然界の一生物としての人間の話から社会的存在としての人間の話へと飛躍するのだが、おべっか、嘘、ごまかし、体面保持、虚栄という人間的特徴は、この個体保存の偽装手段としての知性に由来するものであると言う。ここにいたってニーチェの頭の中に大いなる疑問が出現する。それは、この人間という、脳の発達したナメクジと大差のない益体もない生き物に、なぜ、いかにして、真理への衝動などという純粋で誠実なものが生じえたのかという疑問である。ニーチェは一つの解答として、「万人の万人に対する戦い」の回避というホッブス的観点を持ち出す。つまり本当の意味での純粋な真理への衝動というよりも「万人の万人に対する戦い」を消し去るための功利的観点から「真理」であってほしいものが「真理」として固定されるのだと述べる。真理を語る者を「虚言者」という言葉ですら彼は呼ぶのだが、この虚言を可能にするものが言葉、言語とされる。語とは、そもそも嘘を可能にするための発明品とされる。「万人の万人に対する戦い」を回避する平和条約の締結のために、「均一に妥当し拘束力を持つ事物の表示、つまり言葉が考案され、言葉の立法が真理の最初の諸法則をも布告する」（『真理と虚偽』I-2,P472/I-S.877）とし、そこから「真理と虚偽のコントラストが成立する」（同箇所）と述べる。本当ではないものを本当らしくみせるために、妥当する表示、つまり言語が用いられると言う。人々は名称の任意の取り換えや裏返しをも可能にする確立した因襲のまやかしの中に生きている訳だが、我々はその因襲にだまされること自体を嫌がるのではなく、それが自分に不利益をもたらす場合に嘘を虚偽として憎むのだとする。不利益をもたらさない嘘は虚偽として憎まれることはないし、逆に快適な結果をもたらさない純粋な認識が関心を持たれることもない、むしろ自分に不利益となる真理は敵意すら抱かれることになる、と彼は述べる。

ここで言葉とは何か、表示と事物は合致するものなのか、という問いが発せられる。ニーチェによれば、言葉とは神経刺激の複写であり、神経刺激から出発して人間の外にある何らかの原因へと推論を進めるのは、根拠の原理の誤った不当な適応であると言う。我々は、例えばコップを目にすると、網膜が光として受け取る神経刺激Ⓐが脳の中でコップの形象Ⓑを結び、日本人ならその形象を「コップ」という言葉Ⓒに音声化する。ニーチェは神経刺激から形象への変化を第一のメタファーと呼び、形象から音への変化を第二のメタファーと呼ぶ。ⒶからⒷへ飛ぶ根拠、さらにはⒷからⒸへ飛ぶ根拠などないとし、それぞれが全く別種の新しい領域への完全な跳び越し（同I-2,P474/1-S.879）であると言う[5]。「かたい hart」という形容詞は、我々が一つの石に触れて感じる個別的に発生した神経刺激とそれ以外のものとの接触で得られる神経刺激（例えば「かための枕」など）を、一つの「かたい」という形容詞でくくられることが許容されている点、またドイツ語の名詞の性（ナイフ Messer は中性名詞、スプーン Löffel は男性名詞、フォーク Gabel は女性名詞など）についても勝手気ままな区分けの例として挙げている[6]。ニーチェにとって、ある時はこっちの、ある時はそっちの特性の一面的な優遇が言語活動を可能にしており、言語において真理とか妥当な表現などというものが決して問題になってはいないことは明らかであって、我々が所有しているのは、根源的本質とは徹頭徹尾一致しないところの事物のメタファーでしかないと言う（同箇所）。

その上で、彼は概念の形成について話を進める。彼は、「あらゆる概念は等しからざるものの等置によって成立する」（同I-2,P475/1-S.880）と定式化する。おのおのの語が成立母胎としている一回限りの根源的体験のために、言葉に記憶の役を果たさせようというのではなく、多少とも似ている無数の事例に、つまり厳密にいえば断じて等しくない事例に各々の語が当てはまらなければならないという要請によって概念は成立していると言う。一枚の木の葉が他の一枚と全く同じであることは断じてないように、「木の葉」という概念はそれぞれの木の葉同士の相違点を忘却することによって形成されたものであると述べる。

ただ、ニーチェのこの議論は、言語や概念というものが真理を表すものか虚偽でしかないものかという議論の以前に、ある致命的な欠陥を含んでいる。それは彼の言に従って純粋に語というものの意味を追求するならば「私的言語」の問題と似たような問題に逢着するほかなくなるからである。事物とそれに触れた人間の根源的体験を厳密に語に当てはめるというのなら木の葉1、2、3、4、……から木の葉∞数に至るまで、無限にある木の葉に対して無限に別な名詞を用意しなければならない。問題は、そんなことは大変すぎて無理だというような単純な話ではない。わたしが触れた木の葉25（仮に「あどき」という名詞を与える）は、あなたが触れた木の葉

7598（仮に「むめじ」という名詞を与える）とは異なる別ものであり、私の受けた神経刺激とあなたの受けた神経刺激とは別物であるから別の概念であるということならば、人間同士がそれについて何かを語るのはそもそも不可能ということになる。「あどき」や「むめじ」はもはや普通名詞ではありえない。ニーチェの議論に従い、すべての固有物は等しいものとして扱ってはならないとすると、すべての名詞は固有名詞にならざるを得なくなる。さらにはそうした固有名詞が無限に必要となり、そうなった場合、そもそもそれらの固有物に名称を与えること自体が意味をなさなくなる。さらには、AさんとBさんが同じ「あどき」に触れたとしても、それぞれの体験は「あどき」という体験と「あどきダッシュ」という別の体験にならざるを得ない。二人がそれぞれ「あどき」に触れた時間と空間はすでに別物だからである。言葉に根源的体験のための記憶の役を果たさせようというのであれば、Aが受け取ったという神経刺激は他者であるBには知りえないものであり、「私的言語」の場合と同様に、他者同士がそこに共通に了解できる要素はないということになる。無論それは木の葉についてだけそうであるのではなく、この世の神羅万象すべてについて言え、さらには名詞の問題だけではなく、形容詞も動詞も固有性に対応しうる単語が無限に必要となり、そもそも言語そのものが成立しなくなる。さらにニーチェに対して意地悪な指摘をするならば、ニーチェのこの議論は自己言及のパラドクスに陥るほかないものだということである。言語は虚偽によって成立するとニーチェが言語を用いて主張するのなら、「クレタ人はみな嘘つきだとクレタ人が言った」というあのパラドクスと同じことになる。これについては、ニーチェが若い時に書いたこの『真理と虚偽』論文をほったらかし、その後この問題を追うことはなかったという経緯を見れば、彼自身がこの問題がこれ以上追求しても行き詰まるしかないものであることがわかっていたということであろう。

さあ、そこで、我々はこの事態をどう見るべきなのか。ニーチェの言うことはパラドクスに陥るほかない、人間にとって言語を発することが不可能になる、ということを除けば、彼は嘘や間違ったことを言っているわけではない。言語の了解とは、根源的なところでは嘘を含んでいるというのは確かにその通りなのである。ニーチェの思考の方向性というのは、相違点の忘却、異なるものの棄却をしているので、これは嘘でしかないという言語の否定的評価に向かうのだが、我々が言語を用いている実際の姿は、それとは逆の方向性であって、相違点を忘却している、異なるものを棄却している、だからダメという減点方式ではなく、これとこれとが同じである、あるいは似ているという加点方式によって、近似するポイントが一定程度たまると同じものということにしようという了解が働いて、木の葉が木の葉として認識されるのである。無論そのやり方においては、その代償として個々の人間が持った根源的体験はある程度棄却される[7]。通常、我々はそうした根源的体験を犠牲にしてでも社会生活を営み、給料をもらっておまんまを食いたいから、根源的な意味では成立していない会話をあたかも成立しているかのように装って生活している訳である。さらにはそうした通俗的動機以上の高邁な動機によっても言語が成立することを善しとし、それによって我々の高度な知的世界や精神世界の拡充が可能になっている。無論ニーチェ自身もそう考えたからこそ、この『真理と虚偽』論文をほったらかしにして、その後は言語の力を信じるかのような膨大な著作を残したのだと言える。

この事態をどう考えるかは、音楽における純正律と平均律の関係に置き換えてみればわかりやすいのではないだろうか。先ほど、「均一に妥当し拘束力を持つ事物の表示」という箇所を引用したが、音楽における平均律とは、まさに「近似的な音程を平均して実用的に簡便なものとした音律」ということである。音響の純粋な美しさを求めるのなら純正律の方が響きは美しいのだが、転調はできなくなるなどの不利な点を持つ。声楽やフレットのない弦楽器や管楽器では純止律のみの演奏が可能となるが、演奏はより難しくなる。グレゴリオ聖歌の透明で澄んだ響きに魅了される人は多いと思うが、純正律による音楽だからである。現在の標準的音律とされているのが十二平均律だが、オクターヴは十二の等しい半音となり、音律上で異名同音が生じるが、ピアノなら一オクターヴに十二の鍵盤で演奏がなしえるという実際面での利点は音響上の欠点を補って余りあることになる。ほぼ純正律に近い五三平均律では、一オクターヴに五三の鍵盤が必要になる。一八七六年にその種の楽器が発明されたが、無論、実用化はされていない。十二平均律を用いたバッハの平均律クラヴィーア曲集は、この実用的な簡便性を選択したことによって生まれた西洋音楽の金字塔の一つだが、これは音響に対する人間の聴覚の根源的体験をある程度犠牲にし、ある種のいつわり――ニーチェ的な言い方をすると――を許容することによって可能となったものである。我々が言語を用いるのも、それと同じような事態にあるといえるであろう。先ほども述べたように、ニーチェの膨大な著作もまた『真理と虚偽』におけるメタ・ロゴス論を放擲し、通常の意味でのロゴス―反ロゴスの議論に立ち戻ったことによって可能になったものである。

通常の意味でのロゴス―反ロゴスの議論におけるニーチェもまた、みんながとりあえずそういうことにしておこうと取り決めたことに、そんなのはインチキだと批判することで自分の議論が何か優位なものであるかのように喧伝するのだが、他方のプラトンがロゴスの有効性の限界に無自覚で、我々にとってロゴスがその用い方を鍛え上げる不断の努力を要するものであることを知らなかったと見ているのならば、それはニーチェの思い上がりといえるかもしれない。二人の違いは、ロゴスによって差し当たって捉えられる真理性に対して、それを否定的な相貌を示す角度から眺めているか、肯定的な相貌を示す角度から眺めているかの違いなのである。プラトンが『真理と虚偽』を読む機会があったとしたら、こんな感想を述べたのではなかろうか。「おや、ニーチェ君はそちらの方向からもロゴスに光を当ててくれたのだね。おかげでいろんなことがわかるようになったよ。何しろロゴスによる真理性というものは、いろんな方向から検討しなければならないものだからね」。

話を先走って言うと、ロゴスによるロゴスの深化を目指したプラトンに対して、ニーチェ哲学の精華とは、ロゴスを美（ポエジー）によって相対化・深化したこと、美をロゴスと対等のものとして対置させたことにある。ただ、これを詳細に論じるのは、本書の次に来る第三書に委ねなければならない。

この『真理と虚偽』論が書かれたのと同時期の一八七二年夏〜一八七三年初頭のものとしてコリ／モンティ

ナーリによって分類された断片的遺稿（ニーチェ全集第Ⅰ期第四巻）の中に、筆者が音楽の平均律と言語活動の有意味性とのアナロジーを指摘したのと類似した視点を、ニーチェ自身が持っていることを示唆するものがある。19［66］後半に『視覚の不正確さに芸術の基礎がある。聴覚の場合もリズムや平均律[8]などの点で不正確だ。この場合もまたその不正確さに芸術の基礎があるのである」（NF,I-4, P43/7-S.440）とあり、19［67］前半にこう続く。「我々のうちに映像の大きな特徴を実際よりも強烈に知覚させるある力がある。また同じリズムを実際の不正確さを超えて強調するある力もある。これこそ芸術力であるにちがいない。なぜならこの力は創造するからだ。この力の主要な手段は、省略すること、見ないこと、聞かないことだ。つまり反科学的である。というのも芸術力は知覚されたものすべてに等しい関心など払わないものであるから」（NF,I-4,P 42-43/7-S.440-441）（これと同じ見解が最初に現れるのが19［22］の「美は認識衝動が選択的に働きだせば再び力として立ち現れる」〔NF,I-4,P 20/7-S.423〕である）。これに対して、科学的アプローチは、人間の都合を顧慮することなく、すべてを等しい観点から数値化する立場をとる。音響学的には、純正律がその立場である。音響現象の純理論的立場からすれば、平均律は反科学的立場ということになる。ここではニーチェもまた、人間の知覚には、対象の大きな（重要な）特徴を強烈に捉えるために抹消的要素を認知から遮断する機能が働くことを指摘している[9]。筆者の音楽における平均律のアナロジーは、ニーチェのロゴスに対する否定的評価に対して人間の言語活動の有意味性とロゴスの持つ機能性の擁護のために提起したものだが、ここでのニーチェの議論は、芸術と科学の対立的観点が主な論点となっている。そしてニーチェは科学を批判し、芸術を擁護する立場をとる（この点では『真理と虚偽』における彼の立場とは正反対になるのだが、扱う論点が異なる議論なので問題はない）。芸術と科学の対立的観点という議論の枠組みは、一方で、データとして捉えられた事実に価値的差異を与えることなく、事実を事実として、等価値的、網羅的、均一的に扱うことを基本姿勢とする科学の特性と、他方、一旦その純事実を見ないこと、聞かないことにして、その不正確性に頓着することなく、人間の「都合」（人間が本源的に持つ存在様式）という観点からある部分を強調し、ある部分を捨象する芸術の反科学性との相互の関係性を論じる場となる。この芸術と科学の対立的観点は、断想の配列番号の19〔22〕から19〔258〕にわたって集中的に論じられているものである。この一連の断想は、この主要な二項の対立を取り囲むように哲学、宗教、神話、生命、認識などの各項が散りばめられ、一つの星座を形作っている。そしてこの議論は、『悲劇の誕生』で提示された「生存と世界は美的現象としてのみ是認される」（NF,I-1,P53,167/1-S.47,152）という命題との関連で、予定される第三書『生命、美、そして知』の主要テーマとなる根本問題である（話を先走って言えば、筆者は多くのニーチェ論者が最重要視している「永劫回帰」などの問題は迷妄でしかないと思っている。確かに微妙な部分もあるが、これを成功した哲学説だと取るにはかなり無理があると考えるのが素直な捉え方だと思われる。そちらは失敗に終わった形而上学説であり、一般的にそれほど重要視して取り上げられることのない美と知の問題こそがニーチェ哲学の真骨頂であり、ニーチェが我々に残した最大の哲学的遺産とは美と知との関係にまつわるものであると筆者は考えている）。

この全集第I期第四巻に先立つ全集第I期第三巻、一八七〇年末〜一八七一年四月、7〔123〕は『悲劇の誕生』の執筆と並行して取られたメモと思われるが、科学的知を「個別化」という言葉で否定的に捉えている。つまり、存在する一切のものは一であるという基本認識に対して、個別化（科学的知）があらゆる悪の根源とされる。他方、美と芸術は「融合帰一（Einheit）を再び実現しうる予感」「個別化の束縛を破りうる希望」とされ、春のディオニュソス祭の狂躁とは、愉悦に打ち震える感情を呼び覚まし、個別化の廃棄、壊された融合帰一への恐怖（**das Entsetzen über die zerbrochene Einheit**、この場合の「恐怖」は必ずしも否定的な意味ではなく、破壊されつつある融合帰一の現状に驚愕し、その事態を正しく凝視する姿勢の積極的堅持を意味する）、新たな世界像への希望として捉えられている（NF,I-3,P242/7-S.178）[10]。この初期のニーチェの芸術と科学をめぐる議論では、若さゆえにありがちな善玉・悪玉の図式化の傾向がやや見られるが、しばらくニーチェの論旨に沿って議論を見ていくことにしよう。

『悲劇の誕生』では、「ソクラテス的文化」「アレクサンドレイア的文化（記録・整理・分類を旨とする）」が科学の側に置かれ、それに対置されるのが「悲劇的文化」「ギリシャ的文化」である。後二者は、永遠なる生は不滅に流れ続けるという形而上学的慰藉（『悲劇の』I-1.P128/1-S.115）と結びつくとされる。

この「ソクラテス的文化」を継承するのが「近代における教養人＝学者」とされ、楽観論的な考察に終始し、（通俗的な）「人間の尊厳」を声高に叫び、より高貴なものへの復讐を始める奴隷たちとされる。「学者」と呼ばれる人たちに、そうした批判に該当するレベルの人々がいることは確かなことなのでそれはいいとしても、ニーチェのソクラテスに対する一方的に決めつけた批判的議論は『知への問い』で十分に論じたので、ここでは詳論しないが、ソクラテスを楽観的合理主義者とする捉え方そのものが楽観論的図式化でしかない。ニーチェはソクラテス的楽観的合理主義の限界を明らかにし、その乗り越えを予感させる形姿として、魔術と悪魔に身をゆだねるファウストをその典型として挙げるが、あまり説得力のない例示である。魔術と科学は一六・一七世紀までは必ずしも明確に区別できるものではなく、まだ混然とした状態にあったものであった。ファウストのモデルと言われているコルネリウス・アグリッパ（一四八六―一五三五）は魔術を自然的な力を展開せしめるものと捉えていたが、近代科学の端緒に重要な足跡を残したフランシス・ベーコン（一五六一―一六二六）の「知は力なり」もまた、自然的な力を操作・支配せんとするそうした時代の意欲の延長線上にあり、彼の用いた実験的方法も、魔術的・錬金術的伝統の影響と必ずしも無縁ではなかった。この「魔術と悪魔」は、科学的楽観論を超える一面を持つものと言えなくもないが、歴史的には、近代以前では未だそれもまた実験科学の一つとされていた魔術や錬金術が、自然を数学的に処理する方法の厳密化により近代的意味での実験科学から次第に放逐されていくようになる。他面、哲学においても、遠く近代以前においてプラトンが古代的密儀に抗し、カントがオカルトを非知として退けただけではなく、ニーチェ自身もまた知的誠実に敵対する背世界者的迷誤として、彼らと共闘すべく同じ戦列に加わったものでもある[11]。ニーチェ自身がこの断想で「ソクラテス的文化」対「ギリシャ的文化」の対立軸の外にあるのが宗教的幻想としたが、「魔術と悪魔」はまさにそれでもある。宗教を議論の中心の外に置くこと自体、ニーチェにとって、彼の時代にあっては、宗教はもはや大きな脅威とはならない、社会の周縁にある問題でしかなくなったことを意味しているとも考えられる。

主に『悲劇の誕生』にまつわる全集第Ⅰ期第三巻［一八七〇―七一］の議論から、全集第Ⅰ期第四巻［一八七二―七三］に再度、話を戻す。では、これから芸術と科学という二つの巨星ともう一つの哲学という巨星、その三つの周囲に散りばめられた幾つかの星々が描く星座的配置（Konstellation）を詳細に見ていくことにする。以下、全集第Ⅰ期第四巻［一八七二―七三］からの断想は配列番号だけ示す。

19［22］では、美が崇高なものを確保しうるということとつながりを持つこと、19［23］では、模写的《イコーニッシュ》歴史記述および自然諸科学に対して芸術的諸力が対蹠的に置かれるが、その二つに対する第三の項に位置する哲学がなすべき役割は、生存の問題を、総じて永遠の問題を強調することとされる。科学の側に置かれるこの「模写的歴史記述」と対置されるべきものとしてニーチェの念頭にあるのが、おそらく神話であろう。神話はニーチェの描く星座では、美や芸術の側に置かれるものとされる。しかも、それは想像力を喚起し楽しみを伴う単なる美的創作としてではなく、むしろ高度な知の営み、単なる事実の表記たる科学的模写的記述としての歴史以上の高度な世界把握を可能にするものとしてのそれであるというニーチェの捉え方を見逃してはならない[12]。19［23］で、哲学は必要不可欠なもの（つまり生存の問題、永遠の問題）を認識しなければならないと語られるが、同じく「哲学者たる者は誰しも一つの危機を表現する」「危機に臨んでその亀裂の中へおのれの体系を設定する」という言葉とも相まって、ここで言う「哲学者」とは、より言葉の広い意味での、ギリシャ民族の生存と永遠性の本質的問題に直接触れんとする神話の創造者とも重なり合うイメージで使われていると考えるべきもののように思われる。神話はつまり、美や芸術の側に列せられると同時に、哲学の役割を一部担うものと考えられていると見るべきである。他方で、芸術は、哲学との関係で言えば、その「必要不可欠なもの」を創造的に表現するものと位置づけられている。

（この芸術、哲学、科学の三すくみ状態は、ニーチェの頭の中でかなり大雑把なままで、まだ明確な整理はされていないが――それはとりもなおさず簡単に整理などできないほど巨大な問題であるからに他ならないが――、これに関して19［69］で、取りようによっては極めて重大な記述が出てくる。「だが芸術は恐ろしく真剣なもの！　新しい形而上学は恐ろしく真剣なものだ！」という二つの対となる句である。この二つの句が、同格の言い換え、つまり同じものを異なる言い方で呼んだものだとすると、ニーチェは芸術こそが自分の考える新しい形而上学であると宣言したことになる。つまり「知」の舞台に「美」を悠然と登場させたことになる。これについては、後に筆者の第三書で再度触れる。）

続く19［24］では、哲学は科学を制限・支配すべきものとされる。科学がどの程度進捗してよいものかどうかについては哲学が考慮しなければならないとする。なぜなら、「諸科学は『実際的な関心』に奉仕することによって、ややもすれば自己喪失する」（19［25］）からである。「実際的な関心」、つまりこうすれば金が儲かると考えて、金融工学という名の怪しげな錬金術に手を出すことでリーマン・ショックを引き起こし、こうすれば敵を殲滅できると原爆を発明するような愚によって、人類は懲りもせず甚大な災厄を自らに招くのである。この種の愚劣さに対する哲学の取る立場といえば、二〇世紀半ばに「道具的理性」という言葉の下に盛んに論じられることになった馴染みのテーマが代表的なものとして挙げられる。理性を単なる道具としてご都合主義的に使用することによって人類に甚大な災厄がもたらされることがあるという道具的理性の議論の萌芽は一九世紀にすでにあったとも考えられるが、一八七二年という早い時点でのニーチェの指摘は特筆すべきものといえる。しかもこれは、我々にとってもはや聞き飽きた議論というものではなく、註4で触れたIT企業のCEOなどのように、いまだに学習できていない者が浜の真砂のごとく引きも切らずに次々現れるという現実がある以上、二一世紀の今日においてもなお重要性を失わない議論である。くだんのＣＥＯは、教室でたっぷりと居残り補習を受けなければならない。

この科学─芸術の対立関係において、科学の側に与するものとして「認識」が挙げられる。ここでは「科学的認識」という狭義の意と取ってよい。先ほどの19［22］の「美は認識衝動が選択的に働きだせば再び力として立ち現れる」は、「哲学者の最高の尊厳は、無制限の認識衝動を集中化しこれを制御して統一性へもたらすところに現れる」と述べる19［27］の論点と同様に、（科学の）認識衝動は放っておけば無制限に拡大していく傾向を持ち、その衝動を制御し、（個別化ではなく）統一性を創り出すものとして芸術が要請される。無制限な認識衝動を集中化し制御して統一性をもたらす役割は、芸術と同様に哲学にも要請される。

ここで一見唐突に、ニーチェは「個人対ヘラス」という別の観点を持ち込み、我々には公民（peuple publicum パブリック）という高貴な概念がなく、民（peuple ピープル）のための通俗哲学しかないと語る（19［26］および19［27］）。ここで言うパブリックとは、近現代のそれとは多少趣を異にする家父長的古代ギリシャ社会に特長的なものだが、『知への問い』（27頁）でも触れたヘーゲルの言うアテナイ市民の「共同体的秩序」（Sittlichkeit）とも関係するものである。このパブリックなものこそが、本来、認識衝動を制御する性格のものであったのに、ソクラテスがこれに個人の主観性の原理を対置したことによって認識衝動の制御が緩められるに至ったのだ、とニーチェは主張する。ニーチェにあっては、古代のアテナイ人がそうであったように、個人の問題よりもヘラス人全体の共同体的秩序がより崇高なものとされる（ソクラテスの立場からすれば、ニーチェは反動であり、ヘーゲル的立場においてもニーチェは反動であることになる。ただしヘーゲルは、『知への問い』でも触れたように（27頁）、あえてソクラテスへの敵対姿勢を示し、反動と知りつつこの立場〔アテナイ市民側〕に与する不可解な意見を述べるのである。もっともニーチェのこの意味での「反動」は、アドルノの「神話はそれ自体啓蒙である」[13]に通じる観点を、アドルノほど意識的にではないにせよ、すでに先んじて持っているので、単なる反動ではない）。

本書は引き続き、この「科学―芸術」の大きな軸をめぐって論を展開するが、この二項の関係はきわめて輻輳しており、「善玉―悪玉」や「進歩―反動」の図式化に陥ると混乱して理解ができなくなってしまうので、筆者としては、性急で単純な決めつけをせずに、その構図をやや距離を置いて俯瞰しながら議論を丹念に追っていただくことを読者に求めたい。

ニーチェのこの文脈でのソクラテス批判の根底にあるのは、個人よりもヘラス人全体の共同体的秩序がより崇高なものとする考えであり、それは個人よりもヘラス人全体、「民族」というものこそが「生存」や「永遠」に触れる重要事であるとすることにある。ソクラテス以前の哲学者（いわゆるフォアゾクラティカー）たちはヘラス的なものに帰属していたが、ソクラテス以後は諸々の学派が形成され（つまり統一性から個別化へ）、哲学は科学を制御する手綱を手放していく（19［28］）とニーチェが言うとき、彼の念頭には一九世紀の自分を取り巻く不快な現実の淵源がソクラテスにあるという想いがあったからであろうと考えられる（筆者は、科学の道具的理性化をソクラテスに帰責するというその捉え方自体が、浅薄で単純すぎると考えるのだが）。中世は神学が科学を制御する手綱となった、現代は危険な解放の時代だ、とニーチェは言うが、神学による科学の抑制・統御もまた、それ自体危険で恐ろしいことであるはずなのだが、すでに神学の危険性が薄れた一九世紀のニーチェにとっては、科学の野放図な放埒こそが焦眉の急を要する問題であり、神学は今では特にその脅威に言及する必要のない、すでに過ぎ去った危険として評価されていたということだろう（もっとも現代アメリカ南部・中西部のキリスト教原理主義者たちのように、二一世紀の先進国においてすら「中世」を生きている人々は今なお大勢おり、彼らの脅威は全く無視してよいほどに過小評価してよいものではない。どんなに科学が発達しようと――むしろ科学が発達すればするほど――、この種の人々が世界から完全に消え去ることは今後ともなかろう。いわんや政権中枢が似非宗教とズブズブの関係になっていたどこかの不幸な国では、のんきに「脅威」などと呼べる段階はとうに過ぎている。「脅威」とは、まともな部分があって初めて、それへの「脅威」と呼べるものだからだ）。

一九世紀は「科学の世紀」と呼ばれていた。当時蔓延していた安直な科学信仰に基づく進歩史観は、単に愚かしいものとして静観しておればよいものではなく、それがもたらすであろう深刻な弊害もまた、ニーチェであれば十分に明察していたことだろう。ニーチェが『われわれの教育施設の将来について』の中で批判的に命名した「国民経済学的ドグマ」（『教育施設』I-1,P346/1-S.667、断想19［28］にもこの言葉は出て来る）なるものは、このドグマの下で可能な限り多くの認識と教養、可能な限り多くの生産と需要、可能な限り多くの幸福、要するに、可能な限り多くの金儲け、つまり金銭や物量的利益を最重要な要件として追求することが自分たちに無条件に良い結果をもたらすものと世の中で信じられていた、当時の社会的風潮を総括する象徴的言葉である[14]。本来の科学が矮小化されたものに堕した「道具化した科学」は、そのドグマに寄与し、効率主義的・功利主義的・実益主義的・成果主義的価値をただひたすら目指す。それによって疎外され、阻害される、より重要な価値への危機感がニーチェの念頭を離れなかったはずである。「国民経済学的ドグマ」なるものは、せんじつめれば、一本のバナナを得た者よりは二本のバナナを得た者の方が二倍幸福であるというサル並みの幸福観に集約されるものでしかない[15]。

この19［28］には、三人の名前が出る。カント、ショーペンハウアー、ヴァーグナーである。この時期のニーチェは、そろそろ後二者に疑念を持ち始める頃ではあるが、いまだショーペンハウアーとヴァーグナーの崇拝者であり、この二人こそは、ニーチェにとって、状況を打破する希望の象徴であった。ショーペンハウアーについて彼は、「今や我々は、ショーペンハウアーの注目すべき登場が理解できる。彼は科学の抑制に、なお役立つすべての要素を取り集める。彼は倫理と芸術の最も深い根源的諸問題に思いを致し、生存の価値についての問いを提出するのである」と述べている。この頃のニーチェがショーペンハウアーをそう捉えることは別段かまわない。

それよりも、カントである。『知への問い』でも述べたように、ニーチェが自分の哲学の最重要の敵手として焦点を当てたのがプラトンやカントであったが、プラトンに関しては前作で見てきたように、ニーチェの敵意は誤解と無理解に発するものがほとんどであった。プラトンの場合は誤解の要素が大きいが、カント哲学の核心部分についてニーチェは、ほとんど理解できていないのではないかと疑いたくなる。19［22］から19［258］の一連の断想では、哲学が科学をいかに制御するかという上述の観点からニーチェはカントを眺めているが、その枠内でのカント論だとしても、いずれにせよ明白な無理解が散見する。それを明らかにするために、本書の軸とした「科学―芸術」の議論をいったんここで中断し、手始めとして、19［28］に出てくる「形而上学」と「物自体」という二つの用語をニーチェがどう捉えているかについて、検討を加えてみたい。

まず「形而上学」である。比喩的な言い方をすれば、歴史学におけるツキュディデス、政治学におけるマキャベリのように、形而上学における分水嶺を画するのがカントである。カント以前とカント以後の形而上学の違いとは、形而上学が自己の存立基盤への反省的視点を持つか持たないかの違いである。「形而上学はいかにして学として可能か」(『純粋理性批判（上）』4-P85/3-S.61）というカントの問いは、言い方を変えると、形而上学はその存立が近代的知見による反省・検討を加えてもなお可能なものか、という問いである。カントの批判哲学以前の形而上学はツキュディデス以前の歴史学、マキャベリ以前の政治学のような、反省的要素、自己への批判的要素が極めて希薄なものだった。ニーチェが形而上学を論じる際に我々に見えてくるのは、我々にとってカントは遠い過去であるのに対して、ニーチェにとっては近い過去であったことから無理もない部分もあるのだが、カントが形而上学の彼以前と彼以後とを画しているという基本認識がニーチェには不十分だということである。ニーチェの頭にある形而上学とは背世界者的思弁という単色的なものでしかない。また、カント以前とは言っても、プラトンの形而上学は古代の刻印を受けているとはいうものの、近代につながる反省的視点を持つものであり、単純に背世界者的思弁などと呼ぶことはできないことは第一書（76頁）で論じた。とんぼの水色メガネをかけているニーチェは、形而上学と聞けば、プラトンもカントもみな水色に見えるようである。

ニーチェは19［34］で、『純粋理性批判』第二の序文の「私は信仰のための場所を得るために、知識を止揚しなければならなかった。そして形而上学の独断論、これは、純粋理性の批判なしに形而上学を進展させうるとする偏見であり、道徳性に逆らう一切の不信仰の真の源泉であって、かかる不信仰はいつの時代にあってもきわめて独断的である」（『純粋理性批判（上）』4-P43/3-S.33）というカントの発言に注目し、これを「非常に重要な見解！」だとしている。彼が特に注視したのは第一文であろう。これは19［34］の後続するテキストとの関係でいうと、学知こそを至上のものとするかに見えていたカントが、学知以外のものを学知に優先させる場合があるということへの驚きを示している。「『知識と信仰』という不思議な対立。ギリシア人だったらこれについて何と考えたことだろう！　カントはこれ以外の対立を知らなかった！　だがわれわれは！（原文はここで改行）ある文化の危機がカントを駆り立てる。彼はある領域を知識から救い出そうと欲する」と述べている。「ある領域」とは信仰（宗教）を指し、ニーチェはカントが、「知識」（学問的正当性）を犠牲にしてでも信仰を救い出そうという意図を持つかのように、彼のテキストを解釈し、そういうカントに対してショーペンハウアーは「知識」に代わってその位置に「芸術と倫理」を置くのだと主張し、「科学―芸術」の議論の文脈に持ち込んで二人を比較している。「知識」（学問的正当性）を犠牲にしてでも信仰を救い出そうとする姿勢とは、知と非知との置き換え、要するに反動的迷妄への逆戻り、宗教的陋習の墨守など否定的意味合いを持つものとして理解されるのが一般的だろうが、ニーチェはカントの『知識と信仰』という不思議な対立」を必ずしも否定的な意味合いでのみ注目しているのではなく、彼は学知の権化と呼んでよいカントが学知を絶対視するのではなく、学知の枠の外にあるもの、学知とは敵対的に見えるものすらをも学知を超えるより高次な知にとって必要となる場合があると考えている点に注目しているのである。ニーチェはこれに対して、カントの「『知識と信仰』という不思議な対立」の「信仰」の位置に「芸術と倫理」を置くショーペンハウアーを称揚している点が異なるという構図である。凡百の科学信仰者や学知至上主義者であれば、科学や学知の枠を超えるものに着目することなど反知性主義だと一刀両断するに違いないが、カントやニーチェは学知を超える、より高次な知を知る者として、こうした人々とは一線を画する。ただ他方で、カントのこの姿勢が単なる反動的迷妄への逆戻りではないこともまた明らかにするために、カントの哲学の全体像において、このテキストの精査をしなければならない。ニーチェはこの側面では単純に、カントのこの姿勢を、彼の置かれた時代的限界からくる単なる反動や宗教への迎合と捉えていたように思える。ニーチェのカントの見方がややズレているのは、カントは「知識」(学問的正当性)を犠牲にしてでも信仰を救い出そうとしたのではなく、カントにとって正しい信仰とは本来、正しい「知識」の上にこそ成り立つものであり、正しい「知識」の上に立たない信仰は、やはり似非宗教と呼ばれるべきものだと考えていたということである。上記引用の第二文はそのことを語っている。カントの頭の中では、「知識を止揚」することは、必ずしも「知識を犠牲」にすることではなかった。後ほど詳述するように(本書68頁以下)、カントにとって〝神〟は純粋理性の領野での証明は不可能としながらも、「純粋理性の理想」として純粋理性の領野でも、そしてとりわけ実践理性の領野では、なおさら必然的に要請されるものだからである。

カントの上記の引用テキストの前後の文脈は、自分の『純粋理性批判』以前の形而上学は、各自が自己の思弁に反省的視点も持たず好き勝手なことを言い散らかしていただけのもので、私カントの立場は、思弁的理性で経験の限界を超え出ることをあえてしないという消極的姿勢を貫くことで、逆に積極的な立場を堅持することになる、すなわち、思弁的理性が自らの限界を超え出る諸原則は、理性を濫用するものであり、理性使用を拡張するものというよりもむしろ、結果的に理性使用の縮小を招くだけの愚行だということである。感性的直観の客体、つまり現象としての対象である限りにおいてのみ、我々は認識を持ちうるのだということは純粋理性の批判的分析によって明らかになるのであって、可能的経験の諸対象、つまり「神、自由、不死」などのように「認識」ではなく「思惟」することができるだけの対象を現実の現象であるかのように取り扱う諸原則というのは、一見理性使用の拡張のように見えて、実際は縮小させるマイナス作用を及ぼすものだということである。「私は信仰のための場所を得るために、知識を止揚しなければならなかった」というカントの言葉を、ニーチェは、カントが信仰のために「知識」を犠牲にしようとしている意図だと誤解したようだが、確かに純粋理性の領野ではそのように見えるにしても、この「止揚するaufheben」は、実践理性の領野で正しい「知識」と結びついた正しい信仰を救い出すために、いったん純粋理性の領野での余白を開けておくという意図と取るべきなのである。例えば、聖職者が、純粋理性の批判を無視した形で、そう言う根拠などどこにもない話をさも信じるに足ることのように話す不遜で法外な説教を行う場合は、それを神の教えとして受け入れるためにカントが「知識」(学問的正当性)を犠牲にすることなどあり得ない。カントは、こうしたでたらめな思弁的理性の濫用こそが道徳性に敵対し、無信仰の源泉になっていると説いているのである[16]。

ただ、この19［34］のテキストが輻輳しているのは、半分高次な理解を示しながら半分ズレているニーチェのカント理解に続いて、ニーチェの慧眼（の萌芽）を示す記述があることとである。先ほどすでにその一部について言及したが、「彼〔カント―筆者〕はある領域を知識から救い出そうと欲する。その領域へ一切の最高最深のものの根元を、芸術と倫理とを、おくのが――ショーペンハウアーである」とし、芸術を生に直結する「認識」以上に重要なものと位置づけるニーチェの独自性が現れている（もっとも、カントの正しい認識の根拠づけもまた、生を豊かにするもの、あるいは哲学的営為における不毛なロスや事故を避けるための交通整理の上で、生に貢献するものに違いないのだが）。ニーチェが上記のカントの引用の第一文に注目したのは、認識衝動の制御は宗教のためにするのか、芸術的文化のためにするのか、私ニーチェは後者の側に立つ、というニーチェ自身の議論に結びつけるためのものであった。したがってカントの論旨を一面的にしか理解できておらず、引き合いに出されるのはカントにとってやや迷惑な議論なのだが、ニーチェ哲学自体の問題と限定して考える限りは、美を知の問題と連動させて考える彼の独自性の萌芽として意味を持っている。

次に「物自体」である。先ほど触れたように、「神、自由、不死」などのような対象は「認識」ではなく「思惟」することだけができるものであるが、それらが思惟できるものであることの正当性は、「物自体」からも敷衍される。我々の認識は空間と時間という感性的直観の形式を持ち、その形式を外れたところではいかなる悟性概念に通じる直観も持つことはできず、現象としての「物」は認識できても「物自体」は認識できないというのが『純粋理性批判』の要となる考え方である。他方で、物自体は認識できないにせよ、少なくとも思惟することができなければならないというのが、同じように重要な要となる観点としてカントが強調するものである。それゆえ「神、自由、不死」などの対象も、認識できないとはいえ思惟することはできる対象である。とりわけ「自由」は、人間の道徳性の問題と直結するものであり、カントの実践哲学（道徳哲学）の議論の基底をなすものである。

さて、この「物自体」であるが、やはりニーチェは理解できていないようだ。それが端的に示されているのが、19［125］である。「一切の世界構成は擬人観である、もしカントが正しければ、一切の科学でさえそうである、ということを証明しなければならない。もちろんこの点では循環論法がある――つまり諸科学が正しければ、われらはカントの基礎の上に立っていない――カントが正しければ、諸科学は正しくないということになる。（原文ここで改行）そうなればカントに対しては依然として反論を加えなければならない、彼の命題の一切を認めたとしても、世界はわれわれに見える通りに存在しているという可能性はやはりまだ十分に残されている、と」。だが、世界が我々の見える通りに存在していることなどありえないという方がカントにとって自然な見方なのである。冒頭にある擬人観（Anthropomophismen）という言葉は、例えば占星術のように、星座や星の動きなどの自然現象を人間が自分個人や国家の運命と関りを持つものとして捉える自然の人間化、自然を人の姿をした神たちの仮面舞踏会や仮装として見る捉え方で、ターレスの「万物は水」という考え方も、現象と真理との関係についてギリシャ人に顕著な、この擬人観が関係しているとニーチェは考えている（19［115］）。通常、古代人の発想において見られるように、雷や嵐などの自然現象を「〇〇の神がお怒りだ」などの理解のされ方をする場合に使われるのが擬人観という言葉であるが、ニーチェがここで言わんとするのは、カントの「物自体」論を認めるならば、近代科学もまた、人間とは無関係に起こっている自然現象を人間の都合に引き付けて理解するそうした擬人観の一種であることになる、とする、擬人観という言葉を著しく拡大解釈したニーチェ独特の極論である。これはまさに、ニーチェが「物自体」論を理解できていないがゆえに生じる極論である。「物自体」とカントの神概念との関係については後に論述するが（本書59頁以降）、神についても「物自体」についても超越論的に必然的かつ厳密に規定するのを旨とするカントは、擬人観のような単なる現象に属するものからの神の存在を類推することは当然、排除すべきものとする（『純粋理性批判（中）』5-P322/4-S.562）17。ニーチェの「物自体」についての無理解とは切り離して擬人観の問題を考えた場合、科学もまた擬人観の一種であると見なせるかどうかについては、この話題に深入りすると話が煩雑になりすぎるので、差し当たって我々は、人間が思惟すること（できること）は、人間存在に関わることの範囲内で可能となるものでしかないという事実を確認しておくにとどめるべきであろう。飛んでいる蚊の思惟を我々はたどることはできないし、蚊が擬蚊観で世界を見るように我々が擬人観で世界を見るのは当然であり、そのようにしかできようがないのである。ニーチェ自身がこの事態を端的に表現しているのが、19［118］の最後の部分、「人間は世界を、人間が自分を知っている程度にしか、知らない。つまり、世界の深さは人間に、人間が自分自身や自分の複雑さに驚嘆する程度にしか、自分を見せないのである」という文章である。

擬人観うんぬんはさておいて、問題なのは、ニーチェが科学とカントの「物自体」とを同じ位相にある対立項として捉えているという点である。無論、間違いである。その二つは同じ位相にはなく、別次元の事柄である。ニーチェがいま科学と呼んでいるものは、我々の感官で捉えることのできる、あくまでも経験的な現象世界の内部に収まる人間の営みの話であって、「物自体」とは無縁に論じることが可能な悟性が関わる世界である。電車が正確に運行し、飛行機が落ちずに飛べばよいだけのことを扱う世界である。乗客は、安全に定刻通りに目的地に自分を運んでくれさえすればよいのであって、飛行機の物自体がわからない以上、怖くて飛行機に乗れない、などということにはならない。ニーチェの言うような、カントの「物自体」が真理で我々は仮象に触れることしかないのであれば科学は成立しなくなる、という話ではない。また、カントが正しければ、科学は単なる擬人観になるという話でもない。科学が擬人観でしかないという捉え方は、カントと関係なく成り立ちうる。無論、極端すぎる意見ではあるが（ついでに言えば、こうした突拍子もない発想ができることが、哲学者の資質として極めて重要でもあろう。たいていの凡人は、そう考える手前で常識のブレーキがかかる。ただし、ニーチェの場合は、着想を徹底して考え抜く上で詰めが甘く、途中で放り出すことがしばしばあるので、カントの徹底ぶりと比べると、その点では哲学者として相当に見劣りがする）。要するに、『知への問い』（42頁）で論じたように、ニーチェはプラトンのイデアを、この世の彼岸にある、見ることも触ることもできない究極の真理のようなものであるかのごとく捉えていたが、カントの「物自体」もそのようなものとして（悪い意味で）極めて「形而上学的に」捉えているということなのである。「物自体」は自然科学者でもあったカントにとって、究極的真理でも何でもない、ごく当たり前なことを言っているにすぎない。それは、同じく自然科学者であったデカルトの「方法的懐疑」を経由して考えれば高校生にでも簡単に理解できる話である。デカルトの懐疑の三要素の一つ「感覚への懐疑」で論じられたように、我々の感覚器官を通して得られた外界への認識が実際にその通りであるかどうかなどは疑おうとすればいくらでも疑いうるものでしかない。我々にそう見える、そう聞こえる、そう感じることと、実際に諸物がそうなっているということとは別の話なのだ。我々は我々が生物として固有に持つ感官の拘束性を抜きに諸物を認識することは不可能なのである。魚は魚眼レンズを通して諸物を見ている（その目が捉えた映像が魚の脳内でどのように処理されて最終的感覚として残っているのかまではわからないが、視覚器官の段階では我々に見える平板な世界が魚には大きく湾曲して見えているはずである。我々の視覚が正しく魚や蚊のそれが間違っている、などという根拠はどこにもない。事実としては、それぞれの生物はそれぞれの仕方で間違って〔感官の拘束性を帯びて〕世界を捉えているのである)[18]。この事態のありようは生物の進化によっても科学の発展によっても変わることはない。進化したところで、その進化した生物固有の感官の拘束性を帯びた外界の認識にしかならないし、科学が発展しようと、そもそもその科学自体が我々の感官の拘束性を前提とした世界把握の上に成り立っているものだからである(「原子の内部構造subatomic particles」などのように我々の感官では到達しえない、計算によってのみその存在を推論できる極小世界の把握にしたところで、その計算による把握そのものもまた、それを具体像としてイメージした瞬間に、我々の通常の物質把握の際の感官の構造的性格を免れているとは言えないはずである。ひもの振動状態と捉えようと雲やもや状の電子雲と捉えようと、我々がある種のイメージを持った瞬間に我々の感官の影響下にあることになるはずである。それらの形状として捉えられたものはアプリオリな直観ではなく、外的感官一般の形式をもつアポステリオリな諸規定に過ぎない。まして や物自体そのものはアプリオリにすら直観されえないものなのである〔『純粋理性批判(上)』4-P102/3-S.75〕)。ニーチェは19〔158〕で、植物の世界把握よりも我々人間のそれの方が正しいと述べているが、そう述べる根拠など、もとよりあろうはずがない(その発想こそが『真理と虚偽』で当のニーチェ自身が批判した人間中心主義的世界観の一例であろう〔本書16頁〕。むしろ我々には見えていて、植物には見えていない世界があるのと同程度に、植物には見えていて〔把握できていて〕、我々には見えていない世界が同様にあるという考え方の方が真相に近いのではないかと筆者などは考える)。同じくニーチェは「人間は徐々に発達してきたのだし、認識はさらになお発達していく。すなわち世界像はいよいよ正しいものになり完全なものになっていく」とし、科学の発展と共に解明されていくものであるかのように「物自体」を理解しているが、まさに的外れな捉え方である。我々の感官のフィルターを通すことのない、物そのもの本来の姿を想定したものが「物自体」なのである。したがって、科学がどう発展しようと、それは思惟することはできても認識はできない対象とならざるを得ない〔註30のレーニンの「物自体」理解を参照のこと〕。

竹田青嗣は『プラトン入門』（ちくま学芸文庫、二〇一五年、188～189頁）で認識論のアポリアを論じる際に、現象学的還元の発想と重なり合うものとして、アランが彼のプラトン論[19]で、フッサールの「射映」に通じる指摘をしていることを述べている。「射映」というのは、我々がサイコロの六面を一挙に同時に眺めることができないように、人間の感覚が事物のある側面だけしか捉えることができず、事物の全体像を一挙に把握することはできない事態を言う。フッサールによれば、感官だけでは捉えられない事物を、我々は志向的統一によってその全体像を構成しているのである。アランはこれを『国家』第七巻の洞窟の比喩でプラトンが論じる「影（仮象）」とその本体（諸イデア）の関係」に関連づけて論じているが、この「射映」的発想は、その箇所よりもむしろ『国家』第十巻冒頭より始まるソクラテスの芸術批判、つまり詩（芸術）が行うのは真似ることであるというミメーシス批判の中で、感覚的に捉えられる現象世界、目で見える世界に対してプラトンが通常用いる「写像」という言葉で、そのものずばりの形で述べられている。詩人や画家はそう見えるところのもの（写像）を作るのであって、本当にあるのではないものを作るのだというグラウコンのまとめに、我が意を得たりとソクラテスは快哉を叫ぶのだが、その手前に「鏡を手に取ってあらゆる方向に、ぐるりと回してみる」という「射映」的発想を思わせる表現が出てくる（『国家』596E）。また、寝椅子をどの角度から眺めようと寝椅子自体は少しも異なったものになることはない、だが、ただいろんな違った姿に見える、というソクラテスの指摘（『国家』598A）は、「射映」という認識論上の問題そのものを言い表したものである。これはカントの「物自体」とは異なる話であるが、我々は感官それ自体では事物の正しい姿を捉えることはできないという当たり前な話をしている点では共通している。ニーチェを含め、誤ったプラトン批判、カント批判を行う者たちは、プラトンやカントの見解を感覚的世界と彼岸的世界の分離という悪しき形而上学の二元論や悪しき観念論の典型のように捉えるのだが、要するにわかっていないということである。

本書18頁で「科学─芸術」の議論をいったん中断してニーチェのカント理解（無理解）について論じてきたが、ここでニーチェとカントとの関係に関わる論述を、さらにいったん中断し、カント哲学をより正しく理解するために、カントとヘーゲルとの対比について触れたい。

ヘーゲルは『大論理学（中）』第二編第一章A「物とその諸特性」のa「物自体と実存」で「物自体」を論じている。aの1で、「物自体は実存する。それで、物自体は本質的な実存である。それに反して、媒介された有は物の非本質的な実存である」（一九九四年、7-P144/6-S.130）と、いかにも持って回った言い方をしているが、これは物自体は何の問題もない捉え方である。彼は、我々が日常的に「物」として捉えている存在一般としての物を「非本質的」とし、媒介として規定されているから自己にとって他なる・多様な・外的な定有（Dasein）とする。それに対して、物自体を、揚棄された媒介によって現存するがゆえに「本質的」「直接的」とし、他方では、媒介された存在とは区別されている以上、「可能的なもの」「表象上の物」「思惟された物」という言い方もされる。これもカントの言っていることを別の言葉で言い換えたに過ぎない。物自体と実存の関係は、相互に無関心的な（gleichgültig）規定となって分かれている。ヘーゲルによれば「無関心的」とはつまり、物自体は存在一般としての物の根拠（Grund）ではなく基礎（Grundlage）にすぎない、物自体は揚棄された媒介という規定を持っており、不動の──ヘーゲルに反して、より精確に言うならば、不動かどうかすら我々には知りえない──無規定的な統一体なので、外的反省へもたらされて初めて獲得する多様態を持つはずもなく、そうしたものに無関心のままであるということになる（平たく言えば、ここでの要点はただ一つで、物自体と現実的存在一般とは切り離されており、別々なものとして区切って考えてよいということ。先述したように、飛行機の物自体がわからなくても、何も心配することなく飛行機に乗ってよいということである）。このaの1の内容は、この時点では、表面的には特段にカントの物自体論に抵触する内容はなく、カントの物自体論から一歩も先へ踏み出してもいないように読める[20]。

ところがａの2では、むしろ逆に物自体と存在一般としての物との関係性が強調され、なんとも議論が怪しげなものになっていく。その説明の仕方がいかにも（悪い意味での）「形而上学的」「観念論的」[21]なのである。ａの2の第一パラグラフは、いちおうは理解可能な内容である。ａの1では物自体と現実世界の存在一般との無関係性が強調されたが、ａの2の第一パラグラフでは、物自体の外に属する外的反省によって獲得された多様体を持つ現実世界の存在一般は「自己の絶対的前提としてのそれ〔物自体―筆者〕に関係する」（同7-P145/6-S.130）とされる。これもすぐわかる話で、いま見えている花は、花の物自体の映現（Schein）として現存しているのであって、猫の物自体の映現ではないのだから、その意味では確かに、現実的な存在一般は物自体への関係として初めて存在している。だが、続く第二パラグラフでは、「物自体は実存の本質的な同一性であるから、この本質を欠くところの反省は物自体には属さない。むしろそれは物自体に対して外面的に、自己自身として統一している。そこで、この反省が破滅し、それによってそれ自身本質的な同一性、または物自体になる」（同7-P145/6-S.131）という意味不明な記述が現れる。引用の第一文・第二文は問題ないが、第三文は不適切で無意味である。「破滅する」と訳されているzugrunde gehenは、「沈み込む」や「破綻する・だめになる」という二様に訳される成句だが、どちらにしても文意が判然としなくなる適切ではない表現である。以文社版『大論理学（中）』（一九八三年）の「この反省は没落し、……」（155頁）も同様に意味不明な訳だが、この表現は『大論理学（中）』第二巻第一編第三章「根拠」の第二パラグラフ「反省規定は没落することによって、その真の意味を獲得する」（岩波書店、一九九四年、7-P84/6-S.80）や同第三パラグラフ冒頭（同7-P85/6-S.81）での、このzugrunde gehenのヘーゲル独自の使い方を踏まえた上での表現である。このドイツ語の成句は、もともとzu Grunde（底・根拠・根底へと）gehen（進む・向かう）という語の組み合わせによって成り立っている。第三章「根拠」の第一パラグラフを読む限りでは、ここで言う「没落する」とは「正」に対する「反」によって「正」の即自的なありようが「破綻する・だめになる」こと、つまり「反」の出現に基づく反省的契機によって両者が止揚されることを「没落する」という表現に言い換えていると取ることができる。前述の『大論理学』第二編第一章の物自体論の個所に話を戻すと、従って、反省が破滅するのではなく、反省によって正・反の両者が破滅するのであって、「この反省が破滅し、……物自体になる」は全くいい加減で不正確なふらつきを見せる文である（トンボを捕まえる時に指をぐるぐる回して攪乱するように、読者を攪乱させようとしていたヘーゲル本人が、その詐術によって自分自身が攪乱され、目が回って足元がふらついたといった具合である）。そもそも、であれば、zugrunde gehen などという読者に新たな解釈の労を課す表現など使わずに、すでに人口に膾炙している「止揚される」という言葉を使えばよいだけなのに、理解を進めるよりは理解を混乱させるような別な言い方になぜ替える必要があるのか、無用な言葉遊びという他ない。

物自体論に話を戻すと、なぜ物自体を論じているこの箇所で「正―反」や「即自―対自」が出てくるのか、ここでは何の妥当性もない論点である。他方、仮にこの文意を、反省が物自体の深みへと沈降するというイメージで捉えるとしても、外的に自己自身と合一している本質を欠いた反省が、そもそも物自体の深みへとどう沈降できるというのか。さらには、物自体へと沈み込んでいけば物自体になるとは、ありうるはずもない馬鹿げた話である[22]。続く「本質のない実存は、その自己反省を物自体の中にもっている」（同7-146/6-S.131）は、どうとでも取れる――というより、どうにも取りようのない――無意味な発言である。「反省」は即自―対自の議論において扱われる契機、つまり物自体とは何の関係もない議論で浮上する契機だからである。そのパラグラフの最後の部分で、「それ〔本質を欠いた実存―筆者〕は即自的にあるところのものに対する他者であるから、そのまま自己自身の止揚であり、即自有への生成である（das Werden zum Ansichsein）[23]。それ故に、物自体は外面的実存と同一である」（同7-146/6-S.131。括弧内のドイツ語は筆者）と語るが、なぜヘーゲルがそう言えるのか不明のままである。ヘーゲルは、aの1で非本質的存在（外的な実存）と本質的存在（物自体）との無関係性（両者が関係しようもない同士――映現としての関係性は持つが――であるということ）をカントと同様に確認しておきながら、話が進むにつれて、非本質的存在が何らかの形で本質的存在へと生成しうるものであるかのように語る。全く理解しがたい、ありえない話である。物自体は自己自身に関係する本質的な実存であり、「それはただ、自己自身への反省という否定性を含むかぎりにおいて自己同一性である」（同7-146/6-S.131）とヘーゲルは言う。我々と同様に、物自体を思惟することができるだけで認識することの不可能なヘーゲルが、物自体が自己自身への反省という否定性を含むとなぜ言えるのか、それが明らかにならない限り、それに続く「こうしてここに、互に外面的反省の関係に立つところの多くの物自体が存在することになる」という発言、さらには「云いかえると、この非本質的実存がそれ自身として統一をもつとき、非本質的実存が物自体なのである。けれども、この物自体はあの最初の物自体とは別のものである。［……］この物自体は非本質的な実存から出て来るところの物自体だからである」（同7-146/6-S.131。傍線は筆者）という発言は空言・妄言でしかない。最初の物自体から別の物自体が現れるとは、物自体とはマトリョーシカなのか？　物自体が自己自身への反省という否定性を含むという表現が何を意味するのか不明であるのは、繰り返しになるが、ヘーゲルの感官が我々の感官と同様に制約された全能なものではない以上、そもそも物自体が反省という否定性を含むか含まないかなど、彼にわかろうはずがないし、彼がなぜ両者の関係をそのように説明できるのかについての根拠を、彼自身が示しようもないはずだからである。このように分かった風なことを言う僭越極まりないヘーゲルの思考パターンは、これ以降、随時指摘して行く。人間には認識不可能な物自体についてヘーゲルがなぜそう言えるのか、彼は明らかにしてはいない。わたしヘーゲルがそう言っている、だからそれは間違いない、という主張でしかない。まるで『知への問い』で筆者が批判したプロティノスである。引用傍線部は、だったらそれは物自体じゃないだろ！とツッコまざるを得ないあきれた主張である。

「本質のない実存は、その自己反省を物自体の中にもっている」や「即自有への生成」、また「この反省が破滅し、それによってそれ自身本質的な同一性、または物自体になる」というヘーゲルの表現を、彼の側に立って最大限好意的に解釈しても、結局それは間違った捉え方であるという結論に行き着くしかない。「自己反省」や「即自有」という言葉から察するならば、前述のニーチェの場合は、科学の対象となる現象世界と物自体とを同じ位相において捉える間違いを犯していた訳だが、ヘーゲルの場合もまた、現実の存在一般と物自体との関係を現象世界内の存在一般同士の関係と同じように捉えているということである。つまり、すでに指摘したように、彼には認識の対象となるものが、子供―青年―大人への成長変化のように、即自―対自―即かつ対自という形ですべて高次化していく運動として見る思考法が顕著であるが、それをこのケースにも当てはめているのである。カントは『純粋理性批判（上）』「超越論的感性論への一般的注解（§8）」でライプニッツ―ヴォルフ哲学を批判し、「この相違〔感性的なものと知性的なものとの相違、ここでは感性的認識一般と物自体との相違のこと―筆者〕は、明らかに超越論的なものであり、単に認識の明瞭性ないし不明瞭性の形式にではなく〔ヘーゲルの上述の言説は、この形式のレベルでのみ可能となることを述べているにすぎない―筆者〕、認識の起源と内容とに関わるものである。したがって、我々は、前者によって諸物自体そのものの性質を明瞭に認識しないだけではなくて、およそ認識しないのであり、我々が我々の主観的性質を取り除くや否や、感性的直観が客観に付与した諸特性とともに、表象された客観はどこにも見出されるべきではないし、また見出されることもできないのである」(4-P119/3-S.88) と述べているが、このカントの発言はそのままヘーゲルへの批判ともなる。ヘーゲルの即かつ対自の図式は、あくまで現象世界内の存在一般同士の間で当てはめるのなら構わない図式であって――後述するように（本書93頁以降）、あまり構わなくもない図式なのだが――、物自体との関係にまでそれを当てはめるのは完全に間違った適用である。そもそも子供―青年―大人への成長変化や即自―対自―即かつ対自的な高次化していく運動とは、言うまでもなく「変化」の概念を含む。空間と時間は感性の形式であり、空間と時間を結合する「運動」の概念が経験的所与であるように、当然ながら「変化」の概念もまた同様に経験的所与である（『純粋理性批判（上）』4-P116/3-S.86）。空間と時間は、その二つが一緒になって様々な総合的諸命題を可能とする感性的直観の純粋形式であるが、これらの認識源泉は、時間と空間が感性の制約であることによって自らの限界を規定する。すなわち、これらのアプリオリな認識源泉は現象としての諸対象に関わるが、物自体を表示しないということによって自らの限界を規定するのである。ヘーゲルの言う成長変化や高次化していく運動とは、感性の制約の中で可能となる総合的諸命題の一つということでしかない。ヘーゲルの言うように本質を欠いた実存が物自体との関係性において自己反省を持つことなどできようがないし、「物自体が自己自身への反省という否定性を含む」などということもあり得ない。仮にあったとしても物自体が我々の感官の外にある以上、我々にはそれを捉えようがないからである。だから、なぜそんなことが言えるのですか、とヘーゲルに問わざるを得ないことになる。

あとは推して知るべしで、aの3にしてもナンセンスな土台の上にナンセンスな屋上屋を重ねるだけの議論なので、読むに値しない。穏当に言って衒学趣味、為にする難解さ、きつい言い方をするなら、読者を秘教性(Esoterik)に迷い込ませる悪意すら感じる。カントが『純粋理性批判』で明晰に述べたことを、堂々巡りするような悪しき形而上学の迷路へ誘い込み、aの1で尽きている話を、ここでは当てはめようもない「即かつ対自」の議論を適用し、自分の哲学がカントに対してさも優位性を持つかのように偽装する詐術と取ることすらできる。ヘーゲルの物自体論がカント以前に書かれたものであった場合ならば、カントの明晰性に至る以前の不完全な物自体論として大目に見ることもできる。カント以後のものであるということが、大いに問題なのである。カントの物自体論を理解できずに彼流の不適切な論を展開したのなら、それもまた哲学者としての能力の問題であって、誠実か不誠実かの問題ではないので、ただの間違いとして見ることはできる(無知は幾分は許されるが、無恥は許されない)。だが彼がカントの物自体論を表面的に理解していることは——根本的にはやはり理解できていないのだが、それはこのすぐ後に論じる——、上述のaの1で明らかである。そうであるにもかかわらず、それに続いて言えもしないでたらめ——ヘーゲルの表面的理解だけでも、それが言えるはずもないでたらめであることは彼自身にも十分にわかるはずである——をつけくわえる理由はどこにあるのかと考えれば、ある種の胡乱な動機が彼の中にあったと推測せざるを得ない。哲学もまた学問の類であり、卜筮の類ではないので、学問的手続きを必須とする。空間と時間の絶対的実在性を認める立場を取るニュートンやライプニッツに対するカントの異論（『純粋理性批判（上）』4-P115/3-S.85）や、彼が自分の物自体論とは異なる立場のバークリに対して自説の立場を論拠を上げて説明しているように（同4-P126/3-S.94）、先行する学説と違うことを主張する場合、哲学者もまた論拠を挙げて自説を述べなければならない。「物自体」という言葉がすでに定着している時点で、自分以前にカントなどいなかったかのように無視した形で、好き勝手に妥当性を欠いた異説を唱えるなど、山師的振舞と言っていい[24]。いずれにせよ、百歩譲って、そこに悪意やずるさがなく、ただの錯誤であったとしても、カントの物自体論に新たな見解を加えるものは何もないので、余計な文字の羅列につきあわされたという徒労感しか残らない。カントが近代の自然科学的成果を踏まえた反省の下で、より厳しいものへと鍛え上げた形而上学から、ゆるい恣意的で無反省に行われる形而上学的無駄話を許容する前近代への退行である[25]。

『大論理学』の上述の個所でヘーゲルはカントを無視した形で物自体を論じているが、『小論理学』では一応カントに言及しながら物自体を論じている。だが、実際には「論じている」と称するにも当たらない勝手な言い散らかしをしているだけである。先ほど、彼がカントの「物自体」論を基本的に理解していると書いたが、例えば『小論理学』41節補説2の前半は、カントの「主観―客観」の語の使用に対して周囲から向けられた非難について、その非難自体が間違っていることを指摘するなど、おおよそ正しいカント理解を示している。後半は「物と対象的なもの一般とのそれ自体としてのあり方であるという客観性」（一九九六年、1-P154/8-S.116）というヘーゲル一流の胡散臭い無前提・無根拠な記述が出てくるので、怪しげなものになっている。この客観性が可能だと言うヘーゲルの立場は、彼の言う「思惟された即自」という、いわば彼が勝手に捏造した第三の意義ではなく、実際には彼の主張とは裏腹に「客観性の三重の意義」の第一の意義、つまり感性的な知覚を実在とする素朴実在論へと帰結するものでしかなく、単に言葉を言い換えただけのごまかしである。彼の言う第一の意義と第三の意義とが何をもって分かたれうるものなのか、そもそも第三の意義なるものが存在しうるのかの根拠も実例も何も示されていないからである。彼の言う第一の意義とは、「単に主観的な、思われた、夢見られただけの」（同1-P155/8-S.116）外的に現存するものという意義である。太陽が東から登って西へ沈むのを見て、「太陽は地球の周りをまわっている」とする判断がこれに当たる。第二の意義とは、普遍的で必然的なもので、感覚に属する偶然的、個的、主観的なものとは異なるカントの批判哲学の段階の意義とされる。天体観測から得られた事実が天動説とは矛盾することから、様々な反省的検討に基づく知見の進展を経て、「地球が太陽の周りをまわっている」とするのが正しいとする判断がこれに当たる。ヘーゲルの言う第三の意義、「物と対象的なもの一般とのそれ自体としてのあり方であるという客観性」とは、より詳しくは、『大論理学（下）』第二章「判断」の主語―述語の関係で論じられている。規定性をそれぞれが、直接的、抽象的に、個別性と普遍性という形で持つ第一・第二の意義とは異なり、それを超えるとヘーゲルが言う第三の意義とは、「これに反して述語は普遍として、この対象についての反省、或いはまた、むしろそういう直接性を超えて、単に有的なものとしての諸々の規定性を止揚するような、対象の自分自身への反省として、――即ち対象の即自有として現れる。――そのかぎりにおいて出発点は最初のもの、直接的なものとしての個別であるが、この個別は判断によって普遍性に高められる。また逆に、単に即自的な普遍が個別の形を取って定有に引き下げられる。或いは向自的なものとなる」（一九六九年、8-P77/6-S.307）などと、第一と第二の意義とをごたまぜにするようなことを述べている。このごたまぜが第一・第二の意義とは異なる第三の意義だというのなら、そんなものが本当にあるというのなら、よろしい、では第一の意義による命題「太陽は地球の周りをまわっている」と第二の意義による命題「地球が太陽の周りをまわっている」とは異なる第三の意義による命題がどのようなものになるのかを述べてほしい。ヘーゲルのこの議論は「SはPである」という繋辞（copula、例えば英語のbe動詞）を用いた命題だけを扱ったものだ――実際には「死ぬ」という一般動詞の例文もヘーゲルは用いている――というのなら、それでもよろしい。では、第一の意義による命題「（水の中の）オールは曲がっている」に対して、「（水による光の屈折によって曲がって見えるだけで）

オールはまっすぐである」という第二の意義による命題が考えられるが、第三の意義による命題がどのようなものになるのか述べてほしい（ここがロドスだ、ここで実例を挙げよ！）。「反省」に基づく「判断」は、すでに第二の意義の命題に含まれている。それをさらに超える第三の意義とは、そんなものがあるというのなら、どういったものなのか、具体例を挙げて明示してもらいたい。「友人Nが死んだ」はただの命題で、実際に死んだのか仮死状態なのかを問うて初めて判断になる、というヘーゲルの挙げた具体例（同8-P75/6-S.305）は、一つの命題に収まっていない、複数の命題の複合を用いて何かを論じる「論述」である。実際には、その複合体を構成する各命題は、それぞれが第一の意義による命題か第二の意義による命題かのどちらかになるしかない。第三の意義による命題などというものは不可能で、存在しないのである。

ヘーゲルは、「さて三重性はカントにおいてはまだやっと本能によって再発見せられたものであって、まだ死んでいて概念的には把握せられていないものであったのに、これが絶対的意義にまで高められ、［……］」（『精神の現象学（上）』一九七一年、4-P46/3-S.48）と自分勝手な言い草でカントを貶め、自分を崇しとする与太話をしているが、訳者金子武蔵の解説（同478頁）では、この三重性（Triplizität）の原理はピュタゴラス学派、新プラトン学派、キリスト教の三位一体教義などに認められ、カントの場合、カテゴリー論の質のカテゴリーにおける「実在性―否定性―制限性」という構造に正反合の関係を認めたこと、これらをヘーゲルの言う「まだ死んでいて概念的には把握せられていないもの」として列挙し、言外にヘーゲル的三重性の立場を「絶対的意義にまで高められ」たものと位置づけている。岩波版『精神の現象学』（一九七一年）の訳者金子武蔵は、その過剰なまでに詳しい注釈を読む限り、その点に限って言えば、その労作に表れる氏の学者としてのひたむきさを疑うつもりはない。だが、上記の大雑把すぎる図式化は、論理ではなく単なる類似性に基づく恣意的な類型化であり――と言っても、三つの物として分けているということ以外の類似性は何もないのだが――、テキストを精確に読めない人のみが行える全くの妄想・空想の類である。カントはそのカテゴリー論で何と言っているか。「だから、総体性（全体性）

は単一性として考察された数多性に他ならない。制限性は、否定性と結合された実在性に他ならない。相互性は、他の実体と相互に規定しあうある実体の原因性である。最後に、必然性は、可能性そのものによって与えられている実存在に他ならない。しかし、むろん、だからといって、第三のカテゴリーが純粋悟性の単に派生的な概念であって、いかなる基幹概念でもない、と考えてはならない。というのは、第三の概念を生み出すための、第一のカテゴリーと第二のカテゴリーとの結合は、第一の概念と第二の概念において行使される作用とは同一ではない、悟性の特殊な作用を必要とするからである」（『純粋理性批判（上）』4-P160/3-S.122）。上記引用は質のカテゴリーのみならず量のカテゴリー、関係のカテゴリー、様相のカテゴリーについての言及をも含んでいるテキストだが、質のカテゴリーの「実在性―否定性―制限性」は相互の関連性において規定されるものであるにせよ、その一つである制限性のカテゴリーは実在性と否定性との正反の止揚からの単なる派生物ではなく、それ自体一つの基幹概念として様々な事象に適用可能なカテゴリーなのである。この三つはそれぞれが等価値的な基幹概念である。これを正反合の関係性を持つヘーゲル的三重性と同じものと見ることなどできようがない。だいたい、そもそもが、父―子―聖霊の三位一体の概念がどうして正反合の関係性を持ちうるというのか。正はこの場合、父なのか、子なのか、聖霊なのか？　反は？　合は？　どれがどれに当たるというのか。三位一体論とは、ヨハネによる福音書第14章でイエスが神を父と呼び、自分を子と呼び、同第16節・第26節で神が遣わされる聖霊について語ったのを、何でもかでも抽象化したがる新プラトン主義者プロティノスの無責任な概念化のために、その後、神学上の諸説が乱立して混迷を極め、三二五年のニカイア公会議でも相互に矛盾する諸説に決着をつけられず、五世紀に入ってアウグスティヌスの『三位一体論』でこの混乱に取りあえずの収拾をつけたものである。つまり、哲学とは別物のキリスト教神学の内輪の話であり、元々、イエスというただの人間が口にした、ただの言葉があり、ヨハネというただの人間がそれを書き記しただけのものを、暇な好事家たちがしなくていい議論を数世紀にわたって続けてきたということだ。何でも徒らに神秘化した議論に変えるプロティノスの思想的自慰行為にその後の人々が乗っかって、次々と余計な尾ひれをつけて肥大化したものを、またぞろアウグスティヌスというプロティノスと似た類型の男が疑似哲学を作り上げたということでしかない。そこからさらにカント以後になっても、懲りもせずに哲学的思考能力などない似非哲学者ヘーゲルが再度それに飛びついて、それらの泥だんごを捏ね上げ、もっともらしく釉薬をかけて焼成した開運の壺が、この三重性の原理の正体である。金子の上記の列挙は、正反合に関連づけるには妥当性を持たない大雑把すぎる例示である。金子の同解説（同478頁）で、カントにおけるカテゴリーの三重性がフィヒテにおいて定立―反定立―総合の方法となり、シェリングにおいてさらに両極性とその同一性の原理となったことがこの原理が絶対的意義にまで高められたことをいうとしているが、要するにその最上位に自分の親分（ヘーゲル）を神輿に担ぐためにでっちあげた結果ありきの論法である。新プラトン学派、キリスト教教義、ドイツ観念論など、悪しき背世界者的形而上学のガラクタの系譜の最上位に、ガラクタの親玉としてヘーゲルを担ぐのはかまわない。だが、カントはその神輿を担いでいる者の一人などではない。カントはそんな馬鹿々々しいお祭りとは関係のないところにいる。

この「第三の意義」のような欺瞞と似た話として、『小論理学』80節で、悟性における規定の固定化を批判する意味で「知性としての思惟は、固定した被規定性と、このものの他の被規定性にたいする区別のところに居続ける。そのような限られた抽象的なものが知性には自立自存のものとみなされる」（一九九六年、1-P216/8-S.169）と述べている。ヘーゲルは、そうした悟性的知性による思考のあり方が、一つの規定性に停止状態でとどまってしまう弁証法として批判し、同補説では「知性はそれ〔特殊的なもの―筆者〕の諸対象にたいしてそれらを分割して捨象する態度をとるのであるから、したがって直接的な直観や感覚、感情の反対物である。というのは、この直観や感覚、感情はそういうものとしては徹頭徹尾、具体的なものにかかわりあってそこに居続けるのだからである」（同1-P217/8-S.169）と述べ、「直観」「感覚」「感情」などという、むしろ「具体的なものにかかわり」ようもない、茫洋たる言葉を持ち出して、第一の意義の素朴実在論を再度そのまま復権させるような馬鹿話を始めるのである。

第二の意義とされた批判的「知性」に対して、有限的事物は変化していくというヘーゲル自身の弁証法とを対置させるような議論を展開するのだが、「有限的事物は変化していく」のは確かだとしても、停止せずに捉えられる「規定」とはどういったものなのか、それは「規定」と呼びうるものなのか（筆者がいま思い浮かべることができる流動し変化する規定とは、「太陽は地球の周りをまわっている、っていうか〜」「オールはまっすぐである、みたいな〜」「友人Nが死んだかも〜」などのギャル言葉のようなものだが、「みたいな〜」や「っていうか〜」がついている時点で、それは「規定」と呼べるようなしろものではない）。口先だけで何とでも言えることを言っているだけで、ヘーゲルは具体的にどういう「規定」が第三の契機の例に当たるのか、何の具体例も示さない――無論そんなものなどあるはずがないので示しようがないということなのであろう（本書註52で後述するように、我々が顕微鏡で観察できるのは停止している馬の筋肉細胞でしかないのである）。

同81節の「弁証法的契機はそのような有限な諸規定自身が自己を揚棄して逆の諸規定に転化していくことである」や「弁証法は内在的超出であって、ここでは知性的諸規定の一面性と制限性はそれの実相において、すなわちそれの否定として、あらわれる」（同1-P221/8-S.172）も同じ与太話であって、「概念」は「誰かある人」が持つものであり、「判断」は「誰かある人」がするものであり、ヘーゲルの言うような、概念それ自体が固定的なものではない概念規定の本性を持つことなどあるはずがなく、概念自体が対立的規定を自分の中に持ち、また対立的規定を即自的に措定することなどあろうはずがない。対立的規定を相互に勘案し、措定するのはあくまで「誰かある人」であって、人間の脳を離れた「概念」や「判断」などあるはずはなく、「概念」や「判断」それ自体が実体性を持ったものであるかのように、それ自体がそれ自体の「内在的超出」によって生成・変化するなどという話はヘーゲルの頭の中だけにある空想・妄想の類である。ヘーゲルは、弁証法は内在的超出であって学問的進行の内にあってそれを促す魂であると述べているが（同1-P221/8- S.173）、抽象概念である「概念」や「判断」それ自体の（彼自身が恣意的・専横的・独断的に唱えるだけで、そんなものなどあるはずがない）性格と、それらを公的な議論の場で扱う人間たちの、つまり複数の「誰かある人」の学的営みとをごっちゃにしている。そのそれぞれは本来二つのいっしょにはできない別物であり、前者の概念自体の変化・生成する性格などは、そもそも存在しない架空のものでしかない。ごっちゃにする理由は、後者の公的な議論の場でのみ起こる弁証法的展開のイメージを概念単独で生じうることでもあるかのように後者を前者にかぶせるイメージ転嫁でもしない限り、概念それ自体が超出する第三の契機など想定しようもないからである。その霞がかかった曖昧さの中にかろうじてヘーゲルの詐術を成立させる隘路がある。百回も言えば、本当にあるものなのだろうと思ってもらえることを期待して、彼は何の議論にでも繰り返し「即かつ対自」と似たようなパターンを持ち出すのである。定立された悟性的規定が公共の議論の場へと移行することで、最初の規定の一面性と制限性が明らかとなり、自らを否定せざるを得なくなる弁証法的展開とは、概念が自らを否定して変化するのではなく、概念を扱う「誰かある人」たちが既成概念を否定することによって起こる学的変遷のことを言っているに過ぎない。学問的営為が弁証法的展開を遂げるのは当たり前な話で、そんなことはヘーゲルに言われずとも、学問的手続きとは一般的にそうしたものであるし、そうであるしかないものである。ヘーゲルに言われて初めてそれが明らかになったということなどではなく、そんなことは徹頭徹尾、最初から当たり前な話である。学的変遷という時間軸の長いもののみならず、註43で述べた「三人寄れば文殊の知恵」のような、その場その場での学的議論においても、「誰かある人」の意見が別の「誰かある人」の異見によって精査・検証され、三人の「誰かある人」の元々の個々の意見が、当初は誰も考えが及ばなかったより高度な知見へと高められていくという時間軸の短い形でも同様なことが起こる。その場合であっても、三人がそれぞれ口にする意見は第一の意義による命題か第二の意義による命題のどちらかでしかなく、それらを駆使して文殊の知恵へと弁証法的展開を遂げるのである。これが〇〇の規定であると誰かが論文を書き、それに対し他の研究者がその不備や一面性や制限性を指摘し、公共の場でそれが検討され、より精度の高い〇〇の規定が確定され、それもまた数年後、数十年後にその不備が指摘され……といった弁証法的展開がなされていく。規定そのものが内在的超出によって自らを否定し、より高次の第三の契機へと変化するという生成・変化などあるはずがなく、規定はその都度「誰かある人」たちによって停止状態的に確定されるのであって、その固定化され承認され人口に膾炙した規定が、公的な議論の場でさらなる疑問や批判にあい、次の段階へと進む、その推移の全体がそもそも生成・変化と呼ぶべき事態である。規定はその都度固定的に確定されるのが本来の姿であって、ヘーゲルは一旦はそうなるしかないその停止状態を、概念を固定的に捉えるあり方であるとして批判する。だが当該規定の主唱者がそれは絶対的なものであるといくら頑なに主張し固定化しようとしたところで、学問的議論の場で批判に耐え得なければその規定は廃棄されるだけのものであり、より妥当性のある規定へと改変されていくというだけの話である。例えばヘーゲルとかいうどこかのある学者が、吾輩の○○は絶対的○○であると絶叫したところで、公共の議論の場でそんな絶対化はおかしいと誰も承認しなければ、その絶対性は絶対性として学問的に認定されない。従って固定化もまた、そうした経緯をたどることで起きえない。それだけの話である。ヘーゲルは何かにつけ、二つの項で尽きている対立的構図に無理やり第三の項をでっちあげて、今までになかった深遠な哲学を提起しているかのようなふりをするのだが、彼が持ち出す第三の項などというものは、彼の言葉を借りるなら「単に主観的な、思われた、夢見られただけの」外的に現存するものにも当たらない、「単に主観的な、思われた、夢見られただけの」外的に現存すらしないものである[26]。

カントの物自体論に戻ると、明らかにヘーゲルがカントを捉え違えていると言えるのは、『小論理学』45節の最後「そのような無条件的なもの〔solches Unbedingte、カントの用語としては通常「無制約者」と訳される―筆者〕が理性の絶対的にして真なるものとして（理念として）想定されるのであるから、……」（一九九六年、1-P162/8-S.121）という記述に端的に表れているように、物自体を絶対的真理でもあるかのように（悪い意味での）形而上学的・観念論的に捉えている点である。また同様に44節で「物自体（そして物のうちには精神、神も含まれる）ということばによって……」（同1-P161/8-S.120）と、カントが言ってもいないおバカ丸出しの飛躍した論述をするのである。カントの言う「物」とは、目で見られる、手に取ることのできる諸事物に過ぎず、それと認識能力との関係を語っているにすぎず、精神や神などの概念を指しているはずなどない。すでに筆者が論じ確認したように、カントの物自体とは、人間の感覚器官が捉える諸物と諸物それ自体とが一致している保証などどこにもないという単純な指摘をしているだけのことなのだ。カント哲学の要諦は、そこから派生して悟性的思惟と理性的思惟のあり方が峻別されるべきものであり、それらの混同・混濁による雑種的公理を厳に警め、不毛な議論という谷底へ転落しないようにガードレールを築くことにあった。ヘーゲルの物自体論で「不動の」という形容詞の使用の不適切さについて触れたが（本書39頁）、物自体に「不動な」という属性があるかないかもわからないはずなのに、ヘーゲルが勝手にイメージする「不動な」という、ある種の絶対性を前提とする形容詞を付与している時点で、カント以前のゆるゆる甘あまな語の使用を伴う悪しき前近代的形而上学への逆行である。カントが言っている物自体の超越性とは、人間の認識が及ばないという即物的な意味での超越性でしかなく、ヘーゲルはそれを神的理念のような意味での超越的存在性として間違って捉えていることが、ここにも表れている。同44節の、物自体は「その対象のあらゆる感情規定、ならびにその対象にかんするあらゆる特定の思想が捨象されるかぎりでのものである」も適切ではなく、捨象しているのではなく、感官を超えているので言及しようがないということでしかないし、そもそもカントの物自体論は、感情の話でもなければ思想の話でもない。単純な認識論上の問題を指摘しているだけである。同44節最後の「この物自体を知ることほどたやすいことはない」は、全くおっしゃる通りで、実際にたやすく理解できることなのだから、ヘーゲルは、ちゃんと理解できてから、そう発言してもらいたい。

ヘーゲルは45節の補説で、物自体のあり方は「われわれの到達しがたい彼岸たるにとどまる」（同1-P163/8-S.122）という、物自体を理解できていない人間に典型的な「彼岸論」のワンパターンを持ち出す。ニーチェもまたこのワンパターンに嵌まっているが、ニーチェの場合はその無理解にとどまっているだけなので、あまり罪はない。ヘーゲルの場合はカントに対する自分の優位性を演出するために、カントの物自体論への異論として「みずからの存在根拠を自己自身のうちにではなく、普遍的な神的理念のうちにもつことが有限的事物自身の規定なのである」という無前提・無根拠な絵空事を述べる。この僭越極まりない自分勝手な専断を、ヘーゲルは批判哲学の主観的観念論に対する「絶対的観念論」と自ら称して「卑俗な実在論の見地に立つ意識を超え出る」ものだとし、「たんに哲学に特有のものと見なされるべきではなくて、むしろあらゆる宗教意識の基礎をなすものなのである」(同1-P.63/8-S.123)と与太を飛ばす。なぜ「絶対的観念論」と言えるかといえば、われヘーゲルがかく言う、したがってそれは絶対的なのであるとほらを吹いているだけのことで、同じく、われヘーゲルの自説は卑俗ではない、なんとなれば、われヘーゲルがかく言う、だから卑俗ではない、という僭越かつ卑俗な主張である。「みずからの存在根拠を自己自身のうちにではなく、普遍的な神的理念のうちにもつ」と言っている時点でカント以前への逆戻りであり、プロティノス並みのレベルへの逆戻りであると言ってよい。カント哲学にも当然「絶対」という言葉は出て来るが、論述対象となるものを表すテルミノロギーに用いる――例えば、あらゆる出来事の第一原因となる「絶対的自発性」や、神の存在証明に関わる「相対的定立─絶対的定立」など――ことはあっても、彼は論述のために自分が用いるツールとしてのテルミノロギーに「絶対的○○」などという名をつけることなどない。カントにとって「絶対性」は論究の対象であって、自分の視点・観点・分析手法・アプローチ方法に「絶対的○○」などという赤面するほど僭越な言葉は恥ずかしすぎて使うはずもないのである[27]。カントは神や絶対者と呼ばれる対象とそれを神棚に祀り上げる人間の思惟との関係構造を解明することが自分のすべきことであると知る哲学者であって、自分の言説を「絶対的○○」などと称して自分で神棚に上げることなどしない。カントにとって、そんな神棚言葉を使ったところで何も論じたことにならないことはわかりきったことだからである[28]。カントのテキストの難しさは、すべて論述の精確性を期することに由来する。用いられる用語の一見そう見える堅苦しさ、硬質性も、読み手に分かってもらいたい事柄が彼の中にすでに明確にあり、それが精確に伝わることを期するために必要とされているものである。我々はその難解さにひるむことなく我慢してよく咀嚼し、カントの言わんとしていたことが理解できた時、なんのためにそうした難解さが必要だったのかが了解できるのである。つまりカントのテキストの難解さの発生源は、我々に対する親切心、言ってみれば「友情」にある。ヘーゲルの場合はまるで違う。読み手に分かってもらいたい事柄は彼の中に明確にはないか、あるいはそもそも全くないかのどちらかである。ヘーゲルのテキストの難解さ（面妖さ）は、まず彼の言説の中身のなさを糊塗・隠蔽する目的があり、さらには自分をカント以上に深遠な思想の持ち主であるかのように読み手を幻惑させようとするさらなる目的がある。精確に何かが伝わるテキストであってはは中身のなさが露見するので、精確に何かが伝わることを企図しているかのように見せながら、決して精確に何かが伝わってはならないことを企図しているテキストということである。そこにあるのは、言うまでもなく、親切心や友情とは反対のもの、自己中心的な自己愛、オレ様病の忌まわしい症候群である。

筆者があきれ返るのは、『精神の現象学』序文で、「真なるものの場面は概念であり、そうして概念の真実の形態は学的体系であること」（一九七一年、4-P7/3-S.15）とし、実体（ヘーゲルの用語としては「素朴状態」のこと）の立場である「表象」から、高められた主体の立場である「概念」によって初めて真理が把握されると高らかに謳い上げておきながら、その舌の根も乾かぬうちに、すでに本書註24で触れたように、次のパラグラフで「真理は、或は直観、或は絶対者の直接知、宗教、存在［……］と呼ばれるところのものにおいてのみ現存し、或はむしろかかるものとしてのみ現存すると考えられているのであるが、ここからして同時に哲学の叙述に対してもすぐに概念とはむしろ正反対のものが要求せられることになる。即ち絶対者は概念的に把握せられるべきではなく、感ぜられ直観せられるべきであり、絶対者についての概念がではなく、それについての感情と直観とが音頭を取り、また語られるべきだというのである」（同4-P8/3-S.15）などと、前言を無効化するような真逆な話をするのである。一つのスポーツに二種類の異なるルールがある、あるいはルールが試合中に別のルールに変更されるということがあれば、スポーツは不可能となる。八回まで五対一で一方が優勢だったのに、九回になって神の啓示を受けた、あるいはそう「直観」したので0対0にします、などということがあったりすれば、野球という「学的体系」は不可能となる。二つは両立しないルールである。「絶対者の直接知」「感情と直観」という言葉の使用には、筆者が『一　知への問い』で批判したプロティノスの言辞に酷似したものを感じざるを得ない。このような発想法は、カントではありえないものである。ヘーゲルにおいては、概念による真理探究と絶対者についての感情と直観――要するに信仰ということだろう――とが両立するものであるかのように発想するのである。笑止という他ない。ヘーゲルにあっては、思弁的理性の限界を超える理性の濫用を行ったりすれば「私は信仰のための場所を得るために、知識を止揚しなければならなかった」というカントの懊悩などは、はなから無縁のようである。

ヘーゲルは『法の哲学』で、「中途半端な哲学は神から逸脱する――そして認識することを真理への漸進的な接近とするのも同じ中途半端に属する――が、真の哲学は神に到る、という言葉は有名な言葉になっている」（二〇〇〇年、9a-P21/7-S.27）と述べている。「有名な言葉」とはフランシス・ベーコンが語った言葉とされているが、これは無論、哲学的省察が厳密に行われた場合に神というものを想定せざるをえなくなるという意味に解されるべきで（カントによるその実例を後述する）、田舎の純朴な信仰者が考えるような意味で捉えられてよいものではないのである。ヘーゲルは、神を引き合いにして勝手気ままな言説をほしいままにする古代以来無反省に繰返されてきた疑似哲学がもたらしてきた「中途半端な哲学」の弊害をどう見ているのか、それらの歴史的な「中途半端な哲学」と彼がやっているような哲学への無前提無根拠で勝手気ままな神概念の援用がどう異なるのか、我々には何も明らかにはならない（同じものと見るのが至当だろう）。同箇所でヘーゲルが言及したルターに始まるプロテスタンティズム固有の原理は、確かに、後のニーチェにとっても学問的知的誠実のひな型をこのプロテスタンティズムから取り出すことができたし、さらに後のマックス・ヴェーバーもまた商業活動における市民的誠実性の原理をここから導き出すことができた。だが、商業活動の原理ならいざ知らず、ことは哲学である。ヘーゲルの言う「神」とは、キリスト教の神であって、イスラム教でもヒンドゥー教でも、ブゥードゥー教の神でもあるまい。なぜ哲学という普遍的知の営みに、全人類が信じている訳でもないキリスト教という制約された枠組み（拘束具）がはめられるのか。それはキリスト教が唯一絶対に正しい宗教で、それ以外はインチキ宗教であるという前提でのみ成り立つ話であり、非キリスト教徒にとっては承服しがたい話であろう。あるいは、哲学的知とはキリスト教徒だけが持つものであって、ブゥードゥー教を信じる黒人奴隷や――ブゥードゥー教は、自分たちを奴隷化する白人キリスト教徒たちの暴虐・悪逆・無知・野蛮（反知性）に堪える黒人たちが、救いを求めて興した宗教である――ヒンドゥー教徒のインド人（零の発見者）やイスラム教徒（数学・天文学の歴史的大家たち）が持ちえないものであるという前提でのみ成り立つ話である。無神論者にとってもそんな哲学は意味をなさない。

岩波版『法の哲学（上）』（258頁）、訳注36で、カントの『純粋理性批判（中）』第二編第三章「純粋理性の理想」に触れ、カントが論じた神の存在証明の問題は、「人間の認識能力のかなたに置かれるべき物自体の認識という次元に踏み込んでしまうものであるがゆえに、有効なものではない。したがって、神の存在証明の問題は認識問題を扱う哲学の領域には属さないという結論が導きだされるのである」と解説されている。『法の哲学（上）』の翻訳者三名のうちの誰がこれを書いたのか明らかではないが、ヘーゲル研究者の解説とは、万事が万事この調子である。カントが物自体は理念的思惟の対象であって認識の対象ではないことを述べているのは周知の事実であるのだから、上記の解説は「物自体の認識」と言っている時点でカント論として論外でしかないが、物自体の議論が何がどうなれば神の存在証明の問題にかかわるのか、それ自体なかなか大変な論究を必要とする事柄であるのに――筆者は次のパラグラフ以下で、非力ながらその説明を試みる――、それについて何も説明することなく、さらには、カントの神の存在証明の問題が物自体の認識という次元に踏み込んでしまうとなぜ有効なものではなくなるのかについても何も明らかにせず、その主張の根拠についても一切言及しない。当然彼らの主張はヘーゲルの「物自体」理解を踏まえてのことであろうから、ヘーゲルの「物自体」理解が先述のごとくでたらめである以上、なぜそれを根拠とできるかについて彼らに詳述できるはずはないからである。カントの立場は逆で、物自体を推論する思考形態を可能とすることによって神の推論も可能となるのである。その思考形態を不可とした場合――このヘーゲル論者は不可とするわけだが――神を哲学的省察の対象とするのではなく、無前提・無根拠・無制限にその存在を認める田舎のじいさんと同じ立場ということになる。実際にヘーゲルがカントに対して言っていることは、「おらがそう信じてんだから、おらにはよくわかんねえ、そったら難しい話をくだくだ言われる筋合いはなかんべ」というレベルのことを言い返しているに過ぎない。カントは言う。「理性は、その単に思弁的な使用においては、このそれほど大きな意図、すなわち、最上の存在者の現存在に到達するという意図にはとうてい不十分であるけれども、理性は次のような点において極めて大きな効用をもっている。それは、もし最上の存在者の認識がどこか他の源泉〔例えば、人間が書いた教典、村の伝統的風習など―筆者〕から汲み出されうるとすれば、〔そうしたレベルの神理解から―筆者〕最上の存在者の認識を修正する点、この認識を自己自身と、ならびにおのおのの叡知的意図と合致させる点、根元的存在者の概念に反しているであろうすべてのものから、およびもろもろの経験的制限のすべての混入から純化する点である」(『純粋理性批判(中)』5-P322/4-S.562)。『精神現象学』序文での「概念と直観」という両立しない二つのヘーゲルの主張は、まさに「もろもろの経験的制限のすべての混入」の一例である。カントは神を思惟する人間の思考の在り方自体を、その可能性と不可能性の限界を極限に至るまで分析する。ヘーゲル論者は、「神の存在証明の問題は認識問題を扱う哲学の領域には属さない」と言いながら、認識問題を扱う哲学的議論の場で自分に都合よく神の話を紛れ込ませるヘーゲルに対しては何の疑問も呈さず、ヘーゲルの場合には無条件にそれを認めるのである。その恣意性たるや、あきれ果てて眩暈がするほどである。「神の存在証明の問題は認識問題を扱う哲学の領域には属さない」のはカントにとって当たり前な話で、カントは神の問題は認識の対象ではなく思惟の対象であると、我々の耳にタコができるほど口を酸っぱくして繰り返し述べており、ヘーゲル論者に言われるまでもなく、カントがそんな取り違えをすることなどないのである。認識問題を扱う哲学的議論の場で神を持ち出すという、やってはならないことをするのはヘーゲルの方である。

カントは『純粋理性批判（中）』第二部門第二部第二編第三章第二節の「超越論的理想（超越論的原型）について」で、神を思惟する思考形態の超越論的プロトタイプ（PROTOTYPON TRANSSCENDENTALE）について語る。カントの「物自体」は、「物」を規定する際に「物」の総体的可能性（die gesamte Möglichkeit）への議論ともかかわり、確かにそれは神の存在論的証明を論じるに際してその雛形を与える発想ではある。だがそれは「物」の全般的規定（die durchgängige Bestimmung）の原則を論じる際に必要となる思考過程の二段、三段、四段の階梯を経て、ようやく神の存在証明の議論に関係してくるものでしかなく、「物自体」の議論がいきなり神の問題を含むことなどない。規定可能性（die Bestimmbarkeit）の原則に従う単にAか非Aかの論理的な原理の基にある「概念」とは違って、総体的可能性への関係において考察する必要のある「物」は全般的規定の原則に従うもので、この原理は、物についての完全な概念を作るすべての述語の総合、各々の物の特殊な可能性に対する与件をアプリオリに含むすべての可能性に対する質料を前提とする（『純粋理性批判（中）』5-P264-265/4-S.515）[29]。「物」は、そのような総体的可能性をアプリオリな制約として持つゆえに（つまり「物」が一挙に自らの姿を開示することがなく、サイコロの一面を順次開示する「射映」（本書38頁参照）としての制約を持つゆえに）、総体的可能性に対してなす関与に応じて、各々の総体的可能性の一部（色、形、材質、温度、硬度・軟度など）を自ら開示するのである（物質の本質規定として通常問題となるのは延長性、侵入不可能性などの限られたものだけで、一般的に色、材質、温度、硬度・軟度などが問題となることはないが、筆者はここでの総体的可能性の議論は、あくまで人間の感官にとっての総体的可能性の問題と考えるべきものとして、これらの要素も含めて良いように思う）。「物」の実相や本質を一挙に捉えたいとする人間が本源的に持つ志向性と不可分の関係にある「物についての完全な概念を作るすべての述語の総合」の原理が、「物」の規定がすべての可能な述語の総体性

（Universitas）に従属するということを顕わし、「物についての完全な概念」という概念が、いくつかの階梯を経て、カントにおける神概念と結びつくのである。「物」は全般的規定の原則に従うという確認の次の階梯に当たると言えるものは、「根元的概念［Urbegriff］としてのこの理念は、多数の述語を排斥する」（同5-P266/4-S.516、括弧内のドイツ語は筆者）という箇所であろう。すべての可能な述語の中でも、その総体性を捉えるに際して必要となるのは超越論的に内容が考察される若干の述語だけであり、単に論理的な考察に用いられる諸述語によっては単に非存在が表象されるだけであり、それらは根元的概念に付属するのではなく、判断におけるその概念とある別の概念との関係にのみ付属し、根元的概念の内容を特徴づけるためには不十分なものでしかないからである。例えば、「（神は）嫉妬深い」とか「（神は）慈悲深い」などの述語は排斥される。これに続く次の階梯と言えるのは、「超越論的肯定とは、その概念がそれ自体においてすでに存在を表現し、したがって実在性（事物性）［Realität（Sachheit）］と呼ばれる或るものである」（同5-P267/4-S.517、括弧内のドイツ語は筆者）という記述であろう。超越論的肯定が及ぶ限り、諸対象は或るもの（諸物）だからであり、否定は単なる欠如を意味する。「対立する肯定を根底に置くことなしには、否定を規定的なものと考えることはできない」ので、超越論的否定は、超越論的肯定がそれに対立する非存在それ自体を意味する派生的なものである。肯定はそれ自体存在を意味するが、否定は肯定があって初めて「その否定」としてありうるものとなる。「無知者は自らの無知についていかなる概念ももたない」のは、そもそも彼らが知（知っているということ）についてのいかなる概念も持たないからである、とカントは言う（無知者は、知〔肯定〕を知らないので無知が知の否定であることもまた分かりようがなく、無知であるということがどういう状態であるかもわからないので、無知であることを指摘されると、「え、なんで？」と怒り出すのである）。次の階梯あたりからこの議論はいよいよ神の理念へと近づく。「したがって、われわれの理性における全般的規定の根底に超越論的基体が置かれ、［……］この基体は実在性の一切の理念に他ならない」（同5-P268/4-S.518）と語られる。否定とは制限に他ならず、制限とは、無制限なもの（万有das All）を前提としなければ制限とは呼ばれえないとされる。「実在性の一切の理念」「無制限なもの」「万有」などの概念が言及されるに至って、ようやくこの文脈（神を論じる文脈）における「物自体」が言及される。この実在性の全き所有によって（durch diesen Allbesitz der Realität）「物自体そのもの」という概念もまた全般的（durchgängig）に規定されたものとして表象されているとカントは考える。「最も実在的な存在者」の概念は個的存在者の概念である。なぜなら、すべての可能な述語の内で対立・矛盾する述語を除いたただ一つの述語だけが、かかる存在者を規定するからである。「それゆえ、この存在者は、実存在する一切のもののもとで必然的に見出だされる全般的規定の根底に存する超越論的理想であり、この理想は、もろもろの対象一般のすべての思惟がそこへとその内容に関して還元されねばならない、その可能性の最上の、完全な質料的制約を形成する。しかしこの存在者はまた、人間の理性がなしうる唯一の本来の理想である。なぜなら、この唯一の場合においてのみ、物についてのそれ自体において普遍的な概念が自己自身によって全般的に規定され、個体の表象として認識されるからである」（同 5-P268/4-S.518）。カントのこの文脈をそのままたどるならば、「物自体」を可能とする思考形態を通して神概念が可能になるというよりも、「神」という超越論的理想を可能とすることによって、これもまた一つの超越論的思惟対象である「物自体」という概念も可能となるという順序らしい。順序はともかく、これら二つは、どちらも成立するか、どちらも成立しないかしかなく、一方はありうるが他方はないということは不可能であるとカントは考えていたことであろう。カントの考え方をそのまま敷衍するならば、この超越論的理想を前提としなければ、表象として現れる物の認識もまた我々にとって存在しなくなるという所まで行ってしまうのかもしれない。

言うまでもなく、カントは以上の思考形態の論述によって神の存在を証明したのではなく、神に到達した訳でもない。神へのアプローチに「物自体」を可能とする思考形態を介在させたことでカントの独自性も含むものであるが、あくまで以上の論述は、神を思惟する際の人間の超越論的原型（プロトタイプ）について述べたものである。これが神の存在証明を可能とするものではないことは、後述する存在論的証明批判によって明らかにされる。先述の「中途半端な哲学」であれば、多少込み入った話をくだくだ並べ立てた後、これによって吾輩は神の境位に到達したと厚かましくも宣言するのだろうが、カントはこの超越論的理想の議論を通して、つまり認識の対象ではなく、「理想」について語っているのである。神の存在が論証しえないものであることは、これに続く第四節存在論的証明の不可能性、第五節宇宙論的証明の不可能性、第六節物理神学的証明の不可能性、第七節神学批判で順次論証されていくことになる。カントの結論は、神の存在論的証明も宇宙論的証明や物理神学的証明も、ともに不可能であるとなる。すると、おっちょこちょいは、じゃあ神は存在しないというのか、と言い出すのだろうが、カントはそんなことは言っていない。その存在を論証できないと言っているのであって、神などいないとは言っていない。いることは論証できないが、いることが要請されると言っているのである。この「いる」という言い方は、神を最高叡知者として想定する有神論者の立場、つまり啓示に基づく「自然的神学」のニュアンスが強い。この最高叡知者を人倫的秩序と完全性の原理とする場合は道徳神学と呼ばれ、自然的神学の中でもこの最高叡知者をすべての自然的秩序と完全性の原理と捉える場合は物理神学と呼ばれる。それら二種類の自然的神学とは異なる超越論的神学は、純粋理性によって根元的存在者の現存在を認識できるとする理神論者の立場で、根元的存在者を経験一般から論理的に導出しようとする場合は宇宙論的神学、経験の助けを借りずにそれができると考える場合が存在論的神学と呼ばれる。ヘーゲルの場合は、それらの区分けなど無きがごときものに平板化する近代以前ののっぺらぼうな神談義に誘導するのが特徴だが、存在論的神学から一番遠い道徳神学的論点で神に言及することが多い（本書註34参照）。カントは存在論的神学のみ、その意義を認めるが、それらのいずれにせよ神の存在証明は不可能であるとする点で変わりはない。科学が発展すれば神を想定することが不可能となる、信仰は迷信として排除される、と考えるのは、あくまで宇宙論的神学の思考法の枠内で言えることであって――生粋の宇宙論的神学の信奉者であれば、科学の発展は永遠に続くので、逆に、いつかは科学的理性が神に到達することもありうると考えるかもしれないが、無論カントはそのようには考えない――、存在論的神学における神の存在の認否は科学の発展とは関係がない。それは科学が扱う対象を超えた超越論的問題だからである[30]。

カントが粗々述べた「物」の総体的可能性から神概念に至る一連の思考の論理的階梯において、その一つの階梯から次の階梯へとのつながりには、微かな飛躍があることに気づいた読者もおられるだろう。一番目につきやすいのは、「超越論的肯定とは、その概念がそれ自体においてすでに存在を表現し、したがって実在性（事物性）［Realität（Sachheit）］と呼ばれる或るものである」と述べていることで、この言い方には明らかな飛躍がある。同様に「超越論的肯定が及ぶ限り、諸対象は或るもの（諸物）だから」というのも、どうしてそう言えるのか分明とはならない。否定が実在性（事物性）を持たないのはその通りだとしても、たとえ肯定を意味する概念であろうとそれはあくまで概念であって事物ではない。根元的概念に付属するのはごく限られた述語だとしても述語が事物性を持つことなどないのであり、また「完全な質料的制約を形成」することもない。カント自身がこの飛躍が不可能であることは、これに続く一連の神の存在証明の不可能性の論述で明らかにしている。

数種の神の存在証明批判の中でも、カントにとって存在論的証明の不可能性が最も要となる議論で、その論述のすべてをここで詳論する訳にはいかないが、以下の諸点を押さえておけば、カントの議論の大方を理解できたことになるだろう。まず一つは、「三角形は三つの角をもつ」という命題を例に上げて述べられる、概念の客観には現存在が必然的に属するという考えの誤謬についてである。カントはこれに対して「諸判断の無制約的必然性は、諸事象の絶対的必然性ではない」（『純粋理性批判（中）』5-P282/4-S.530）と指摘する。この箇所をわかりやすくパラフレーズすると、三角形の三つの角は、三角形が我々に与えられているので（実存在しているので）、三つの角も必然的な仕方で現存在すると言える。三角形という「物」がまずあって、そこからその命題の必然性が理解される。他方、神は、いかにその人が概念の客観には現存在が必然的に属すると主張したところで、それは神の存在の理由にはならない。なぜならその現存在は、任意に想定された概念の内に、かつその人がその対象を定立するという制約のもとで、その概念とともに思惟されるからである。同一判断において述語を廃棄し、主語を維持する場合には矛盾が生じ、だから述語が主語に帰属するのは必然だが、主語も述語もともに廃棄する場合は矛盾は生じない。三角形を定立しながら三つの角を廃棄することには矛盾が生じるが、三角形も三つの角もともに廃棄することに矛盾はない。絶対的に必然的な存在者の概念も同じことで、「神は全能である」は、神という主語の概念に伴う必然的判断である。無限的存在者を定立しながら、その概念と全能性の概念が同一的である場合は、神の全能性を廃棄することに矛盾が生じる。しかし神は存在しない、つまり神の存在も神の全能性も共に廃棄する場合には、何の矛盾も生じない。したがって、「神は存在しない」への反証はこれによって可能とはならないので、これでは神の存在も論証されえない。第二の点は、神の存在証明が可能と考える人々が持ち出す「最も実在的な存在者」(同 5-P285/4-S.531) という概念である。その対象の非存在ないし廃棄がそれ自身において矛盾する概念とされ、上記の神を思惟する思考形態の超越論的プロトタイプの論究でも言及されている。カントは、差し当たって、自分もそうした存在者を容認すると述べるが、次のようにくぎを刺しておくことも忘れない。「最も実在的な存在者」の実在性を認めるとしても、すべての実在性のうちには現存在もともに含まれている。したがって、現存在は可能的なものの概念のうちに存している。この物が廃棄されると、物の内的可能性も廃棄されるが、「最も実在的な存在者」だけは違うという主張はおかしいとする。概念は自己矛盾しない場合にはいつも可能的である。これによって「幽霊や宇宙人はいる」は、「幽霊や宇宙人などいない」という単なる否定的無からは区別される。だが、だとしても総合の(総合的判断が可能となる感性的直観の形式に基づく)客観的実在性が明示されない場合は空虚な概念である可能性は常に残されている。カントが、あなたたちは勘違いしているのではないかと指摘するのは、神がいるとかいないとか、幽霊がいるとかいないとかの議論は、分析の原則(矛盾律)に基づく論理性の世界のみで可能となる議論なのではなく、あくまで可能的経験の原理に基づいてしか行えないものだという点である。概念の論理的可能性から物の実在的可能性を推論してはならないのである。次もまた第二の点を敷衍したものではあるが、整理上分かりやすくするためにこれを第三の点としてカウントすると、それは、（あなたたちが私カントに対して主張する）この物あるいはあの物が実存在するという命題は、分析的なのか総合的なのかというカントからの問い返しである。分析命題と総合命題の区別は、カント以前とカント以後の形而上学を画するカント哲学の要諦の一つ「アプリオリな総合判断」を理解する上で欠かせないものである[31]。この命題が分析命題である場合は、「白猫は白い」と同様に、この物についての思考に何ものも付加しない。その場合は、（あなたたちが）我々の思考自体が物であると言っていることになるか、現存在を可能性に属するものとして、現存在を内的可能性から推論したという主張になるかのいずれかである。総合命題の場合は、同語反復（トートロジー）になる他ない。物の概念における実在性という語は、述語の概念における実存在とは別物であって、すべての定立作用をも実在性と呼ぶ場合には、物をすでに主語概念の中に定立している（つまり「最も実在的な存在者」と言うことで最も実在的な存在者を現実的なものとして想定している）ので、その主語に「実在している」という述語をつけるなら同じことの繰り返しにしかならない。こうなるとすでにこの総合命題は、分析命題になってしまっている。「白猫は白い」と同様に「最も実在的な存在者はある（実在している）」はいっさい矛盾が生じえない分析命題であるが、この議論でカントが相手に渡す引導は、「実存在の命題はいずれも総合的である」（同5-P286/4-S.533）である。分析命題において述語の概念における実存在という述語は矛盾なしには廃棄されえないが、それによっては物の概念における実在性は保証されないのである。「実存在の命題はいずれも総合的である」とは、論理的述語と実在的述語（物の規定）とは混同してはならないものであって、規定は、主語の概念を超えて付け加わり、この概念を拡大する述語である（つまり総合的である）。それゆえ規定は（分析命題のように）主語概念にすでに含まれている訳にはいかないのである。次も第三点とつながっているが、整理上第四の点とすると、「ある」はいかなる実在的述語でもない。物の概念に付け加えることができる（単なる）一つの概念である（にすぎない）[32]。「ある」はもっぱら判断の繋辞（コプラ）にすぎず、「神は全能である」

の「である」は、述語を主語に関係づけつつ定立するものにすぎない。「神がある」という場合も、神概念にいかなる新しい述語も定立せず、ただ主語自体そのものをそのすべての述語とともに定立するだけであり、しかも対象をその人が持っている神概念に関係づけて定立するだけである（つまり総合的とはならない）。次の「したがって……」以下の有福訳も、誤訳ではないものの分かりにくい訳になっているので、以下のように訳した方が分かりやすい。「それゆえ私がその対象をともかくも与えられていると考えること（だけ）によっては、単に可能性を表現している概念に対して何ものもつけ加えることはできないのである」（同5-P287/4-S.533-534）（つまり総合的とはならない）。次の百ターレル（当時の貨幣単位）の例えで、「百ターレルの単なる概念（つまり百ターレルの可能性）においてよりも現実の百ターレルにおいてのほうがより多い」の「より多い」は一〇五ターレルや一一〇ターレルになるという意味では無論なく、頭の中で考えただけの（概念としての可能的な）百ターレルは概念のうちに分析的に含まれているだけであって、現実の百ターレルは（私カントの財産状態の規定の）私の概念に総合的に付け加わるから「より多い」のである。次もこれまで語られてきたこととさほど違いはないことなのだが、それを第五の点とすると、最高の実在性としてのある存在者をいくら考えたところで、その存在者が実在するのかしないのかという問いは依然として残る。可能的実在についての概念において何ものも欠如していなくとも、我々の思惟の全状態に対する関係においてまだ欠けているものがある、つまり、そうした客観の認識がアポステリオリにも可能であるということが欠けているということなのだ。諸感官の対象が問題となっている場合は、物の実存在と物の概念とを混同することはない。対象の概念は全経験内容との結合によって増えるものは何もないが、他方、物の実存在は全経験の脈絡に含まれ、我々の思惟は経験の内容によって可能的知覚をより多く獲得するのである。こうしたことは感官の諸対象において経験的諸法則に従った我々の諸知覚との連関によって生じる。それに対して純粋思惟の諸客観に対しては、その現存在を認識する手段はない。すべての実存在についての我々の意識は、知覚による直接的なものであれ、知覚と何かとを結合する推論によるものであれ、徹頭徹尾、経験の統一に所属している。この外にある実存在は不可能だとはできないが（幽霊などいないと断言することはできないが）、その実存在の正当化もまたできない。最高存在者の概念は有効な理念ではある。だが理念が実存在するものに関する我々の認識を拡張することはできない。もろもろの総合的認識の可能性の徴表は、常にただ経験においてのみ求められねばならないのだが、理念の対象は経験には属しえないのである。以上が存在論的証明の不可能性の骨子である。

カントはその誠実性から、最初から神がいることを前提とした議論や、自分は神に到達した、自分は神を発見したなどと、凡百の哲学者や哲学者モドキが言うような飛躍はしない。「到達」や「発見」ではなく、あくまで神の存在が「要請される」と述べるにとどめる。神が「いることが要請される」とはどういう意味か。神はあくまで蓋然的概念であって、これに対応するいかなる客観も我々の感性的直観に与えられることのない、それゆえ認識不可能なものである。それを認識可能であるかのように語ってきたカント以前の伝統的形而上学における神の認識はカントによって形而上学的誤謬として排斥されるのであるが、その誤謬とは、一辺二㎝で四㎠の面積の正方形の一辺を二倍にしたら、二倍の八㎠の面積になるとするような「論理的仮象」（『純粋理性批判（中）』5-P14/3-S.310、プラトン『メノン』82Dの例）でも、太陽の見たままの動きから太陽が地球の周りを回っているとする「経験的仮象」（同5-P13/3-S.309）でもなく、絶対的必然的なものを手にしたいという人間理性のやみがたい欲求につきまとう「純粋理性の自然的不可避的弁証論」（同5-P15/3-S.311）だとされる。その「自然で不可避な仮象」は、蓋然的概念でしかない神を客観的実在と混同しない限りにおいて、「統制的原理」として我々の悟性認識を体系的な統一へと導く理念的目標となる。それは科学研究が経験の体系的統一性を目指し、未知の世界へと不断に肉迫し、条件の系列をできる限り遠くへともたらすことで認識を拡張し続ける営為であるのと同じように、哲学もまた、不確定なもの、偶然的なものを超えた、ある絶対的必然的なものを目指して理念的推論の妥当範囲を拡張し続ける営為であると言ってよく、その理念的推論を究極的な統一へと導くものとして、神は要請されるべき「純粋理性の理想das Ideal der reinen Vernunft」(『純粋理性批判(中)』5-P261/4-S.512)なのである。カント以前の哲学者や宗教家は、まず先に神の存在を前提としてしまい、そこから様々な議論を展開し、それらを前提とする議論の論理性や説得力(つまりその前提がなければ成立しない論理性や説得力)に応じて、ほらね、と神の実在が証明できたかのように議論を逆戻りさせるような子供だましをするのだが、カントの場合は、事物の認識の問題の際に用いた「くるりんぱ」(根拠と帰結における発想の転換を差すカントの用語としては、通常「コペルニクス的転回」と呼ばれているもの)の思考法を、神概念の考究においても援用しているように思える。つまり対象の側ではなく、対象を捉える人間の対象への働きかけの側に注目するのである。事物の認識に際しては、「認識が対象に従う」場合は、あくまで経験的・偶然的認識にとどまり、その認識は必ずしも必然的な普遍妥当性を持ちえないが、「対象が認識に従う」とした場合は、我々の認識主観にアプリオリに備わる感性形式としての空間・時間と悟性形式としての諸カテゴリーに従う限りにおいて、アプリオリな総合判断が成立するのである。カントの神の要請の発想法とは、対象の存在性そのものに、対象を捉えようとする我々の思考の出発点を置くのではなく、人間という存在の存在性そのものに、対象を捉えようとする我々の思考の出発点を置くのである。先ほど、カントの言う「物についての完全な概念を作るすべての述語の総合」の原理が「物」の実相や本質を一挙に捉えたいとする人間が本源的に持つ志向性と不可分の関係にあると筆者は書いたが、この志向性とは、射映の議論でフッサールが言う「志向的統一」における志向性とも関係するものであろう。つまりカントにおいては、人間がそうした志向性をもって物を捉える存在であるというその存在のあり方によって、神は必然的に存在するものとして「要請」されるのである。

だが筆者はここまで来て、はたと立ち止まって考えてしまうのである。カント哲学の一般的理解としては、『純粋理性批判』における神の存在の要請と『実践理性批判』における神の存在の要請は厳密に分かたれるべきものとして論じられるのだが、その区別にどれほどの意味があるのだろうかという疑問である。実践哲学で要請される神の存在は、一般的には、それと認識の問題とは切り離すべきものと考えられている。しかしカントは認識の問題においても存在論的証明を通じて神概念へとアプローチするのは上記のとおりで、認識上の問題が最終的に行き着く神という「最も実在的な存在者」の理想は、「もろもろの対象一般のすべての思惟がそこへとその内容に関して還元されねばならない、その可能性の最上の、完全な質料的制約を形成する」のであって、あくまでカントのつもりとしては全般的規定の原則に従う「物」の考察から出発しているアプローチの仕方であり、つまり実践哲学の枠内にとどまる問題ではなく、認識の問題そのものでもあるのである（何度も繰り返すが、それは確かに認識の問題ではあっても、その対象はつまるところ認識不可能なものだという意味での認識の問題だということである）。認識問題における「最も実在的な存在者」の理想は静岡側から登った富士山の頂上であって、その富士山の頂上が実践哲学においても要請されるのだとしたら、山梨側から登攀する実践哲学は富士山の頂上で認識の問題としての「最も実在的な存在者」と出会うことになり——実際に出会うのではなく、「要請」として出会うことが想定されるものとされるにすぎないが——、それはカントにおいては道徳的にも「すべての思惟がそこへとその内容に関して還元されねばならない」対象そのものであるはずである。二つの登山道は確かに異なるが、静岡側から登った認識の問題は富士山の頂上を経由して山梨側に下山することも、またその逆も可能となるのではないか。カントにおける神の要請は最高善の可能性の必然的制約として実践哲学の枠内で要請されるので、認識の問題としては思弁的に不可能とされ、厳密に二つは分かたれるのだが、認識の問題においても神が要請されているのは既述の通りであり、筆者の私見では、物の総体を一挙に捉えんとする人間の認識における志向性と最高善を求める（道徳的な）志向性とはどこかでつながっており、極言すれば、不可分と言ってもいいくらいのものなのではないかとすら思われる。カントにおいては、無制約者へと向かう認識における志向性と「善なるものへの志向性」とは分けて考えるべきものとされていたが、人間の神への認識における志向性はまた、人間が本源的に持つ善なるものへの倫理的志向性とも無関係ではなく、カントの道徳哲学上の神の存在への肉迫もまた、神の存在は論証不可能で「要請」することができるものでしかないという点では変わりはない。これら二つを厳密に区別することにどれほどの意味があるのだろうか。やや話を広げすぎるきらいがなくもないが、さらに付言するなら、プラトンの『国家』の洞窟の比喩でソクラテスが述べた「ひとりひとりの人間がもっているそのような〔真理を知るための〕機能と各人がそれによって学び知るところの器官とは、はじめから魂のなかに内在しているのであって、〔……〕」（518C）のように、どんな人間にも最初から内在している知への志向性や、デカルト『方法序説』の冒頭の一文「良識はこの世でもっとも公平に分け与えられているものである」という人間における「良識」の本源的な内在性とも、この事態は関係しているのではないか。人間誰もが本源的に内在的に持つ知への志向性とは、プラトンにおいては善なるものへの志向性と実質的に変わらないものであるように、人間がそもそもそうした存在であるということが、必然的に神はいるはずだ、いるに違いないということが「要請される」のではないだろうか[33]。神の要請は最高善の可能性の必然的制約として実践哲学の枠内で要請され——実際には上述のように、筆者の理解のし方では認識の問題においても神は「要請されている」——、認識の問題としては不可能とするカントの厳密な区別は、カントのそうした区別があったればこそ我々はこれこれの不毛な議論をせずに済んだというような例が過去にあったのか、あるいはそうした区別がなければこれからもこれこれの不毛な議論が起こりうるということなのか、筆者には俄かにはそうした例が思い浮かばないのだが、そうした例があるのならカント研究の専門家諸賢からカント初学者でしかない筆者にご教示いただければありがたい。筆者の私見では、知への志向性と善なるものへの志向性との間にことさらそうした区別をつけないプラトンのある種大雑把な捉え方の方が、我々にとってより有益な視点をもたらしてくれるように思える。少なくとも言えることは、この区別をつけていないことが理由でプラトンの発想が全面的に間違いだということにはならないということである（ストップウォッチすらなかった古代のオリンピックで同着とされた二人の一〇〇メートル走者が、現代では一〇〇〇分の一秒まで計測され、順位が決定される訳だが、二人が類まれな走力を持ったヒーローである点に変わりはなく、古代において二人いっしょに月桂冠が与えられたのは全面的に間違いであったということにはならないのと同様である）。筆者の言う、カントの厳密な区別を避けることによって我々が得られる有益な視点とは、カントの論旨をその通りに追ったとしても、二つは厳密に分かたれうるものというよりも、むしろ密接な関係性こそが強く意識され、カントの論旨を追う限り、サイコロの六面を順次にではなく一挙に見たい、視覚のみならず触覚、味覚、すべての感覚で全きサイコロを無規定箇所の一つとてない総体の完全な把握をしたいという我々の持つ根源的な欲求が、神の存在の要請につながるのであるとすれば、両者を分けて考えるよりも、その同等性を強調することの方が、事物、善なるもの、神への我々の本源的な意識の向かい方を明らかにしてくれることにつながるのではないかということである。それは事物の認識と道徳律に関わる神の存在要請のみならず、筆者の個人的主要関心事である「美」にまつわる哲学的問題圏においても、事物・事象を美的に捉えようとする人間の根源的欲求と密接に関係してくる事柄なのである。区別・分離は物事を理解しやすくするために人間が行う有効な戦略的手続きなのだが、かえって物事を見えにくくする場合も逆にありうるのであって、この場合がそれに当たるような気がする。さらに敷衍すると、『判断力批判』の重要なファクターである「自然の合目的性」という概念も、「要請される神」との類比で一括りに考えた方がより有益な視界が広げられるように思えるのだが。

だったらお前も神概念を大雑把に捉える点でヘーゲルと似ているじゃないか、と考える読者も出て来るかもしれない。本書58頁で筆者は、認識問題を扱う哲学的議論の場で神を持ち出すヘーゲルおよびその追随者たちを批判したが、その批判と「認識の問題においても神は要請されている」という上記69頁の主張とは矛盾していると思われた読者もいるかもしれないので、無用な誤解を避けるために少し説明を加えたい。カントの場合、物の全き存在性の完全な認識（これは認識の問題）を究明する過程で事物の全き存在性を可能にさせている究極的存在者を想定するのである（この存在自体は認識できない、認識の対象とはならないもの）。この「可能的なものが与えられている」という事実、事物についてそれがあるとかないとか、どんな形や色をしているとか、それらを我々が認識の対象とできていることから、絶対的に必然的な仕方で現存在する存在者が（認識されるのではなく）「要請される」のである。簡にして要を得た言葉でいえば、認識の問題を厳密に論じる上で、認識できない対象について言及せざるを得なくなるということである。ヘーゲルの場合は、自分の哲学的議論がぐだぐだな論理性に基づくものでしかないことを糊塗・隠蔽する詐術として神を持ち出し、認識の問題圏で好き勝手な議論をするために論理性などというものは最早いらないものであるかのように偽装する万能薬としてそれを用いるのである。簡にして要を得た言葉でいえば、実際には何の中身もない話を、さも認識の問題を論じているかに見せかけるために、認識できない対象について言及せざるを得なくなるということである。筆者の上記71頁までの議論は、認識論上の「物」の全般的規定の原則と善なるものへの志向性との相似的関係性から類推するものであって、「直観」「感覚」「感情」などの無内容な言葉で話を正当化する田舎のじいさんの神さま談義ではない。すでに我々が歴史的業績として持っているカントのそのような人間の思考がたどる筋道の周到な整理を全く放擲して、ヘーゲルは何らの哲学の批判的検討にもさらされることのない従来の神概念を無前提・無根拠のまま安直に持ち出し、さもそれが証明済みなもの、そもそもそんな証明など必要ではない確定済みのものであるかのような勝手な議論をしてカントを批判しようとしているのである。自分の思い通りにならないことがあると地面に転がって泣きわめく幼児じゃあるまいし、自分よりも優れた人間がいることに我慢がならないとする「オレ様病」の症例を示しており、そもそも哲学者の姿勢として論外である[34]。

カント以前へ先祖返りするこのヘーゲルの頭の構造は、信仰と哲学との面妖な関係性、異なるルールの恣意的な併用制で明らかになるだけではなく、他者への批判の論拠が自分自身には適用されず自分を治外法権に置く彼の身勝手さや自己中心ぶりを子細に観察すると、いよいよその特異性が明らかとなる。ヘーゲルが特に敵手として想定していたのは同時代のロマンティカーたちであったが、彼らの言説を、ヘーゲルの持論とする精神史的反省の各段階「実体性―反省知ないしは悟性知―直接知―理性知ないしは概念知」における直接知の段階にとどまるものとし、「こうして彼ら〔ロマンティカーたち—筆者〕は一切を絶対的理念のもとに従属させるかのように見えるので、これによって絶対的理念は一切のうちに認識せられ、広がりをえて学にまで成長しているかのように見えるのである。しかし、この広がりをもっと細かに考察してみると、この広がりは同一のものが己れ自身に異なった形態を与えることによって成就せられたものでないことがわかる。かえって、この広がりは同一のものの形態もない反復であり、ただ同一のものが種々の素材に外面的な遣りかたで適用されているので相違の退屈な外観をえているだけである」（『精神現象学（上）』一九七一年、4-P14/3-S.21）という批判は、ヴァーグナーとの対比で後述するヘーゲルの「変装曲」形式、何度もお色直しを繰り返す新郎新婦のうっとうしさの例で明らかなように（本書92頁）、同じものに粉飾を施して違うものであるかのように繰り返し登場させる、彼ヘーゲル自身に向けられるべき批判でもある[35]。ヘーゲルの立場は精神史的反省の系列における概念知、それもその特殊的意味における主客対立を超えた絶対知の立場とする金子武蔵の解説は（『精神の現象学（上）』457頁）、ヘーゲル自身が自分はそうだと言っているだけのことで、まっとうな思考力を持った者には、何をもってヘーゲルが絶対知の立場にあると言えるのか、全く分明とはならない。それを了解できる材料を何も提示しないままヘーゲルからその承認を求められるいわれもないし、なるほどヘーゲルの言説はその絶対知なるものを明証的に述べていると納得する、気の毒なまでに「いい人」であることを求められるいわれもないのである。ヘーゲルの著作の各所に他者の哲学思想に対する批判が現れるが、そうした批判の個所に出くわすたびに、それはあんた自身のことだろうと言いたくなるものばかりで、ほとほと開いた口が塞がらない。先にヘーゲルの規定性の固定化批判について触れたが、そもそも「絶対化」とは固定化以外の何ものでもない。固定化を批判しておきながら、自分はそれをしていいと思っているところが、彼の笑止千万な独善ぶりである。自分と同じ欠陥を他者に認めた場合は臆面もなくそれを批判するが、他者を批判する論拠は自分自身には適用されないという自己中心的なダブルスタンダードは少々病的とすら言える[36]。

ヘーゲルの詐術的語法について、さらに詳述する。先のzugrunde gehenのヘーゲル流の使用法を単なる言葉遊びと書いたが（本書41頁）、その同じ『大論理学（中）』第三章「根拠」の、冒頭の命題のイタリックの一行を除いて数えると二番目のパラグラフの最後に、「本質は自己を根拠として規定することによって、自己を規定されていないものとして規定する。従って、自己の被規定性の止揚が即ち本質の規定なのである。――この自己自身を止揚するものとしての被規定性の点では、本質は他者から出て来るものではなくて、自己の否定の中で自己同一的であるところの本質である」（一九九四年、7-P85/6-S.81）とあるが、これを読んで自分が何かを理解できたのか、理解できなかったのかもよくわからないほど意味不明だというのが一般的な感想だろう。「本質は自己を根拠として規定する」というが、その自己は規定されていない自己だという。であれば、それは根拠になどなりようのない自己でしかない。それを根拠に「自己を規定されていないものとして規定する」などと言うのは、「自分の髪の毛を引っ張って自分を沼から引き上げる」とうそぶいた、ほらふき男爵ミュンヒハウゼン的堂々巡りのほら話であり、無根拠を根拠とする詐術に基づく非論理的な似非論理の捏造である。というより、普通そうした対象に対して人が「根拠」という言葉を使うことなどあり得ないのである。先にAか非Aかの論理的な原理の基にある「概念」と、全般的規定の原則に従う「物」との違いについて述べたが（本書59頁）、前者の論理的な原理は、本来、矛盾律に基づく。二つの互いに矛盾対当する述語のうちの一つのみがその概念に帰属しうるという原則である。どんな概念もその概念が含んでいないものに対しては無規定的であり、規定可能性の原則に従うことになる。ところでヘーゲルの上記の発言自体は、どこにも矛盾はない。矛盾律など取っ払ったところで行われている勝手気ままな放言なので矛盾は生じていない。もっとわかりやすく言えば矛盾が生じようがないことを言っているに過ぎない、つまり単なる戯言だということである。ヘーゲルという人間において「矛盾」している点とは、哲学の論理的原理を一顧だにしない発言を勝手気ままにしておきながら、自分を哲学者だと称していることであろう（言わずもがなのことをさらにつけ加えるなら、彼はミュンヒハウゼン・トリレンマの話をしている訳でもない。自分の主張を「絶対的○○」などとうそぶくほどだから、彼が根拠の無限遡行の問題などについて語るはずもないからである)。

これと同じ発想法をヘーゲルは著作の各所で見せるが、例えば、『小論理学』第142節で「現実性は本質と現存との、あるいは内なるものと外なるものとの、直接的となった一体性である。現実的なもののあらわれは現実的なものそのものであり、したがって現実的なものはそのあらわれにおいても依然としてやはり本質的なものであり続け、そしてそれが本質的なものであるのはただ、それが直接的な外面的な現存のうちにあるかぎりにおいてのみである」(一九九六年、1-P366/8-S.279) と述べている。これは有名な「理性的なものは現実的であり、そして現実的なものは理性的である」(『法の哲学』二〇〇〇年、9a-P17/7-S.24) という彼の言葉と直接関係するものであるが、彼は真理 (特に後述する国家の本質など) を有機的全体性として捉え、善なるものを現実との対立関係において当為として捉えるのではなく現実化されたものの内に宿っているとする考え方を取る。この観点は、一見なるほどと思わせる要素を含んではいるのだが、この発想法を (とりわけ国家論の場で) 推し進めると実際には何が起こるかと言えば、現実における善なるものを求める議論を推し進めるというよりもブレーキをかけ停止させるように作用するということだ (今でこそ西洋医学と漢方医学とはそれぞれの長短を相補うように相互補完的な住みわけが医学の世界で可能になっているが、古来漢方は人体を観念的哲学によって見るため、合理主義的実証精神とは無縁のもので、北宋時代の欧希範五臓図〔一〇四五年〕のような例を除くと解剖も通常は必要なものとは考えられて来なかった。世界をめぐる一つの気が人体に満たされ生命活動を可能とするもので、この気のめぐりの停滞が病を起こすというような、西洋の近代合理性とは無縁な思弁的な病理学が主流だった。ヘーゲルのいう有機的全体性は、ややこれと似ていなくもない話で、目の前に胃病の患者たちがいて、その病気を何とか治したい、だから胃の構造や機能について細かい精確な研究をしようという西洋医学の医者たちに対して、胃という臓器は人体という有機的全体性の一部をなすものであり、人体全体からその病気を考えなければならないと言っているようなものである。胃を細かく研究しようという医者たちも当然そんなことはわかっている訳で、人体が有機的全体性を持つことと、その有機的全体性を持つ人体の病を治療するために胃の特殊個別的構造や機能について細かい精確な研究をしようとすることに矛盾はないのであって、むしろそうしなければならない必須事項である)。哲学に限らず、あらゆる学問は対象を細分化し、本来一つのものを分離して、各要素を相互に対照化することで個々の対象への認識が深まり、それによって全体への正しい判断が下せるようになるのである。善なるもの(または本質)が現実の内に宿っているのは事実その通りであろう。だが学問的考究——ここでは主に科学という意味でだが——とは、それをあえて分離することで、現時点での善なるものの達成の度合い、様相、今後の善なるものの増大の可能性が議論できるようになるのである。法哲学のような経験世界の現実的問題の議論の際に、ヘーゲルのように現実性における本質と現存との一体性を強調することによって帰結するのは、むしろ善なるものを求める議論の曖昧化であり、問題点の不可視化である。ヘーゲルの現状追認的国家観は、一八一九年のカールスバート決議[37]における検閲強化という露骨な反動的気運に対して見て見ぬふりをする彼の態度、つまり反動の黙認——ナチズムの経験を経た我々にとっては、黙認は黙認ではなく反動への加担として評価される——に帰結する強い傾向性を持っている。

　上記の『大論理学(中)』「根拠」論の引用に話を戻すと、ヘーゲルが言っていることは、どのような学的営為も、あることを根拠として学的判断を下すのだが、学的進展を果たした次の段階では、かつて根拠としていたものが無効となり、根拠としては用いようのないものに変わってしまう、その学的変遷という事態を指摘しているに過ぎない。その都度克服される学問の各段階において、それらは根拠と呼んでいいものであったのであって、「自己の被規定性の止揚が即ち本質の規定なので」はなく、物事の「本質の規定」は各段階でその都度行われるものであり、それが次の段階では克服・淘汰されていくということであって、変遷という事態それ自体が本質なのではない。「変遷・変化」は単なる事象であって、「本質」は単なる事象に対して用いる言葉ではなく、変化という事象の背後に変わらぬままあるものが本質と呼ばれるべきものなのであり、それを明証的に論ずることが哲学の本務なのである。冬が来れば寒くなり春になれば温かくなるのは、単に気候の推移という事象を指摘したに過ぎず、太陽の周りを楕円軌道で地球が公転していることが哲学が論ずべきその「事象」に対する「本質」なのであって、冬が来れば寒くなり春になれば温かくなることを指摘したからといって哲学的解明になどならないのである。紀元前四世紀のアリストテレスにとって、天動説は、自分の目に見える通りの事実を「根拠」とした天体の運行の「本質」であった。一六世紀のコペルニクスがプトレマイオスの天動説では一年の長さの算出にずれが生じることを問題視し、地動説を取ることでその問題を解消した。だが惑星の軌道を真円と考えた彼の地動説では、観測によって得られる事実にまだ多くの説明できないものが残っていた。一七世紀のケプラーが楕円軌道説を提唱することによってそれらの説明が可能となる。ガリレオの慣性の法則の発見によっても、それが新たな「根拠」となって今までの地動説の不明点が説明可能となり、宇宙の姿の「本質」が次第に明らかになったのである。上記の「本質は自己を根拠として規定することによって、自己を規定されていないものとして規定する」などというヘーゲルの頓珍漢なテキストを読んで納得できたと称する者がいるとすれば、まず自己瞞着に陥っているが故の嘘と言っていい。このテキストで何かが納得できるようになるものなど何もないからである。最大限好意的に解釈しても、ここでヘーゲル自身の頭の中にイメージとしてあるものは、いつもの「即かつ対自」の発想に間違いなかろうが、相変わらずの馬鹿の一つ覚えを、言い方を変えて、さも高度な哲学的言説らしきふりをしているに過ぎない。**zugrunde gehen** を使った上記のあまり罪のない言葉遊びに比べて、こちらは相当に悪質な底意を持った言葉遊びである。ただヘーゲルといえど、いつもいつもそれほど高度な詐欺語法を使えるわけではなく、ここでも油断して馬脚を現すことになる。その数行先の「この〔根拠の――筆者〕規定の活らきは、一面においては、規定の活らきの止揚として、本質の全く回復され、純化された同一性であり、また啓示された同一性なのである」（『大論理学（中）』一九九四年、7-P85/6-S.81）は、文全体が意味不明であるが、――というより、そもそも意味のない文だから、当然意味不明にならざるを得ないのだが、——ここで注目したいのは「啓示されたgeoffenbarte」という語の使用である。「啓示」という語は、広辞苑を引いていただきさえすれば瞭然とするように、人知では到達不可能な真実を神の側から開示してくださるという意味の言葉で、哲学的論述の途中で唐突にこのような論理を超えた超越的（transzendent）な言葉が差し込まれるのである。論理的思考を補助するためのイメージ言語として使われているのならかまわないが、その場合はそのような意味で使っていることがわかるように周到な伏線が文脈上必要なはずであるが、そんなものは何もない。ヘーゲルの宗教と哲学のごたまぜについては先に論じたが、真摯に誠実に論理の筋道をたどりヘーゲルの文意を理解しようとしている真面目な読者に対して、前置きもなく——恥知らずにも愚弄するかのように——いきなりそれを遮断する言辞を弄するのである。

読者は、え、なに？　そっちの話（論理ではなく信仰を前提とする話）なの？となり、テキストの読解をもう一度最初からやり直さなければならなくなる。なぜ彼が、読者のこれまでの論理的思考を遮断し無効化する超越的飛躍を持ち出すのかと言えば、彼自身が論理的思考を続けることが困難な頭脳の持ち主であったということがまず第一に言えるというばかりではなく、論理的思考を読者に続けられて、どうもこれはおかしいな、何も中身のないことを言っているのではないのか、と気づかれては困るからであろう。そうした読解の不毛な行きつ戻りつを繰りかえす結果、読者の反応は最終的に三通りに分かれる。なんだかさっぱりわからないや、と読解をあきらめるタイプ、こんなのはいんちきでしかないと喝破する健康な思考力を持ったタイプ、そして、何だかよくわからないが、たいそう深遠なことが語られていそうだ、あるいは、自分にはこの深遠な思想がよく理解できたと自己瞞着に陥る第三のタイプである。第三のタイプが現れるのは、そうした堂々巡りで疲労困憊し、正常な思考力が萎えてしまった後で、今までの四苦八苦がすべて無駄だったとは思いたくないという心理が、何事かを理解できたという錯覚に自らを陥らせてしまうというのが真相だろう。もっと愚劣で醜悪なケースは、ヘーゲルの詐術語法を自分もマスターし、何か高度な思想の持ち主でもあるかのように自分も振舞ってみたいというタイプである。ディレッタントにときおり見られるタイプで、まっとうなヘーゲル研究者ならば真摯に純粋に勘違いしている（させられている）だけで、彼らの中にそんなうつけがいるはずはないと思うが[38]。

先の物自体論で「この反省は没落し、……」という表現の不明性について触れたが（本書40頁）、「本質を欠いた反省」とは、通常でいえば、「適切ではない反省」「的を外れた反省」という意味になるはずだが、ヘーゲルはこの主語を「物自体になる」という述語と結びつけることで、反省それ自体が何か実体を持ったものであるかのように論じるのである。反省は、実体を持った何ものかを反省的に思惟する行為をいうのであって、反省自体が実体的存在性を持つことなどない。概念同士の統語関係が成立しない主語と述語のでたらめな連結によって、本来、意味を有する言語表現であり、かつ真偽が語られうるものを「命題」と呼ぶのだが、意味の定立がされえない結合による摩訶不思議な文章を、ヘーゲルは逆に厚かましくも、通常の命題の意味定立を超えた深遠で高度な哲学的思惟であるかのように了解することを読者に要求するのである。ヘーゲルのいんちきな概念使用法は、彼自身の「反省」概念の詳述においても顕著である。

『大論理学（中）』第二巻第一篇第一章「仮象」の「C反省」（一九九四年、7-P17/6-S.24）で、「仮象」「反省」「本質」「否定」などの語を、我々が通常行う概念把握とは異なる用い方をして様々なパターンの組み合わせ方をし、その非常に巧妙なやり口によって、何かを言っているような言い方で実際には何も言っていない論述、どうとでも取れるような言辞を弄することで結局どうにも取りようのない論述の迷路に誘い込むのであるが、「2外的反省」の最後に「註釈〔カントの反省の批判〕」（同7-P25/6-S.30）を持ってくることで、かえって自ら墓穴を掘る。お人よしたちはこれを読んで、ヘーゲルはカントを乗り越えたと無邪気にはしゃぐのだろうが、筆者の目には、カントの巨岩に泥だんごがぶつかって玉砕しているようにしか見えない。筆者もまた、ヘーゲルによるこのカント批判がなければ、ヘーゲルの「反省」論を難じるのは困難であったろう。ヘーゲルの記述に矛盾は認められないからである（「矛盾は認められない」というのは通常の意味ではない。通常の意味で「矛盾は認められない」という場合は、論理的整合性があるからということなのだが、ヘーゲルの場合は、文成分の一つ一つが論理性を度外視した繋がり方がなされ、論理的脈略が成立していないので、成分同士の間で矛盾が生じていない――生じようがない――という意味である。だから批判のしようがない)。カントのように一つ一つの概念を確定的に定め、その堅固な構築によってどこにも矛盾がないように論を進めるやり方に対して、自分の不確定ででたらめな概念使用法で対抗できると身の程知らずに思い上がってカント批判を行ったのがヘーゲルの運の尽きである。足の置きようもない底なしの泥沼のような彼の論述の中に、しっかりとした立脚点として我々の足を置くことができる確定的なカントの大きな硬い石を自ら置いてしまったからである。

ヘーゲルは、カントの『判断力批判』序論における「反省的判断力」と「規定的判断力」の対比について触れる(『判断力批判(上)』8-P31-36/10-S.91-96)。カント自身の言い方ではなく、以下ヘーゲルのまとめ方に準じて述べると、カントは判断力を、特殊を普遍の下に包摂されるものとして思惟する能力と定義する。普遍(規則、原理、法則)が与えられている場合に、この普遍の下に特殊を包摂する判断力は「規定的」とし、他方、ただ特殊だけが与えられていて、判断力がこの特殊に対して普遍を見出すべきである場合には、判断力は単に「反省的」である。ゆえに反省は、この場合もまた、直接的なものを超えて普遍に至ることを意味する。また同時に、直接的なものは、自己の普遍に対する関係によって初めて特殊として規定される。以上のヘーゲルによるカントの「反省的判断力」と「規定的判断力」のまとめ(『大論理学(中)』一九九四年、7-P25/6-S.30)は、大外れはしていないが、この「反省的判断力」と「規定的判断力」の対比は、『判断力批判』において中心的議論となる「自然の合目的性」の説明で必要とされている対比であることを話の外に置いている。「自然の合目的性」は一つの超越論的概念であって、判断力の主観的原理(格率)でしかないのだが、そうした「統一」が必然的に想定しうるものであることと、そうした自然の秩序が可能であることを論じる文脈で「反省的判断力」が語られているのであって、ヘーゲルの議論では、この文脈がすっぽり抜け落ちている。明快なカントの論旨に対してヘーゲルは、ここでは(わたしヘーゲルがいま論じている「反省」論では）意識の反省を問題にしているのでもなく、また特殊と普遍とをその両規定とするような悟性のさらに立ち入った反省を問題にしているのでもない、むしろ反省一般が問題なのである、と、カントの前提を取っ払った、カントとは関係のしようのない一方的な話を勝手に始めるのである（同7-P26/6-S.30-31）。「意識の反省」ではない反省、人間意識とは別なところにある反省とは何なのか（――そんなものあるわけないだろ！）？　人間意識とは別なところにある「反省一般」とは何で、どこでそれを問題として人間がどう思惟することができるのか（――できるわけないだろ！）？　カントが論じている特殊に対する普遍の探求としての反省概念をヘーゲルは、与えられたあるものとしての直接的存在に関係する「外的反省」に過ぎないとする。「外的反省」とは、ヘーゲルが「措定的反省」――または「絶対的反省」とも呼ぶ。この呼称自体がすでに、聞いているこちらが恥ずかしくなって赤面するほど図々しくも馬鹿々々しい名称だが、『大論理学（上の一）』（一九七〇年、6a-P103/5-S.104）では「始原の純粋反省」とも呼んでいる。アニメのヒーローが使う必殺技の名か、はたまた、かつて一世を風靡した机に片手をついて反省のポーズを取る「反省ザル」に仕込んだ新しい芸の名前なのか？――と対比させる概念で、カントの反省概念は、この「外的反省」にとどまり、「外的反省」は「実在的反省」とも呼ばれ、止揚されたものとしての自己を前提とする、ある有（Sein）を前提とすると言う。なんともしゃらくさい言い方だが、「ある有」とは、上記の言い方での「特殊・直接的なもの」として捉えられるものだが、反省の対象となる「ある有、特殊・直接的なもの」という前提を欠いた反省など、どこにあると言うのか。「反省」がどこか空中に浮遊していることがあるとでも言うのか。全くの空言・妄言でしかない。他方でヘーゲルがそれを超えるものとする「措定的反省」「絶対的反省」は、それが持つ有は、それ自身の自己同等性である否定性であるとし、その主張は、要するに何の中身のない無前提・無根拠な与太話である。この与太話を可能にさせるために――実際には何も可能になどならないのだが、ヘーゲル自身は可能になると思い込んでいる、あるいは我々に可能だと思い込ませようとしている、あるいは我々に可能だと思い込ませることが可能だと思い込んでいる、ということのようである――「反省した各規定は即かつ対自的有の形式を持っている。だから、それらの規定は本質的な規定であり、……」（『大論理学（中）』一九九四年、7-P27/6-S.31、傍点筆者）と述べるに及んで、ヘーゲルが唯一の頼みの綱とするいつもの戦艦大和[39]の登場となる。接続詞「だから」は論理的機能を持たされていない。ヘーゲルが自分で勝手に「即かつ対自」を万古不易の絶対的真理や「本質」だと言っているだけで、彼が勝手に決めつけた（自称）「本質」の上に反省論をのっけても、だから、それが反省の本質的な規定だ、などとはならないのである。だから、その「だから」は「だから」になっていない。ヘーゲルの「即かつ対自」教理は、ちょうど筆者が第一書で批判したアウグスティヌスの「聖書にそう書いてあるから」教理（『知への問い』63頁）に相似する。それを可能に見せかけるために、彼は読者の論理的検討を不可能にさせる堂々巡りのための呪文が必要となるのである。ヘーゲルは措定的反省の説明箇所で、「故に反省は還帰として、即ち否定的なもののその自己自身との合致として直接性であるから、その意味でまた否定的なものとしての否定的なものの否定でもある」（同7-P21/6-S.26）と呪文を唱える。これは同第一章の最後の文「それ故に、反省規定は被措定有、即ち否定であるが、しかし自己への反省である点では、反省規定は同時にまた、この被措定有の止揚であり、無限の自己関係である」（同7-P31/6-S.35）という呪文とも呼応する。「還帰」「無限の自己関係」とは、筆者の言い方をすれば、「堂々巡り」に他ならない。ヘーゲルがそれを指摘したからといって我々の知が豊かになることなどない。間違っているから豊かになることなどないという意味ではなく、正しい・間違っている以前の問題で、どうとでも言えることを勝手に言い散らかしているだけなので、我々の知的検討を繋ぎとめる結合点を持たないことを言っているに過ぎないという意味である。我々の知を豊かにすることがないということのもう一つの側面は、ヘーゲルが空無な事柄に自己満足に浸っているだけの、言わばあまり罪のない放言を弄しているという見方ができるだけではなく、堂々巡りによる防御壁を設け、議論への自由な参入を許さない、他者からの異論を不可能にする拒絶の姿勢がここに表れているという見方も可能だ——こちらが真相だろう——ということである。つまり彼の言説は、別言すれば、批判的検討を寄せ付けない、知の公共性を持たない託宣のようなものでしかないということだ（本書註34参照）。筆者自身の個人的推測をありていに言えば、せいぜい現実の形而下的問題を論じることができる程度の頭脳しか持たず、大したことも考えていないくせに、カントが一八〇四年にこの世を去ったことを勿怪の幸いとし、言論を秘教化する言葉のパズルの組み換えが得意だっただけの男が、カントを凌駕する大物に自分を見せかけて哲学界に君臨しようという僭越で胡乱な動機があったと考えていい。カント亡き後、周りを見回しても、この程度はったりをかませておけば、手もなく籠絡できる与し易い相手しかいないと踏んでのことのであろう。事実、哲学の歴史はその通りの経過をたどってきた。

カントの『純粋理性批判』のテキストには、どこにも不明確なところはない。全面的に賛同するかどうかは別としても、彼の論理は無理なくたどれるし、不自然なところはない。カントの場合は、読者が読み進めていくべき方向がテキストの各所に親切に矢印で示され、落っこちそうな穴があったら、危険だから注意してねと掲示板があり、落ちないように柵すら設けられている。ヘーゲルの場合は、まるで忍者屋敷である。穴はヘーゲル自身によってテキストの各所に開けられており、それを隠す薄い板が張られ、落っこちれば振出しに戻る。読者が一定程度上に登ったところで、梯子や階段がはずされる。進むと急に真っ暗闇になり、一〇メートル先にほのかな灯火がさしており、それを目指して進むとまた暗闇の向こうに灯火が見える。あちらこちらへと誘導されて、行き止まりとなり、壁を探って見つけた回転扉を押して向こう側に出ると、出発時にすでに聞かされていた「即かつ対自」の話がエンドレステープのように繰り返し流れる部屋だった、という具合である。哲学に限らず、あらゆる学問的建築物には、読者の便宜を優先させるための「建築基準法」がある。意味なく建物内を暗闇にしてはならないという規則があり、火災時に限らず建物内で迷わないように順路を指示する案内板の設置が義務づけられている。なぜヘーゲルは建物を煌々と照らさないのか？　明るくすると、ヘーゲル忍者屋敷が貧相なバラック作りであることがばれて、入館者が興ざめするからである。そもそもが、忍者屋敷やお化け屋敷でハラハラドキドキしたがる手合いが入る遊興施設であり、そんなハラハラドキドキなど何の興味もない、学的真理を得ようとしている真面目な人間が入るべきところではないのである。

もっとも、まったくの内容空疎というのは言い過ぎであろう。この「啓示」という言葉、そしてさらに先述した「神的理念」という言葉に端無くも表れているが、カモフラージュのために、もやもやとした霞でおおった彼の形而上学（第一哲学）の中身自体は内容空疎で、その代わりに詰まっているのが、通俗的な宗教的信仰心である。「啓示」や「神的理念」に触れるために、年若い妻と手をつないで毎週教会に通う律儀な小市民にふさわしい「中身」である。あとは哲学と言うほどのこともない正―反―合、即自―対自―即かつ対自という通俗的世間知であり、三位一体教理に倣って何でも三つに分けておけばきっと何かご利益があるだろうと考える妄想に哲学的粉飾を施したものでしかない。

ヘーゲルは哲学界のヴァーグナーと言うべきか（ヴァーグナーが一八歳の時にヘーゲルが亡くなっているので、順序どおりに言えば、ヴァーグナーが音楽界のヘーゲルだというのが本来だが。あるいは、こうも言えるかもしれない。ヘーゲルはカントが『視霊者の夢』で論難した神秘主義者スウェーデンボリ〔一六八八―一七七二〕の再来だと）。ニーチェのカント理解を論じる流れから、カントをより正確に理解するためにカント哲学に対するヘーゲルからの雑音を排除する目的で本書39頁から論述を続けてきたが、ヘーゲルのいんちきぶりをより理解できるように、今度はヘーゲルとヴァーグナーとを比較対照する。脱線に次ぐさらなる脱線で申し訳ないが、しばらくお付き合い願いたい。これが済めば、再度カント―ヘーゲルの話に戻り、さらにそれが済めば、カント―ニーチェのまともで実りある議論に戻る。しばし、ご辛抱を乞う。

ニーチェは『道徳の系譜』第三論文の2以降でヴァーグナー、特に『パルジファル』について論じている。ニーチェの場合は、『道徳の系譜』全体に関わるテーマである禁欲主義批判との関連でヴァーグナーを論じているが、ここで筆者は、信念（学問的真理志向）を持たない人間に一般的特徴として現れる、社会的認知度の高い価値規範への迎合という傾向性との関連で、ヘーゲルとヴァーグナーの類似性について論じたい。

信念（学問的真理志向）を持つ人間は何が真なのかを見極めて後、それをどうすればちゃんと人々に分かってもらえるかを考慮して自分の論を立てる。信念を持たない人間は、どうすればちゃんと自分が人々に認めてもらえるか、世に出られるかを見極めて後、それに沿った形で自分の論を立てる。その論が真なるものかどうかは、人々から自分が受け入れられる可能性の難易に応じて、真理から半真理へ、誤謬へ、偽真理へ、迷妄へとずれていく。そもそもそれが真であると確定する基準ももはや当人の中にはなく、人々が賛同してくれそうなものが、真なるものだと思い込むようになる。ヘーゲル哲学における哲学と宗教との混合物は、まずキリスト教的社会規範との軋轢を避けたいとする彼の中の実際的要請が先にあり、大学に職を得るという猟官意識とも無縁ではなかっただろう。大学に職を得てからはドイツ国家の偶像化を哲学の側から支える役割を自らに課す。プラトンにおける国家とは、個人の自由・尊厳・生存を保障する機構（つまり手段）として構想されており、ヘーゲルの国家とは、個人の知的・美的・道義的・文化的存在性（つまり「精神」としての個人）を超える「精神」の上位形態として、それ自体が目的化される形で国家が構想されている。要するにヘーゲルにあっては、国家は、個人の精神と国家の精神との間に軋轢が生ずれば、後者が優先され、前者はその前に跪き忍従しなければならなくなる超越的存在者である。「人々から受け入れられる」思想といっても、この場合は、自分に大学教授の職を保証してくれる側の人々に受け入れられることがより考慮されているというべきだろう。この姿は、ドイツの圧政に憤り、フランス革命に熱狂した若きヘーゲルと同質のものなのだろうか。単なる機構ではなく国家を形而上的存在に祀り上げ、国家を精神の発展形態とする言説とは、国家の禄を食み、国家を称揚する今の自分の立場と過去の自由を求める自分の立場とに齟齬がないかのような粉飾を、巧妙な論理転換によって可能とさせる詭弁ではないのか。プラトンの論じる国家は、無論、近代的な意味でのそれとは異なるが、あくまで社会科学的アプローチの対象であった。近代人でありながら、ヘーゲルにあっては、なぜか国家は社会科学の対象ではなく、科学の及ばない神棚に置かれる存在となる。これについては、ヴァーグナーの場合、前半生と後半生で彼の生き方は大いに趣が異なってくるのだが、その変質ぶりとの比較が、ヘーゲルの前半生と後半生との異質性を理解する上で参考になるだろう。

一八四九年五月三日（ヴァーグナー三五歳、逃亡中の五月二二日に三六歳となる。彼は六九歳で亡くなるので、ちょうど人生の折り返し地点にあたる）のドレスデン革命の騒擾で市民側に立ったヴァーグナーが演じた武勇伝はよく知られている。群衆と政府軍との市街戦の際に、クロイツ教会の塔に登って警鐘を乱打し、塔の上から戦況を俯瞰し、自分にも銃弾が向けられる中で戦局の推移を逐一地上の伝令に伝える役を担った。これをもって彼を革命思想の持ち主と考えるのは、実態からは少々ずれた捉え方と言っていいだろう。一七八九年一〇月フランス革命のベルサイユ行進に加わったパンを求めるおばさんたちの群れにインタビュアーがマイクを向けて、あなたたちは勇敢な革命の闘士ですね、と言えば、おばさんたちは「はぁ？　何いってんだい、うせろバカ」と思っただけであったろう。革命は、革命思想によって起きるものではなく、人が起こそうとして起きるものではなく、また、起こすまいとしても起きてしまうものだというのが実相であろう。革命思想家は、無自覚な、やむにやまれぬ行動によって流した民衆の血と、起こった結果とに便乗し、その結果を自分の都合の良いように組織化するだけのことである。ドレスデン革命の頃のヴァーグナーは若干フォイエルバッハの影響を受けていたとも見受けられる音楽作品草案も持っていたが、晩年の反動勢力との親近性を見ると、革命行動のそもそもの動機となる、希求すべき民衆の自由で幸福な生活像という一貫した明確なヴィジョンが彼の中にあった訳ではなく、その場その場でのウケ狙いが行動の規範となるタイプと考えても的外れではないであろう。政府軍の勝利によって、彼は指名手配犯となりドイツ全土に身を置けない逃亡者となる。彼が真の革命家としての資質の持ち主であったならば、その苦難がいっそう彼の革命思想を鍛えることになったはずだが、彼の後半生は逆の方向へと向かう。つまり自分の行動が民衆からウケるときはウケる行動を取るのだが、お上から手ひどいお目玉を食らうと、悪ふざけはもうやめにする。あまつさえ、今度は逆に、今まで自分が敵対していたはずの王侯貴族たち支配階層側にウケることを目指すのである（彼がバイエルンのルートヴィヒII世に取り入り、半狂人の王から搾れるだけ金を搾り取った姿は、権力者に取り入ってその国の経済政策を動かし、自分の経営する会社に莫大な利益をもたらしたどこかの国の御用学者の姿にも似ている）[40]。ベートーヴェンは終生変わらぬ共和主義者であったが、ウィーンの郊外に居を構えることが多く、しかも頻繁に引っ越しを繰り返していたことで、官憲の目を逃れる必要があったのではないかと言う人もいるが、筆者にはそれが本当とは思えない。ベートーヴェンは隠れようもない名士であり、引っ越しを繰り返せば官憲の目を逃れられるなどとは到底考えられないからである。多くの自由思想家が弾圧されるメッテルニヒの反動体制下で、歯に衣を着せぬ言動を繰り返したベートーヴェンが自由に泳がされ逮捕されなかったのは、パトロンとなった貴族たちの存在もあったのかもしれないが、ベートーヴェンはあくまで芸術家――それも、やや世間から浮いてしまう傾向を持つ芸術家であり――、彼がどのような言動をしようと、実際的な政治的影響力を持つことなどないと、メッテルニヒ自身が彼を正しく理解していたことが理由であろう[41]。

『パルジファル』が本気のものではなく、悪ふざけのパロディーであったなら、それこそ偉大な悲劇作者にふさわしいことだったろうとニーチェは述べている。というのも、悲劇作者は自分を笑える人間であらねばならないからである。「悲劇作者も、あらゆる芸術家と同様、[……]自分を笑うことができるとき、初めて偉大さの頂点に達する」（『道徳の』II-3,P124/5-S.342）は全くの至言である。この「悲劇作者・芸術家」を「哲学者」に変えても、それもまた同じように至言となる。謹厳そうに見えるカントは、すでに初期の『視霊者の夢』で、自分と、自分がその側に寄って立つ形而上学とを、そこはかとないユーモアを混ぜながら相対化する様々な視点を披露することができた。ソクラテスの自嘲的諧謔は周知のとおりである。自分を笑うことのできないヘーゲルは、こちらが笑ってあげるしかない。

ヴァーグナーに石を投げるとヘーゲルに当たるという観がないでもない。ニーチェの『ヴァーグナーの場合』で使われる「音楽」を「哲学」に、「作曲家・音楽家」を「哲学者」に変えると、ニーチェのヴァーグナー批判は、そのことごとくがヘーゲル批判として妥当する。以下、ヴァーグナー批判のヘーゲル批判への転用を意図して付した〔 〕はすべて筆者、丸括弧はニーチェ自身のものである。

ヴァーグナーのオーケストラの音響〔ヘーゲルの物言い〕は「野蛮で、人為的で、同時に『無邪気』でもあるがゆえに近代の魂の三つの感覚にいちどきに語りかけるわけだが、……」(『ヴァーグナーの場合』II-3, P215/6-S.13)とニーチェが言う「三つの感覚」は、別の個所では、ヴァーグナー〔ヘーゲル〕は「選り抜きの現代的芸術家〔哲学者〕、現代流行のカリオストロなのだ。彼の芸術〔哲学〕のなかで、今日世間一般が最も必要としているものがきわめて誘惑的なやり方で混成されている――すなわち精力を消耗した者たちの三大興奮剤、残忍なもの、人為的なもの、無邪気なもの(白痴的なもの)である」(同II-3,P227/6-S.23)と反復される。筆者が既述した「堂々巡りで疲労困憊し、正常な思考力が萎えてしまった」第三のタイプ(本書78頁)の存在は、ニーチェのヴァーグナー評価に照らして言えば、「ヴァーグナー〔ヘーゲル〕は、ほかのことは別としても、世に最も無作法な天才だった(ヴァーグナー〔ヘーゲル〕はいわばただ――一つのことだけを何度も言って、聞く人が捨て鉢になり、――ついにはそれを信じてしまうという具合なのだ)」(同II-3,P216/6-S.14)というのと相似した事態にあると言える。「人々は彼を雲の上に祭り上げることによって自分自身をあがめるのだ。――人々が彼に抵抗しないこと、このこと自体がすでにデカダンスの兆候なのだ。本能が弱くなっている。厭い避くべきはずのものが人々を引きつける」(同II-3,P226/6-S.22)や「芸術〔哲学〕と芸術家〔哲学者〕に仮装している頽廃の変幻自在」(同II-3,P227/6-S.23)、また「彼は催眠術の手くだの名人であって[……]野心的な音楽家〔哲学者〕の世界全体を彼の秘術の弟子にしてしまった」(同II-3,P227/6-S.23)などの一連の評言によって、ニーチェは、ヴァーグナーが(筆者は、ヘーゲルも同様に)世間受けする理由を、近代人に特徴的である貧血症や精神の虚弱体質、本能の劣化、つまり「全ヨーロッパのデカダンス」（同II-3,P226/6-S.22）とに結びつける。人々が彼（ヴァーグナーないしヘーゲル）を雲の上に祭り上げ、抵抗しないこと、できないことの理由は、人々が定見を持たないことに起因する。何が本当に正しく、何が本当は正しくなく嘘っぱちかを判断するためには、健康な本能だけではなく知的な定見が必要となる。なんだかよくわからないが、いかにも立派そうに振舞っているものは、たぶん本当に立派なのだろうと定見を持たない者はつい考えてしまう——その人自身が自分はあまり立派ではないことを自覚しているので。

とりわけヘーゲルの場合、間違っているか間違っていないかどころか、分かったか分からないか、それすらもよく分からない文章を書くので、分かったと思い込む方向に流れて行きやすい。学者にとって、概して、「分かった」は勝利の宣言であり、「分からない」は敗北の宣言と取られがちだからである。知的誠実を持つまっとうな学者なら、分からないことを分からないと述べることにためらいはなかろう。誇りある人間が間違えたときに間違えましたと謝罪することにためらいがないのと同様である。間違えたときに自分は間違えていないと言い訳したり、分からないことを分かったと言いつくろうのは、面子にこだわっているだけの、誇りなど持たない品性卑しい賤民だけである[42]。分かったふり派は、誰もがよく分からない事柄を、自分は分かったと宣言し、「彼を雲の上に祭り上げることによって自分自身をあがめる」のである[43]。本書註48で国粋主義者について触れるが、彼（女）らが巨大な（と思われている）ものに自己を同化させ、国家を偶像として崇拝することによって自分個人を崇し尊しとし、自己の承認を他者に恫喝的に求めるように、ヘーゲルも自己を国家と同化させることで自己肥大させ、自己の承認を他者に恫喝的に求める。ヴァーグナーに同化するヴァーグネリアーナー同様、ヘーゲリアーナーもまた自分をヘーゲルに同化させることで自己肥大させる。安倍リアーナーたちも同じような精神構造を持つ。彼らが求めているのは、同化することで自分を肥大化させることができる対象でしかない。彼らにとって、その対象が本当に偉大な政治家なのか、単なる馬鹿々々しい偶像なのかは、どうでもいいことであって、偉そうに見える者をとにかく偉い人物に仕立て上げ、それに便乗して自分も偉そうに振舞えるという以上のことは何も考えていないのである。日本のどこか西の方では、自分の恩師に自己を同化させ、歯の浮くような美辞麗句で飾り立てて恩師を崇敬する姿をとくと弟子たちに見せつけ、弟子たちにも同じように自分を崇敬するように暗に求める田舎学者のような物欲しげなタイプの道化もいる。とまあ、そうした類型について語り出すと、末広がり的に、だんだんと鼻くそのような話になっていく。

　では、他方で、旺盛な精力と健康な生命力を持つ事例とは何か。『ヴァーグナーの場合』に、ベートーヴェンの名が一度だけ出て来る。ヴァーグナーとベートーヴェンとを混同することなど「神聖冒瀆」（同II-3,P235/6-S.30）だとニーチェは言う。まっとうな音楽〔哲学〕は、先人たちの営々たる努力によって確立されてきた、音楽を音楽たらしめる旋律・リズム・和声を組織化する楽理や様式〔哲学を哲学たらしめる論理〕を要請するものであり、「生命」（同II-3,P232/6-S.27）〔生命的存在としての人間の実存に反しない思惟〕が、その根底になければならない。具体例としてニーチェが挙げているものが、対位法であり、また「音楽における多足類、『無限旋律』の正反対」（同II-3,P216/6-S.14）をなすビゼー的な洗練された軽やかな旋律であり、それらこそがヴァーグナー的〔ヘーゲル的〕仮装や身振り、単なる劇場的効果や雰囲気と対極にある「生命」であり、「真実」（同II-3,P236/6-S.31）であるとする。デカダンスに抗する人間が求める作品とは、「生命」や「真実」が、その全体に浸透していなければならない。「楽器を研究しよう。〔……〕音響によっていろいろと謎をかけてやれば、人々はそれをわれわれの精神のせいにしてくれるのだ！」（同II-3,P229/6-S.24-25）や「情熱〔秘教的《エゾテーリッシュ》なまでに意味不明な哲学的難解さ〕ほど安価なものはないのだ！　対位法〔哲学を哲学たらしめる論理〕のあらゆる美徳などはなくてすむし、いささかも学習を積む必要はない、――情熱ならいつだって用立てられる！」（同II-3,P229/6-S.25）などの発言は、ニーチェがあえてヴァーグナー〔ヘーゲル〕の側に立って発する反語的主張である（筆者が本書の「はじめに」で触れた、絵画のノウハウ本を読んですぐにピカソのような絵が描けると考える軽薄者の立場に自らをなぞらえての発言ということである）。「対位法」とは、哲学の領分で言えば、――ニーチェならば、その名を思い浮かべなかったであろうが——カントの論理的厳格さと考えることができる。「情熱」とは、その逆で、劇的表層的効果によって醸成される反理知的陶酔を意味している。対位法などの音楽を音楽たらしめる楽式や楽理、ビゼー的な明確な旋律というのが、筆者が上述した「定見」の、音楽における言い換えである[44]。

ヴァーグナー信奉者にとって、指導動機や無限旋律、調性破壊につながるまでの転調に次ぐ転調や半音階法も、そうした楽式や楽理のあらたな発展（的破壊）形態だと考えるかもしれないが、ニーチェが持ち出した「展開entwickeln」（同II-3,P233/6-S.28）という概念は、音楽を音楽たらしめる「定見」として決定的である。いま「展開」という言葉でニーチェがイメージしているのは、ベートーヴェン的な「主題労作thematische Arbeit」のことだと思うが、ソナタ形式のみならず、バッハの『フーガの技法』のような対位法作品でも同様に、一つの主題を様々に展開させる技能こそが作曲家の能力を量る上で決定的なものである。それをちゃんとできた作曲家は、極言すれば、バッハ、モーツァルト、ベートーヴェンの三人しかいない（良い子のみんなは、あいみょんを好きになろうと、Adoを好きになろうとかまわないが、この三人から決して離れてはいけない）。この玄人の、まっとうな方向に向かわず、単なる効果や身振りという素人だましの別方向に向かう姿勢から、ニーチェはヴァーグナーを音楽家ではないと断じるのである（同II-3,P235/6-S.30）。このことは、二〇世紀の現代音楽をどう評価するかということにも関わってくるが、それについては本書に後続する第三書で論じることになるだろう。

ヘーゲルとベートーヴェンが同じ一七七〇年に生まれたこともあって、ハイドン、モーツァルトによって確立されたソナタ形式[45]のさらなる展開を見せたベートーヴェンのソナタ形式——「頂点」を持たないハイドン、モーツァルトのソナタ形式と比べて、楽曲の後方に頂点を持ってくるベートーヴェンにおけるそれは、すでに古典派[46]の原理を破るロマン派音楽の兆候が表れていたのだが——とヘーゲルの弁証法との同質性が論じられることがあるが、筆者にはそれらを同質のものとすることに対して危ぶむ気持ちがある。それこそ、それは「神聖冒涜」となるのではないか。なぜならヘーゲルの場合は、ソナタ形式どころか三部形式にすらなっていない

A・A'・A"…のエンドレステープ形式だからである（さらに言えば、そのA・A'・A"…は変奏曲形式にすらなっていない。なぜなら変奏曲の場合は、後続のものが最初の主題の変奏であることが誰にも明らかなように繰り返されるのに対して、ヘーゲルの場合は、その変奏は「変装」であって、最初の主題とは別物であるかのように粉飾を施して登場するからである。例えば、前述のとおり「即かつ対自」の話を、「物自体」の話に適用できるかのように偽装して。筆者が「はじめに」で述べた、「カントの著作は、多くの場合、何十回もの同じ内容の繰り返しの合成物である」（本書5頁）で意図しているのは、カントの場合はヘーゲルとは違って、一つの主題を読者に誤解されないようにあらゆる角度から光を当てた表現で正しく理解してもらおうとして、精確な言葉で繰り返し奏でられる陶然とするほど上質な変奏曲だということである）。ヘーゲルの場合、そもそも「展開部」がないし、第一主題はあるのだろうが（?それも怪しいが）、それと組み合わせて展開させるべき第二主題があるのかどうかもよくわからない（ソクラテスの場合は、他者の意見が第二主題であり、意見を異にする他者とのやり取り［展開部Durchführung］を通して、議論の出発点ではソクラテス自身にもまだ明確になっていなかった相手の意見の不明点と双方の論の正否が、次第に明確になっていく弁証法的過程を取る。論破とその結果である和解、あるいは逆に、相手からのソクラテスへ向けた罵声や暴行が、その結尾部［Coda］である）。ヘーゲルは弁証法について語るが、彼の論じ方自体は一方向的で単線的な決めつけでしかなく、全く弁証法的ではないのである。ヘーゲルのテキストが我々に強要する苦痛は、何度も何度もお色直しを繰り返し、様々な意匠を凝らした別の衣装で新郎新婦が再登場するのだが、その新しい衣装から出た首の上にはさっきと同じ見飽きた顔がのっていて、その都度拍手を強要される参列者の苦痛と似たものとなる。筆者が子供の頃に、「すべりこみセーフ」という言葉を、ベースにすべりこんだらセーフになるというルールがあると勘違いしていた子がいたが、ヘーゲルの場合、「即かつ対自」の話を持ち出せば、何でもセーフになると思っている可愛らしい子供とは違う。彼は偽装のバリエーションを使うからである。悪質でありアウトである。ベートーヴェン論の最中にヘーゲルの名を口にするのは、すぐにうがいをしたくなるほどベートーヴェンへの冒瀆であろう。

テキストを伴う楽劇は、言うまでもなく絶対音楽ではない。玄人は、ふつう絶対音楽へ向かう。ヴァーグナーがろくに絶対音楽を書けなかったと考えるべき蓋然性は高い。彼は多年、純器楽を否定する立場を取ってきた。ニーチェによれば、「ヴァーグナーの音楽は、ひどく寛大な趣味である劇場の趣味によって保護されないとすれば、まったく悪い音楽」（同II-3,P236/6-S.30）なのである。「ひどく寛大な趣味」とは、テキストや舞台装置や衣装といった音楽外的要素の支援があって初めて成立する、厳格な音楽上の論理性や構築性を要求されない大鍋ごった煮料理を許容する趣味ということである。「ヴァーグナーが有機的形姿を作り上げることのできない自分の無能力を一つの原理に仮装させた」（同II-3,P233/6-S.28）劇場的効果は、「大衆を言いくるめるために案出された」（同II-3,P233/6-S.28）[47]ものであり、「ヴァーグネリアーナーならば信心深い胃を持って、先生《マイスター》が幻想させるご馳走に満腹する」（同II-3,P237/6-S.31）のだろうが、玄人はガリ（ショウガ）とアガリ（お茶）で口直ししながら、「ヴァーグナー大将、室内楽を一貫握ってくれないか」と注文するだろう。ヘーゲリアーナーも、同じようなヘーゲルの大鍋ごった煮料理をご馳走だと勘違いする。中に入っているのはグルテンでできたフェイク肉である。

もう充分だろう。どこまで論じても同じことの繰り返しにしかならないので、筆者も少々飽きてきた。ヘーゲル―ヴァーグナー論はここまでとし、再度、本書84頁まで続けてきたカント―ヘーゲル論に話を戻す。

先に「即自―対自―即かつ対自」の図式化それ自体が問題無きにしも非ずということをほのめかしたが（本書43頁）、筆者はこれをカントやヘーゲルの目的論との関係で、看過できない重大問題と考えている。ヘーゲルがすべてを高次化していく「運動」と捉えるのに対して、カント哲学が静止的であると一般的に言われているが、これは意味のない図式化としか思えない。カントとヘーゲルの違いの最たるものは静的か動的かではなく、人間の精神の営みに最終到達点を設定――「設定」が言い過ぎなら「遠望」――しているかいないか、つまり、まともで謙虚な目的論か、胡散臭い訳知り顔の目的論かの違いである。

世にカントは静的・固定的、ヘーゲルは動的・発展的とまことしやかに喧伝されているが、いったい静止的思惟とはどういうものをいうのか、筆者には全く意味不明である。そもそもそんなものがありうるとは到底思えない。人間は時間と空間の中で思考している。五分前に考えていたことと現在考えていることは違うし、五分後に考えることもまた違ってくる。文筆家ならば、過去に考えていたことを検討・修正・改変しながら最終的な著作のテキストとして固定化していくのだが、だとしてもカントが「静的・固定的」に述べた哲学説もまた動的・発展的に後世の人々の思索の中で新たに展開されていくのは自明であり、それ以外のあり方はない。逆の言い方をするなら、カントが述べたことが静的だというのなら、ヘーゲルが思惟や概念は発展的力動性を持つのだと一九世紀初頭に「静的・固定的」に述べた、という話になるだけのことである。『知への問い』でも書いたが（10頁）、活字になった瞬間にテキストは固定化されるが、それを読み新たに思惟する者にとってテキストは死んだ活字ではない。熱や匂いを伴って今なお呼吸を続ける生きた思惟である。一八世紀ケーニヒスベルクで生きたカントの思惟は、時空を超えて二一世紀日本の筆者を触発し、その脳内で様々な化学反応を起こさせる「発展的力動性」を持っている。テキストが静的・固定的に見えるのは、紋切り型のレッテル貼りで満足し、次々と別のおもちゃに手を出す、自分の頭でものを考えない人間だけに起こることである。こう書けば、おそらくレッテル貼り愛好者は、人間の思惟行為自体の問題を言っているのではなく、二人の思想内容の違いのことを言っているのだ、と反論してくることだろう。だが、考えてもみてほしい。カントはご丁寧に二種類もの目的論（Teleologie とZwecklehre）について論じている。目的論を論じる哲学者を静的・固定的と呼ぶのは、あの飛んでいる矢は止まっている、というのと同じくらい馬鹿げている。ヘーゲルの目的論には「発展」という俗受けする用語が加味され、カントの新聞紙でくるまれたぱっとしない目的論に比べて、きれいな包装紙につつまれ「発展」という赤いリボンまでついているので、たいそう高級そうに見えるというだけのことである。おまけに「絶対精神」がもれなく当たりますという触れ込みである。無論カントの目的論に、開運の壺や印鑑のような、そんな怪しげな景品などついていない。こんな胡散臭い商法は消費者センターに届け出なければならない。

目的論には、いくつかの形態がある。ヘーゲルの絶対精神は、それを最終到達点とする歴史論的目的論であり、その流れをくむマルクス思想もまた最終的なユートピア社会を想定する目的論であり、それらの大元にあるのは、キリストの復活による千年王国の到来という宗教的目的論であり、ナチスが吹聴した千年王国はそのオカルト化ともいうべきものでしかないが、それもまた一種の目的論である。アリストテレスの四原因説の起動因と目的因との関係は明らかな目的論的観点を含んでおり、「不動の動者」は時間的経過を含まないニュアンスが強いが、それもまた目的論的終着点を発想する思考法と見ていい（プラトンとアリストテレスとの関係性においても、静的なプラトンに対し動的な観点を持ち込んだとしてアリストテレスの優位性を主張する者がいるが、筆者はそこに特段の優位性を認めない。強調する視点の違いがあるだけである）。カントの目的論は『判断力批判』の中心的論点となる「自然の合目的性」という言葉に端的に表れているが、彼もまた最終的に到達しうる世界について望見することがあるものの、ヘーゲルのような「絶対精神」などという鳴り物入りの到達点を吹聴することなどない。このしばらく先で筆者はユートピアの不可能性について論じるが、カントは「人間が幸福として理解していることは、また実際に人間自身の最終の自然目的（自由の目的ではない）であるものは、それでも人間によってはけっして達成されないであろう。というのも、人間の本性は、所有と享受のどこかで停止するようなものではないからである」（『判断力批判（下）』9-P108/10-S.388）と、筆者のユートピアの不可能論と同じ趣旨のことを述べている（ついでに言えば、カントは「実際また、自然の理論にとっても、あるいは自然の作用原因による自然のフェノメノンの機械的説明にとっても、自然が諸目的相互の関係にしたがって考察されることによって、得られるものはなにもない。自然の諸産物が目的論的諸概念にしたがって一つの体系を形作るかぎり、これらの産物における自然の諸目的の提示は、本来ある特殊な手引きにしたがってまとめられた自然記述に属するにすぎない」〔『判断力批判（下）』9-P90/10-S.372〕とし、「それゆえ、学としての目的論は理説にはまったく属さず、〔……〕判断力の批判にだけ属する」（同箇所）と述べている。ヘーゲルは理説でも何でもないただのイメージに「世界精神の運動」などという呼称を与えてあたかも何かの理説を述べているかのように振舞うのである）。声高に最終的到達点などというものを主張しないカントはあくまでもこの世界は変わり続けるものという「動的な」考え方をする哲学者であり、「絶対精神」を標榜する以上、静的なのはむしろヘーゲルである。ヘーゲルは『精神哲学』577節（一九九六年、3-P540/10-S.394）で、絶対精神を固定的にではなく、これもまた即かつ対自的に変動していくものと自説を訂正する笑止千万なことを述べているが、だったらそれは「絶対精神」ではなく「相対精神」だろ、とツッコまざるを得ない。「動くゴールポスト」のように、何をかいわんやという話である。

筆者は『知への問い』（12頁）で、ヘーゲルが古代哲学を露骨に軽視していることを指摘した。ヘーゲル『哲学史講義I』の当該箇所を引用すると「最初の哲学は最も貧弱なもの、最も抽象的なものだということである。理念は、それらにあっては規定されていることが最も少ない。最初の哲学は、まだ充実されていない一般性の中で、うごめいている。我々は古代の諸々の哲学の中で本来見出されるもの以上を、その背後に求めることをしないために、以上のことを知っておかねばならない。だから我々は、さらに深い意識に属する諸規定を、それらに要求してはならない」（一九七四年、11-P73/18-S.60、前作で引用した河出文庫版長谷川訳では76頁）。ここにも他人への批判の論拠は自分には適用されないヘーゲル一流のダブルスタンダードが表れている。ヘーゲルは、自分の「絶対精神」は「抽象的なもの」ではなく、きちんと「規定されて」いて、「深い意識に属する諸規定を」持つものだと考えているようだ。筆者に言わせれば、ヘーゲルにおいては「絶対」という語に何の規定もなければ、「精神」という語にも何の規定もない。規定されていないもの同士が恣意的に合体され、さらなる規定されていない似非概念が作られているだけである。可変的であるものとは、変化の前と後で異なる姿をしているものということである。つまり相対するものを持つものでしかなく、絶対的なものではない。『精神哲学』577節の「運動を続け発展するもの」という「絶対精神」の属性は、相対性を示す属性でしかなく、それに「絶対精神」という呼称を与えている点で形容矛盾である。ヘーゲルが「絶対」という言葉の意味を知らないか、カントが厳に戒めている「絶対」という言葉の恣意的な濫用の実例かのどちらかである。後者であれば、「その語の不安定な使用によって概念自身の損失さえも招きかねず、この概念は理性の重大な関心事でもあるので、その損失は超越論的判定に対する大なる損害を与えずにはおかないもの」（本書註27）の最たるものである。要するに、それが絶対的であるのなら可変的ではないはずだし、可変的であるのなら絶対的ではないことになる。金子武蔵は『精神の現象学（下）』の訳者註（1601頁）で、「絶対精神の『絶対』が相対的絶対ではなく絶対的絶対であることを証示するために……」などと書いている。彼が赤ちょうちんで一杯きこしめした後、よい心持でつい書いてしまっただけのものなら、まあ、分からないでもないが、そんなことがあるはずはなく、彼は最低でも百回以上は真剣に自分の原稿に推敲を重ねているはずであろうから、こんなでたらめな言葉使いをしてよいと考えている以上、しらふの状態でもヘーゲル哲学という安酒に酔っぱらっているのだと取るしかない。「精神」という語もまたしかり。ヘーゲルは「理性が精神であるのは、あらゆる実在性であるという確信が真理にまで高められ、そうして理性が自分自身を自分の世界として、また世界を自分自身として意識しているときのことである。——精神の生成を証示したものは、すぐ前の運動であって、この運動において意識の対象である純粋な範疇は理性の概念（精神）にまで高まった」（『精神の現象学（下）』一九七九年、5-P731/3-S.324）と語る。このパラグラフの最後の「これに対して即且つ対自的にある実在が同時に意識として現実的であり、自分を自分自身の前に置いて表象するようになるときには、この実在は精神である」（同 5-P732/3-S.325）、さらにまた「Ⅶ宗教」の「自分が精神であることを知っているところの精神」（同 5-P1001/3-S.495）、加えてさらにまた「Ⅶ-A自然的宗教」の「この概念が『自分を知るところの精神』（絶対精神）であるので、自分の本質のうちに、『意識』であるという、また自分を対象的に前に置き表象するという契機を具えているということである」（同 5-P1018/3-S.505、引用文中の丸括弧のついた「絶対精神」は、訳者金子が説明のために加えたもので、原文にはない）と共に、ヘーゲルの言う精神の現象学とは、精神がその現象を通して説明されるしかないもの、つまり後にくるものが却って先に起こったものの根底となり、先のものはその現象とされ、精神はその経過によって解明されるものと説明されている。なんだかもっともらしく好き勝手なことを述べているが、さて、その言説の実質的内容となると、これはどう評価されるべきものなのか。上記の「精神」に関する三つの引用の内の一つ目（同5-P731/3-S.324）で、「理性が精神であるのは」とあり、その引用のダッシュの後ろでは「意識の対象である純粋な範疇は理性の概念（精神）にまで高まった」と来る。「理性」「精神」「範疇」などが概念規定もあるものかは、どれもこれも一つの鍋の中にぶち込まれてごった煮にされているのである。さらには、すでに「客観性の三重の意義」批判（本書45頁）や「弁証法の内在的超出」論批判（本書50頁）で筆者が明らかにしたことだが、ここでもヘーゲルは「精神」という概念の実体化によって、誠実な哲学的学究なら可能であるとは考えようもない、実体のないものを実体があるものかのような虚説を呈しているのである。筆者はヘーゲルの哲学書よりも市販の国語辞典を信用する者であるが、「精神」とは、通常、「誰かある人」の精神であり、人間の心に属するものである。「精神年齢」「精神衛生」「精神労働」などの熟語も、個的人間存在に属するものとして「精神」という語が使われるのが通常である。「世界精神」といい「絶対精神」といい、それらの語が生成変化することの世の複雑な事象を統べるある法則性に対する比喩的言語としての使用ならかまわないが、あくまでそれは比喩であって、実体性など持たない。それを複雑化させた一見格調の高く見える表現の羅列によって実体があるようでなさそうな、なさそうでありそうな、読者が自分（ヘーゲル）の望み通りの好意的拡大解釈をしてくれるのを誘導するような曖昧模糊とした言説を弄することによって、その言説の哲学的見せかけが成立する。金子の註釈は、そのほとんどがヘーゲルにとって願ったりかなったりの好意的拡大解釈をした実例である。『精神の現象学（下）』Ⅶ-B-b「生ける芸術作品」にも「絶対精神」という語が出て来るが（同5-P1056/3-S.527）、ここでは芸術を宗教的祭祀との関係で論じている。「この場所もそれ自身としては実体の暗闇であり」とか、「このさいの熱情もそれ自身としては日の出の実在ではあるが」とか、「この享受はこの『光』の『密儀』なのである」などというちゃんちゃらおかしい言辞を並べ立て、何の具体性もない、どうとでも言える無内容な抽象話を長々と羅列して、その挙句に「こうして祭祀によって自己意識的な精神にこれ自身の内面において啓示され顕わになっているものがある」と来る（同箇所）。「こうしてhiermit」の前の部分は「こうして」の後にくる部分の根拠や説明になっていなければならないのが通常だが、前の部分には何が「こうして」なのか、我々に分からせてくれるものは何一つ書かれていない。ヘーゲルの自己満足的な宗教的芸術観――そもそも「芸術観」などと呼べるようなしろものではないが――が吐露されているだけである。「自己意識的な精神にこれ自身の内面において」などという表現は、「精神」自体が一個人でもあるかのように完全に実体化されている例で、「内面」とは個的人間存在に属するものであって、その人の精神がある場所でもある。どこか空中に浮遊する「自己意識的な精神」はそれ自身が内面を持つと彼は言っているようで、その空中に浮遊する「自己意識的な精神」がそれ自身の内面において自分が啓示され顕わになるとは、何ともしっちゃかめっちゃかな話である。ところで、それを見ているヘーゲルさんは、一体どこにいるのだろうか？　その精神が顕れる内面の中――この言い方自体がしっちゃかめっちゃかだが――なのか、その外なのか？　外なら、通常、人の内面の中がどうなっているかは他人には窺い知れないもののはずだが。「絶対精神」という語が出て来るのは、この次のパラグラフ冒頭で、金子はここにも「こうして」という訳語を加えているが、原文にこの語はない。ヘーゲルは、古代ギリシャのパンと葡萄酒の密儀は絶対精神の秘密を打ち明けるものではあるが、これはまだ単一の実在にすぎぬものであって、無媒介の精神であり、自然の精神であるにすぎない、それはまだ（キリスト教の）「血と肉との密儀」ではないとする。散々長たらしい無駄話を聞かされた挙句、我々にわかったことは、結局彼が言いたいことは、ギリシャ神話よりもキリスト教の教えの方が「絶対精神」を顕現するものであるということに尽きる。要するに田舎の信心深いじいさんの話でしかなかったというオチである。

仮に百歩譲って、絶対精神が「絶対」であることが可能とした場合であっても、筆者には、ユートピア論や原子論のような最終的な停止点を想定する発想というのは、どう考えることができるものなのか、とんと合点がいかない。原子論の原子とは「それ以上小さなものへと分解できない物質」ということだが、歴史的にそういう意味での「原子」として捉えられてきたものは、その後、原子核、電子、陽子、中性子などとさらに細分化されてきた。「それ以上小さなものへと分解できないように現時点で見える物質」というのなら素直に理解できるが、「それ以上小さなものへと分解できない」という表現がどういう事態を指すのかが全く理解できない。原子論を空間的な目的論と呼んでいいのかどうかは筆者の鈍い頭では判断できないが、これ以上先へは進めないという終着点を想定する発想とは、いずれにせよ非現実的なものになるしかないのではないか（この世界は、極小から極大へ、また極大から極小へつながるループ状になっているという仮説ならば成り立つだろう。ちょうど古代人が海の果ては奈落へ落ちる滝になっていると考えたのに対して、実際は地球という球体の上でつながっているように）。デカルトは『哲学原理』第20章で、もし原子が存在するとすれば、それは必ず「延長」をもつはずであり、「延長」をもつものは思惟の上で可分的である他なく、不可分な原子という判断は、認識と矛盾すると述べている。延長を持つ物質がそれ以上分割不可能だという事態が実際にあると言うのならば、そう主張する者がそれを証明しなければならないだろう。カントの場合も、『視霊者の夢』(3-P.235/2-S.926)で、霊魂的存在者と物質的存在者との比較をし、物質的存在者の特性として、延長、侵入不可能性、分割可能性、衝突の法則を挙げているので、デカルトと同じ立場と言っていい。カントは『純粋理性批判（中）』の四つのアンチノミーの第二で、分割も破壊もできない統一がある（定立）のか、あるいは分割可能なもの以外は何も存在しない（反定立）のかという問題を扱っている(5-P150/4-S.420)が、これは上記の通常の物質論とは次元の異なるレベルでの議論である。カントの第二アンチノミー論は、この問題を、経験のすべての限界を超えて自らの領域を拡張する理性が生み出す超越論的諸理念の問題の一つとして論じているのであって、不可分な原子の存在の単純な否定の話をしているのではない。「理性は、その最大の期待のただなかにおいて、論拠と反対論拠のひしめきあいのなかで進退窮まっている」（同5-P177/4-S.442）のだが、カントは定立・反定立それぞれの利点と問題点を挙げ、「神」概念と同様に、思弁的知識が捉えうるものと捉えることのできないものとの区別を、ここでもこのアンチノミーの例を挙げて確認しているのである。現代の最新の物理学では、言うまでもなく、「分割不可能」などという考え方はしない。哲学ならぬ、経験的現象世界を扱う科学である物理学は、無論、カントの第二アンチノミーに答える義務も役割も持っていない。科学の立場が目指すのは、哲学的判断を下すことではなく、今まで不可能だったことがテクノロジーの発展に伴い可能になるに応じて、科学が可能とする範囲内で極小世界の探索を、行けるところまで行ってみようということであろう。

キリスト教の目的論的終着点である「最後の審判」では、善人と悪人が天国と地獄に振り分けられ、俗な言い方に変えるならば、行くべきところへ人々が振り分けられ、人類がみな死んでしまって、めでたしめでたしということになるのだろうが、無論ヘーゲルの絶対精神の具現とは人類の死滅と天国と地獄への振り分けではなく、ある理想的な社会状態あるいは最も高次化した人間の状態の具現を想定しているものだと思われる。だとすれば、これ以上分割不可能な物質を想定する原子論の場合と同様に、これが人類が到達する最終的な最高最善の状態であるという絶対精神の具現もユートピア社会の成立も、その状態をヘーゲルやマルクスの言うような意味で想像することとは不可能である。ユートピアが言葉の本来の意味の通り「どこにもない場所」であることは、徹頭徹尾正しい。論理的にそうならざるを得ないからである。悪と無縁の人間とは、イエスのように宗教的に聖化された人格でも想定しなければ可能とはならないもので、現実世界においては、ドストエフスキーの描くムイシュキン公爵のような白痴であるしかないように、ユートピアと呼ばれる世界が絶対善として是認されるしかない世界であるならば、それは静止状態であるしかなく、そこに棲息できるのは思考することのない動物か白痴だけである。動物でも白痴でもない我々は、そこにとどまることはできない。だから、それは「どこにもない場所」となる[48]。

歴史を「絶対精神」へ達するための過程、即自―対自―即かつ対自という形ですべて高次化していく運動といらへーゲルの捉え方も、形而上学を完成させた歴史的に偉大な哲学的見解として過去に一世を風靡してきた――いま現在も風靡しているのかは、哲学業界とは無縁な所に棲息する筆者の知るところではないが――のがなぜなのか、筆者にはとんと合点がいかない。なんだかもっともらしく哲学用語化しているが、実質的にはその程度のことは、常識的な生活者の通俗的世間知に属することがらではないのか。カップラーメンの新商品の開発者でも、その程度のことは日々考えている。正―反―合の弁証法的展開というのは、企業人やビジネスマンの商業活動でも一般市民の日常生活でもトライ＆エラーのような形で、あるいは「三人寄れば文殊の知恵」のようなあり方で、特に哲学とは関係なく当たり前に行われていることである。我々はこれ以上改良できない究極の「絶対カップラーメン」を作るのだ、などということを商品開発者が考えるはずがない。というのも、繰り返しになるが、これ以上うまいカップラーメンは存在しえないという「絶対カップラーメン」を毎日食べ続けていれば、たとえそれよりまずくても消費者は別のカップラーメンを食べたくなるはずだから、「絶対カップラーメン」なるユートピアは存在しえないのである。すべてを高次化していく運動過程、その先に絶対精神がある、などというのは哲学的ほら話であり、ほら、歴史はこうなっているでしょう、というへーゲルの歴史解釈は、歴史という無限の多様性を持つ壮大なる複合的事象を、ほら話を成り立たせるために自分に都合よく切り貼りしてでっち上げた紙芝居的ストーリーでしかない。アマゾンの奥地へキリスト教を広める宣教師が、未開人に、ほら、この世界と神の世界はこうなっているのですよ、と布教のために携える紙芝居のようなものである。布教のために世界の未踏の奥地へとイエズス会士が散った一六世紀ならいざ知らず、現代のアマゾンの現地人であれば、なめてんのか、と怒り出すだろう。それに対してへーゲルは、哲学者もまた歴史的拘束性を帯びた存在であるしかなく、哲学者が持つ歴史認識もまた時代の産物であるしかないという言い訳も用意している（『法哲学』二〇〇〇年、9a-P20/7-S.26および『歴史哲学（上）』一九六三年、10-P87/12-S.72）。その言い訳自体は間違っていないが、だったら「絶対精神」などという明後日の話など最初からしなければいいだろう。ミネルヴァの梟が黄昏に飛んでその日一日起こった出来事を回収して哲学者に届けるだけならば、その哲学者がやっているのは哲学ではなく、ただの事実学である。ミネルヴァの梟は黄昏に、その日に起こった人間の愚行、悪行、狂躁のくさぐさに食傷して眩暈と吐き気でふらふらになりながら、最後の力を振り絞って、夜明け前に草むらの中に潜む「予感」を捕まえるのである。ミネルヴァの梟が届けてくれた「予感」――ロマンティカーたちの中世へ向かう後ろ向きの「予感」ではなく、未来から届けられる予感、東京オリンピックのスケートボードで難しい技にトライし転倒してメダルを逃した選手を、ほかの選手の少女たちがみんなで取り囲んで讃える姿が我々にもたらす予感、闘争や競い合いではなく、「楽しい」「面白い」「うれしい」に満ちた世界の予感、未来は今よりも良い世界になるという予感[49]――を卵の白身である理念的問いにプロジェクトする（投影する・案出する・見積もる）こと、それが哲学の仕事である。第一書『知への問い』（85頁）で述べたように、白身の話は言いっぱなしではだめで、黄身の世界に持ち帰って再吟味しなければならない。「絶対精神」という白身の話は、黄身の世界で精査されたとたん、不可能とわかるのは先に述べた通りである。筆者は同78頁でユートピアは語られねばならないと書いたが、ユートピアについて語ること自体には意味がある。だがそれは現実を照らし出す鏡として必要なものであって、今よりはより良い世界を実現するために、我々は（そんなものがありうるとは思っていないにせよ）「完全な世界」というものを想定し、どうすればたった数センチでもそこに近づくことができるかを考究するために必要となるものである。その理想を実体化し、その実現に疑いを差しはさむ者、異論を唱える者を粛清したり、強制収容所に押しこめるために振りかざしてよいものではないのである。ユートピアという理念もまた、社会をほんの少しでも善いものへと変えるための思考の「補助線」として必要となるものにすぎない。

偉大な哲学とは、どういうものを言うのか。筆者は、偉大な哲学とは世界を説明しつくすかのような壮大な歴史絵巻を広げて見せることではなく（大風呂敷を広げて見せることではなく）、ある、誰もが動かしようのないたった一つのささやかな事実（真理）を提示することができることであると考える。デカルトのコギトはまさにそれであったし、カントが悟性で認識できるものはこの範囲、ここから先は理性で推論することができるだけ、と明示した謙虚でつつましいささやかな事実（真理）もまた、それなのだと考える。デカルトやカントの「つつましいささやかな事実（真理）」と、物事は固定的ではなく常に変化していくというヘーゲルの指摘した「つつましいささやかな、しかしながら彼に言われるまでもない大昔から誰もが知っている当たり前な事実（真理）」との違いは、前者は、その事実（真理）が前提となって、人々が誤った無用な議論をせずに済むように我々に正しい哲学的議論の枠組みを提供してくれるものであるのに対して、後者は、「大昔から誰もが知っている当たり前な事実」を、さも偉大な哲学的発見でもあるかのように偽装するために、ごてごてと装飾品を張りつけ、間違った哲学的議論の枠組みを提供し、人類が無用な議論に明け暮れるようにさせ、果てはマルクスの――正しくはマルキストの、か？――ユートピア的妄想を誘発し、イデオロギー対立による戦争や粛清によって、二〇世紀の酸鼻を極める陰惨な事態を招くものであったことだ。

ちなみに、カントはデカルトのコギト論を批判的に論じているが、以下それに対する筆者なりの見解を示したい。

カントは「純粋理性の誤謬推理」（『純粋理性批判（中）』5-P52/4-S.341）で、デカルトのコギトの「私」という概念がすべての経験から独立しているとは言えないがゆえに、「私」の内的状態のいかなる特殊な知覚も混入されてはならない合理的心理学とはもはや言えず、経験的心理学によるものでしかないとして批判している。しかしカントのこの批判には無理があるように思う（間違っているという意味ではない。間違ってはいないとしても、そのカントの疑念はいかなる有効性を持った認識にも結果的につながらないという意味で、無理なものでしかないと思われるのである）。カントのこのコギト批判が書かれた歴史的背景がどのようなものであったのか、その経緯まで筆者は詳しく勉強していないが、この箇所を読む限り、この批判はデカルト批判である前に、まずクリスティアン・ヴォルフ（一六七九―一七五四）に対する批判の意図があって書かれたものという印象がある。そしてその議論はまたヴォルフ批判である前に、霊魂論批判がそもそものカントの眼目であったように思える。つまりカントは、霊魂を実体とする古代以来の霊魂論とデカルトのコギト論とを、「私」の実体化に問題の焦点を置いて、やや不正確な形で同じ位相において捉えた議論をしている疑いがある。カントの念頭には霊魂論における誤謬の粉砕がまず第一にあり、霊魂論の論理的支えとなりうる要素の範囲内でデカルトのコギト論を批判しているように見える。「経験的心理学」「合理的心理学」は、もともとヴォルフのテルミノロギーで、筆者はその当該箇所を読んでいないので正確な議論とならない恐れがあるが、その議論の中心にあるのはアリストテレス以来の霊魂論への近代的知見を経た再検討のようである[50]。純粋理性の理想、つまり「神」、「存在者中の存在者」の存在証明の際に用いたカントの思考法、すなわち経験的なものに一切依拠することなく、すべての経験を捨象し、純粋な思弁において全くアプリオリな諸概念のみをもって「神」を推論する思考法を、彼はここでも貫いて、『私は考える』という唯一の命題に基づいて構築された学問」（同5-P53/4-S.342）でなければ「合理的心理学」とは呼びえないとする。だが、ヴォルフの言う「合理的心理学」が霊魂論と結びつく限りにおいて、カントが、「合理的心理学」が自己意識を自己認識と取り違えることによる思考一般の論理的解明を対象の形而上学的規定とみなす誤謬に基づくものであると主張することに妥当性はあるものの、思惟的存在者である「私」という概念を推論する思考法として、同じような位相においてそれを同様に用いることでデカルトのコギト論の不可能性を論じるのであれば、コギト批判としては筆者にはカントのこの立論の方が無理なように思う。なぜなら神はあくまで「私」にとって他者であり続ける。この他者（神）の認識が不可能であることは先述の通りカントの言うことが正しいとしても、この場合は、神の認識が不可能であるのと同じような意味でデカルトのコギトが不可能だということになるのではなく、別な意味で、つまり、考える私にとって「私」は他者ではありえないという意味で不可能なのである。『私』の内的状態のいかなる特殊な知覚も混入されてはならない」心理学などというものは事実上不可能でしかなく、それが不可能であることはカント自身もまた結論づけていることなのである。自分の脳を解剖しながら今まさに考えている自分の「考える」を観察などできない。観察の対象が他者であるならば、つまり自分以外の誰かの脳細胞、あるいは「神」という他者ならば、その対象の分析・観察およびそれにまつわる思考は可能だということになるだろうが、この場合はそんな訳にはいかない（いま原理的な話をしているのであって、そんな手術や観察が実際に可能だと言っている訳ではない）。「自我」という「この超越論的主観について何かあることを判断するためには、われわれはつねにすでにこの超越論的主観の表象を用いなければならないからである。これが、自我の表象から分かちえない不都合さである。なぜなら、意識自体は、特殊な客観を区別する表象ではなく、表象が認識と呼ばれるべきかぎりにおいて、表象一般の形式だからである。というのは、表象一般の形式についてのみ、私がそれを通じて何らかの或るものを思惟する、と私は言うことができるからである」（同 5-P56/4-S.344）というカントの発言は、筆者がここで引用するのとはやや異なる文脈の中で述べていることではあるのだが、上記のアポリアをカント自身も承知していることを意味している。カントもまた、人が思惟する存在者を表象しようとする場合、自分自身をその位置に置かねばならず、従って、人が考量しようとしている客観に自分の主観を押し付けなければならないことが不可避であることを指摘している。「私は考える」という統覚の形式的命題は、「もちろんいかなる経験でもなく、おのおのの経験に付着し先行する統覚の形式である。この統覚の形式は、それにもかかわらず、つねに可能的認識一般に関して認識の単に主観的な制約とみなさなければならない。この主観的制約を、われわれは不当にも諸対象の認識の可能性の制約、つまり思惟する存在者一般の概念とするのである。なぜなら、われわれはこのことを、われわれ自身をわれわれの意識の定式でもっておのおののの他の知的存在者の立場に置くことなしには、表象できないからである」（同 5-P63/4-S.366）と述べ、この発言もまた、同じくこのアポリアの確認を意味している。物差しの長さをその物差し自体で測るのに似たアポリアと言えば譬えとして正しいだろうか（他者の様相・実態なら測ることができると先に述べたが、カントの立場に添ってより正確に言うのなら、Aの物差しの長さをBの物差しでなら測ることができるという単純な話ではなく、その場合のBの物差しの測定能力も完全に信頼できるものとなることはなく、物差しの測定能力〔私はそのように測定する―私はそのように考える〕は、鉛筆やナイフのような他の物〔「私はそのように考える」以外の測定対象、例えば「彼はその仕事を三日で終えられるか」「何時の電車に乗れば約束の時間に間に合うか」など〕の長さを測る場合は信頼し得るものであるとしても、物差しが物差しを測る場合には、AがBを測ろうとBがAを測ろうと、物差しの長さをその物差し自体で測る場合と同じ困難が生じ、物差し一般の測定能力〔私はそのように測定する―私はそのように考える〕自体がすでに不確定なものだという問題でもある〕。また別の点で言うと、これはカントへの異論としてはあくまで経験論的観点によるものにしかならないが、『私』の内的状態のいかなる特殊な知覚」が仮に混入した場合であったとしても、それをもってデカルトのコギトが不可能だということにはならない。私があるかどうかは、物があるかどうかと同様に、超越論的問題として扱うことも可能ではあるが、通常の一般的思考対象として扱う場合は、超越的原則に従うというよりは内在的原則、つまり可能的経験の範囲内で論じうる即物的な事実的側面も持つ事柄でもある。すなわち私が「私」について仮に間違って推論していようと、その間違った推論をしている、つまり「考えている」以上、私は存在しているはずなのである。現代の脳科学が人間の「ものを考える」の実相について、どのあたりまで究明できているのかは素人の筆者にはつまびらかではないが、仮に神経細胞という物質とそれらの電気信号のやりとりという物理現象に還元できるものとするならば、脳細胞という物質の存在と電気信号のやりとりという物理現象をぬきに「考える」が発生しようがない以上、「我思うゆえに我あり」は徹頭徹尾正しい（それはあくまで内在的原則に従った推論であって、コギトの超越論的解明にはなっていないとカントが批判することは可能であるとしても、その批判自体にどれほどの意味があるのか、甚だ心もとない批判にしかならないのではないか。なぜなら、「もし思惟する存在者一般についてのわれわれの純粋な理性認識の根底に、『我思う』ということ以上のことが存するとするならば、〔……〕思惟する自己の諸自然法則をも助けとするならば〔例えば「考える」を脳科学レベルの問題として扱うとするならば―筆者〕、経験的心理学が生ずるであろう」というカントの指摘はその通りなのだが、続く「しかし」以降の「この経験的心理学は、可能的経験にはまったく属さないような諸特質を開示することにも、また思惟する存在者一般について、この存在者の本性に関わる或るものを論証的に教えることにも決して役立ちえないであろう」（同5-P57/4-S.345）というカントの批判は、批判対象者にはそれができていないことを指摘しているだけで、彼自身がそれができている訳でもないことを他者に対して批判しているだけだというのが実情なのである。筆者の見方では、カント自身をも含めて誰にもできないことを、カントは彼らはできていないと批判しているに過ぎない。この批判に唯一意味があるとするなら、できていないことをできていると思っている人に、ほら、できていないでしょうと事実を突きつけた点だけにある）。単純性の誤謬推理において、「『私は単純である』という命題は、統覚の直接的表現とみなされなければならないが、それは、『我思う、故に我在り』cogito, ergo sum という誤ったデカルト的推論が、我思う cogito（sum cogitans 我思いつつ在り）が現実性を直接的に語り出すことによって、実際には同語反復的であると同様である」（同5-P63/4-S.366）というカントの主張の眼目は、「現実性を直接的に語り出すことによって」にあるのではないかと思う。つまりコギトによって「私」の実体化が可能となることが、霊魂の実体化が可能となる議論につながることをカントは危惧しているように思う。デカルト的推論によって「私」の実在性が確定したのではなく、それはなお疑い得るものであることにカントはこだわり続ける。だが、カントのコギト批判はデカルトのコギト論にさらに踏み込んだ「私は考える」の究明の深化であることに間違いはないのだが、その徹底した議論の精緻化が何かの成果をもたらしたかというと、それは大いに疑わしい。カントのそうした議論の精緻化はデカルトのコギト論を廃棄するまでの根拠を示すことになっていないし、部分修正することすらも、また、より妥当性のある新しいコギトの捉え方を提示することについても、その一部分しか、それもさほど重要視するほどのこともない一部分しか成功していないように思う。デカルトに疑問を呈することができているだけで、批判は成立していない。そう批判することも可能であるという提言（疑念の発露）ができているだけである。そもそも、「私」という概念がすべての経験から独立しているとは言えないので、「私」の内的状態のいかなる特殊な知覚も混入されてはならない合理的心理学とはもはや言えず、経験的心理学によるものでしかないとヴォルフ批判を経由してデカルトを批判するのならば、つまりそれがアポステリオリなものを含む総合判断でしかなく、純粋にアプリオリなものではないとするならば、カントの全著作、とりわけこの『純粋理性批判』の一切の記述の妥当性を彼自身がどう担保できるというのか。自分が立っている地面を消滅させるような議論ではないのか。あくまで経験的なものの不確実性を追求し、人間の思惟そのものが経験的心理学によるものでしかないとし、「私は考える」は合理的に確証できるものではないとするならば、取りようによっては逆説的に、経験的なものに人間の思惟対象は限定されねばならないという、カントの本意とは真逆のことを言っていることに近しいことになるのではないのか。現象としての「物」とは異なる「物自体」があると私カントは考える、ただし、その「私」は現実的実体性を持たない表象でしかないと言う、であるならば、高度な哲学的思索を行う根拠は雲散霧消し、ただの日常を送るため以外の思考など意味がないという方向に向かうしかないのではないか。これは本書冒頭で取り上げたニーチェの『真理と虚偽』論におけるのと同様に、「クレタ人は……」のパラドクス（本書19頁）を招くことになってしまっているのではないか。我々が思惟し得る、あるいは思惟することに意味を持つのは、動物的関心の対象となる意味レベルでの経験的現実世界だけということになってしまうのではないか。それとも、『純粋理性批判』で「私（カント）は……と考える」というテキストをしばしばつづるカントは、自分の使う主語「私」には「私」の内的状態のいかなる特殊な知覚も混入していないと主張したいのだろうか。ヘーゲルじゃあるまいし、この世で最も知的誠実の化身と言ってよい人間であるカントがまさかそんな無理筋な主張をするつもりなどもとよりないとは思うが、カントのコギト論への疑念は、あくまで対象の追及をやめない哲学者の姿勢として、さすがと感服できる部分があるものの、結局は人（カント自身も含めて）が何かを主張する根拠の一切を無効化することになるしかない議論のように思う[51]。

ホルクハイマーもカントとは別の観点でデカルトのコギトを批判している。『伝統的理論と批判的理論』（『哲学の社会的機能』晶文社、一九七四年、所収）で、「批判的思考の主体は、他の諸個人や諸集団と現実的関係をむすび、特定の階級と対決し、このような媒介を通じて、最終的には社会的全体と自然の両方への葛藤にまきこまれている個人である。批判的思考の主体としての個人は、市民哲学の自我のような点的存在ではない。この個人の内容記述は、歴史的現在の構成作業にほかならない。この思考的主体はまた、知識と対象がそこで合致し、それゆえに、そこから絶対知が獲得される場所でもない。デカルト以来、観念論がその中で生きてきた、この見せかけは、厳密な意味ではイデオロギーである。［……］デカルト的見方をすべての種類の弁証法的理論から区別するのは、主体と理論と対象の相互関係が本質的に不変だとする仮定である」（同63頁）と述べているので、ホルクハイマーもデカルトの「我あり」の「我」などは、様々な社会的要因に媒介されたものでしかなく、デカルトの考えるような無時間、無空間的な「我」などどこにもないと考える立場だと思われるが、こちらはかなり的外れな異論でしかない。ホルクハイマーが言っていることは、マルクスが生きていた一九世紀の資本主義期に始まり、彼が生きていた二〇世紀前半の資本主義期、また二〇世紀後半の後期資本主義期のヨーロッパで続けられている議論、あるいは二一世紀現代の先進資本主義社会の状況に広げることも可能な話だが、コギトの問題というより疎外という社会科学的問題でしかない。つまり、あくまで形而下の話でしかない。デカルトの発見したコギトは、具体的個別的社会的生活者の疎外され物象化した「我」の話をしているわけではない。疎外の問題とは無縁なアマゾンの先住民にも——現代であれば森林の違法伐採や違法な金の採掘による環境汚染がもたらす様々な影響にさらされているので、アマゾンの現地人といえども疎外の問題と無縁ではいられないだろうが——、社会などというものが未だ成立していない原始人にも、さらには我々の想像しえない社会を実現しているであろう未来人にも妥当する話なのである。ホルクハイマーはすべてを社会的連関において個人というものを捉え、個的な人間的契機というものをほぼ認めないに等しい言説を述べるのが特徴的で、人間は社会化された存在として初めて把握されうるものと考えるのが常である。「歴史の個々の時代の人間類型を相互に区別している相違点がどれほど根本的であっても、あらゆる本質的特性が、その時どきに社会を特徴づける支配関係によって規定されているということは、それらの類型すべてに共通している。〔……〕単に精神、つまり観念、基礎的な概念や判断にだけではなく、個人の内面、つまり彼の偏愛や願望にも、彼の外面的な運命の経過を枠づける階級秩序が反映している」（『批判的社会理論』恒星社厚生閣、一九九四年、25頁）と彼は述べている。だがホルクハイマーのこの発言には、個人を拘束する社会的連関の過度な偏重が特徴的に現れている。個人において、社会的連関の影響が大まかな傾向となって現れるのは確かであるとしても、たとえ同じ階級に属し、権力からの同じ強制に従属しているとしても、個々の人間の考えることは個々に違う。この社会的要因の極端な過大視はフロイトに関する彼の次の発言を参照すれば、より明らかとなる。ホルクハイマーは権力に基づく支配と被支配の関係によって個々の人間の心理が根底的に異なることを強調するが、「階級社会の成員の心的装置の全体は、その者が特権を与えられた者たちからなる社会の中核に属していない限り、広範囲にわたって単に物理的強制の内面化、ないしは少なくともその合理化、補完になっている」（同11頁）と言う彼の発言は、人間精神の心的装置までもがその人が置かれた社会的連関によって規定的に内面化されていると主張することになってしまっている。フロイトの心的装置の存在を信じるか信じないかは別として、筆者の理解では、フロイトの精神分析学における心的装置とは、脳科学における脳の機能全般にかかわる、生物にとって生得的なものと同じようなものであって（人間に目が二つ、腕が二本あるのと同じレベルで考えるべきもの）、社会環境的因子によってその機能やスペックが変わるものではない。支配階層も被支配階層も同じ機能やスペックを持った脳で（あるいは心的装置で）、その人が置かれた社会的立場の相違によって、異なる内面、偏愛、願望を持つことになるという違いがあるだけである。潜在的機能のレベルのことと実際のその反映して現れる社会的影響関係とをごっちゃにしているということだ。これは、ちょっとした勘違いとして済ませられるものではなく、フロイトの「心的装置」論は、アプリオリには認識しようのない仮説として、ある種、形而上的な問題を含む側面を持つ。ホルクハイマーは結局、形而上的なものを形而下的なものに引き下げて、同一のものとして論じるという誤りを犯しているのである。「市民的思考様式〔つまりホルクハイマーの立場とは異なる〈無批判的〉思考様式―筆者〕は、自分自身の主体へ回帰する場合、論理的必然性をもって、自分を自律的だと思いこむエゴを認識するように構造づけられている。エゴは、自分の本質からして、抽象的でありながら、世界の根拠、それどころか世界一般として横柄にふるまい、出来事からへだてられた個性を自分の原理としている。こうしたエゴに直接対立するものは、たとえば民族的イデオロギーの場合のように、自分を既存の共同体の断定的表現だと思い込む心情である。ここでは、レトリックとしての〝われら〟が大まじめに使われる」(『伝統的理論と批判的理論』62頁)と彼が言うとき、異なるレベルの事柄がごっちゃになって論じられている。ホルクハイマーのつもりとしては、この「エゴ」という多分に否定的語感を持つ言葉で、デカルトの「我」をも含めてそれへの疑義を述べているのだが、デカルトの「我」はそうした形而下で論じられるべきこととは次元が違う事柄である。ホルクハイマーは四つのものをごっちゃにしているように思われる。市民的〈無批判的〉思考様式に対する批判と並んで、一九三七年というナチが台頭し戦争前夜となった時期にパリで書かれたこの論文で彼が標的としているのは、間違いなくナチズムのような民族的イデオロギーである。対して彼がよって立つ批判的理論はそれと対決すべく旗幟を鮮明にするものだが、デカルトの「我」から市民的〈無批判的〉思考様式のようなものが帰結すると考えている点、そして自分たちの批判的理論がデカルトのコギトとは無縁に可能になるものと考えている点で、完全に間違ったデカルトの理解を示している。批判的理論の論者が考えようが、市民的思考様式の論者が考えようが、民族的イデオロギーの論者が考えようが、考えている以上、その根底にはデカルトのコギトがあるのである。ホルクハイマーもまた著作の中で頻繁にレトリックとしての〝われら〟を用いている。彼の批判的理論が一般の市民的思考様式とは一線を画する自覚的反省的批判的検討を経たものであることは大いに認めるが、「市民的思考様式は、自分自身の主体へ回帰する場合、論理的必然性をもって、自分を自律的だと思いこむエゴを認識するように構造づけられている。エゴは、自分の本質からして、抽象的でありながら、世界の根拠、それどころか世界一般として横柄にふるまい、出来事からへだてられた個性を自分の原理としている」のは、ナチの側や市民的思考様式の側だけではなく、批判的理論の側にも向けられるべき疑義である。既述したように、自分が立つ地面を掘りくずすようなカントの議論の場合と同様、デカルトのコギトを前提とせずに、どうしてホルクハイマーに「私は……と考える」「私は……と思う」という論述が可能となるのか、レトリックとしての〝われら〟を用いることが可能と考えることができるのか。彼が形而上の事柄と形而下の事柄に明確な区別ができていないことは、形而下のことが論じられるだけで形而上のことなど、それを論じているふりをするだけで何一つ論じられていないへーゲルを偉大な哲学者として私淑していることにも起因している。ホルクハイマーに一つ聞いてみたいのだが、註34で引用した「感情の託宣と一個人の断言のみ」というナチのイデオローグのようなへーゲルの言い草が、「エゴは、自分の本質からして、抽象的でありながら、世界の根拠、それどころか世界一般として横柄にふるまい、出来事からへだてられた個性を自分の原理としている」の実例ではないと、また民族的イデオロギーに親和性を持つ大ぼらには当たらないと彼は思っているのだろうか。

本書104頁から始まったコギト論からへーゲル批判に戻ろう。偉大な哲学的見解とは、デカルトのコギトやカントの理性と悟性の対象範囲の分離がそうであるように、大風呂敷など広げない単純なものである。カントの記述が極めて難解なのは、その単純なことを誤解・曲解・無用な反駁の余地なく人々に納得させるために、あのような緻密で厳密で硬質な言葉が使われているのであって、難解さを為にする衒学性からくるものではない。へーゲルは法学、歴史学、宗教学など多方面にわたって自前の哲学説を展開している。宗教学は少々意味合いが異なるが、法学や歴史学は道徳的＝実践的諸原理を含み、人倫の形而上学を構成する。カントの「純粋理性の建築術」における位置づけとしては、「理説 Doktrin」の仕事に当たり（『判断力批判（上）』8-P13/10-S.77）、そのために不可欠となる予備学的仕事として、彼の『純粋理性批判』『実践理性批判』『判断力批判』の三批判書を要するものだった。理論に先行してその可能性を問う批判哲学が哲学体系の建築術における土台となる（『純粋理性批判（下）』6-P118/4-S.701）。体系的哲学と称する以上、土台がなければ、そもそも成り立たないものである。ヘーゲル哲学のどこにその土台があるのか。

砂上楼閣でしかない。カントの同箇所の少し前には、まるで自分の死後にヘーゲルの登場を予見していたかのような発言がある。「哲学という名称の根底につねに存在していた世界概念がある、ことにこの概念がいわば人格化され、哲学者という理想において一つの原型として表象された場合にはそうである。こうした観点においては、哲学は、すべての認識が人間理性の本質的諸目的に対してもつ関係についての学問（人間理性の目的論）であり、哲学者は理性の技術者ではなくて、人間理性の立法者である。そのような意味において、自分自身を哲学者と呼び、理念のうちにのみある原型に等しくなったと僭称することは、はなはだしいうぬぼれであろう」（同6-P116/4-S.700）。ホルクハイマーの社会的要因とかヘーゲルの歴史的発展という新たに付加された観点は、それらを過大に重視し、その土台となるデカルトのコギト論やカントの悟性認識の限定性のような哲学の根本問題をなおざりにする場合、核心から周縁への拡散として形而上学の矮小化・希薄化・希釈化の方へ作用しているとすら言うことができる。

ホルクハイマーは『市民的歴史哲学の起源』（『批判的理論の論理学』恒星社厚生閣、一九九八年、所収）の第一章「マキャベリと心理学的歴史観」でマキャベリを論じている。「近代科学には、自然の経過がある種の斉一性を持つという確信が含まれている」（同5頁）と言う。彼によれば、この「確信」は誤謬ないしは過信でしかない。ルネサンス期の新しい科学が問題とする自然法則とその価値は、法則が当てはまる事例が将来にも繰り返し現れるに違いないとする法則の適用可能性に依存する。この新しい科学は、自然に見られる生起は規則的だという前提に依存している。数学、化学、医学、これらの根底にあるのは斉一性の確信である。この確信自体は、科学的に証明しうるものではなく、ひとつの仮説的構想（Entwurf、ハイデッガーの用語としては「投企」）であると言う。一九世紀の実証主義が、至るところで観察できる規則性の生起によって、その生起はこれまでも、そしてこれからも同じように確認できる、このことによって斉一性の主張は帰納的に実証されている、とするのに対して、ホルクハイマーが指摘する実証主義が通常見落とし、それを意識すらしていない点とは、仮定が論理的洞察の前提になっているということである。実証主義が証明力を持つのは、証明すべき命題をすでに前提にしている場合に限られ、過去の斉一性が将来の斉一性を基礎づけるのは、将来が過去に一致するだろうと仮定する限りにおいてでしかない。自然支配の原理であるルネサンスの新しい科学的方法を、人間が人間を支配する方法の総体である政治に適用し、近代の物理学・心理学の原理に対応する政治学の可能性を追求したことに、彼はまず、マキャベリの偉大さを認めるが、『フィレンツェ史』『ローマ史論』を書いたマキャベリは、未来を予見しようとするなら、過去に目を向けなければならないとし、支配―被支配の不変の規則性を求めた点で、生起の斉一性という近代科学の確信を共有していることを指摘する（同6～27頁）。この点を確認した上で、ホルクハイマーは次のように言うのである。マキャベリの誤りは歴史的人物の性格的斉一性の主張にあるのではなく、「心の諸特性を維持または変化させる社会的条件を見逃すことにある」（同27頁）と述べ、「ヘーゲルを除けば、近代の哲学者のうちでマキャベリの過ちを免れた者は、ほとんど一人としていない」（同箇所）と付け加える。また別の個所では、マキャベリに対して多方面から向けられた「自然主義的」との批判は、人間外的自然（外部の自然）と人間的自然（人間の本性）との間の弁証法的関係を人間外的自然に合った考察の仕方に基づいて単純化する場合に限ってなら当てはまるとし、その批判の一面性を指摘する。その上で、この批判に対する異論としてホルクハイマーは、マキャベリの批判されるべき自然主義的な点とは「人間の反応の仕方が、生物学上の一つの類に属する個体の概念から導き出され、その際、個人が、人間外的自然からではなく、自己発展する社会から、その社会の包括的法則性から規定されている、という契機が考慮されていないということである。社会には固有の法則があり、その法則を研究しなければ、人間を理解することはできない」（同29頁）と述べている。ホルクハイマーの議論は、それが社会科学（つまり形而下の学）の枠にとどめておく限りにおいて多くの傾聴すべき卓見を含んでいるのだが、その最終的論拠をヘーゲルの似非形而上学につなげてしまう限り、出発点を実体のない空論に置くことによってその議論は空回りするものにしかならない。この上記引用二例の法則性云々の主張が与太話ではなく、正当性を持った主張だとあくまでいうのなら、ヘーゲルやホルクハイマーにまずしてもらわなければならないのは、彼の言う「社会の包括的法則性」や「社会に固有の法則」とはどういう法則性なのか、その中身を明らかにすることである。「$E=mc^2$」でも「底辺×高さ÷2＝三角形の面積」のようなものでも何でもよいから、二人の言う法則性とはどのように定式化できるものなのか述べてほしい。法則々々というがどういう法則があるのかヘーゲルは言えていないし、そんなものがあるというヘーゲルの実体のない虚説をただ鵜呑みにしているだけのホルクハイマーにも当然言えるはずがないのである。法則性があると言っているだけでは法則性の存在は明らかにはならない。我々にその存在を信じる義理もない。我々は批判的理論によってその法則性をいま研究しているところなのだ、というのなら、だったらそれを見つけた上で他人の事を批判したらどうなのか、ということでしかない。先ほど、「形而下のことが論じられるだけで形而上のことなど、それを論じているふりをするだけで何一つ論じられていないヘーゲル」（本書113頁）と述べたが、歴史も社会もそもそも形而下の事柄である。歴史や社会に関する言説は、すべて時間と空間の中で生起した出来事の記述であり、アポステリオリな総合判断に関わるだけのものである。ヘーゲルの言説が形而上学であると勘違いされる理由は、すでに本書79頁などで縷々述べたように、概念規定など無視して通常の意味連関を度外視した主語と述語の結合がなされることでテキストの当たり前な理解が不可能に見えるため、これは何か形而上学的に考察されるべき言説なのではないかと読み手が幻惑されるためである。ヘーゲル自身が読み手をそう幻惑させようとしているから、その幻惑が起きる。マキャベリの「心理学」が「社会的条件を見逃す」ことなどあるはずがなく、すでにそれは彼の心理学的洞察の中に含まれており、あくまで彼は社会的条件下で生じる為政者の心理を扱っているのであって、それを前提とした心理学に他ならない。ホルクハイマー自身が示すことができていない、それがあると彼が勝手に夢想している法則性の認識の欠落がマキャベリにおいて問題なのではなく、他のマキャベリ論者に対して、そこがポイントなのではないとしたホルクハイマーの意見とは裏腹に、むしろ科学的斉一性の方がマキャベリにおける問題として重要である。

ホルクハイマーは『市民的歴史哲学の起源』（10頁）でマキャベリの統治形式の循環論について述べている。どんな統治形式も永続することはなく、必ず他の形式に取って代わることには自然法則的な規則性があるとマキャベリは考えていたと言う。統治の最も根源的なものが君主制であり、人間が集団となった時、最も勇敢な者、最も賢明な者を選び出すことによってそれは成立する。だが君主が世襲されることによって君主制は専制政治へと堕落する。この君主を覆すのは、大衆ではなく最も力があり高貴な者である貴族であり、彼らが貴族制をつくる。だがその子供たちが低劣な欲望に溺れ、高貴な者による支配を寡頭支配へと変質させることによって、貴族は失脚し、民主制に代わる。民主制も腐敗・解体し、無政府状態に落ちようとするとき、そこから救い出すのは、再び行動力ある個人、独裁者、君主ということになる。無論、マキャベリはこの変革の循環が継続するばかりとは考えておらず、その間に滅亡や他国の隷下に降ることもありうることを付け加える。勘違いしている人が多いかと思うが、マキャベリは専制政治の擁護者なのではなく、その時その時の政治状況を見て、平等な状態が優勢な時は共和制を選び、不平等な状態が優勢な時は君主制を選ぶことを推奨しているのである。さもないと平衡を保てず、政治の安定は望めないからである。彼が君主の利害に即して権謀術数の智慧を掲げるのみならず、君主を引きずり下ろす術数についても披瀝するのは、特定の統治形式に優位性を認めるのではなく、その時その時における最良の統治形式をとるべきだと考えるからである。なぜそう考えるかと言えば、――ここがマキャベリ論におけるホルクハイマーの慧眼とすべきところだが――、マキャベリにおける政治の唯一の評価基準とは、「その統治が市民国家の力と規模を増大させ、市民国家の揺るぎない安全そのものを促進しようと」（同12頁）するかどうかにあるからである。政治が思想家にとって課題となるのは「国家が個人および全体の持つ市民的な力の発展の条件である限りにおいてのみ」（同13頁）だからである。そうしたマキャベリへの正しい見方を示しながらホルクハイマーは、「時の条件のもとで妥当することを、そのように永遠化するのは、近代の歴史哲学に特有な欠陥のひとつである」（同15頁）として、ヘーゲル的空論へと話を結びつけてしまうのである。それに対して、むしろ科学的斉一性の方がマキャベリにおける問題として重要だと筆者が言うのは、以下の点である。確かにマキャベリの統治形式の循環論は静的なものにとどまっている。ただし、そうであるにせよ筆者がこの循環論に部分的に共感できたのは、現代社会の世界的動向を見渡した時に、マキャベリの循環論で多くのことが説明できると考えたからである。第二次世界大戦で全体主義国家を自由主義陣営が打倒し、さらに東西冷戦を民主主義的自由主義の勝利で終結させ、もう圧政や強権政治はこりごりだと人類全体が解放感に浸り、もうそのような悪政は起こらないだろうとのんきに太平楽を決め込んでいたら、いつの間にか偏狭な差別主義や全体主義的国家主義がまたぞろ台頭し始め、その発言権が増し、近年、民主主義的自由主義が土俵際に追い込まれる状況を目の当たりにすることとなった。トランプ、プーチン、習近平らの威勢が増し、我が世の春を謳歌するが如き彼らの威福を見せつけられることになった。どうしてまた、こんな愚かな揺り戻しが繰り返されるのか、無力感に陥らざるを得ない時期がしばらく続いた。だが、この暗澹たる状況の中でプーチンが馬鹿な侵略戦争を決行してくれたおかげで――ウクライナ人には気の毒だが――いままた全体主義国家の悪逆性が白日の下にさらされ、二〇二二年共和党が中間選挙で敗北に近い結果を出してトランプが寄る辺なき身になってしまい、習近平の三期以降の独裁が決まるやいなや、改革開放の現実主義路線に逆行する昔の共産主義的ドグマに依拠した非現実路線へ舵を切ることで、破竹の勢いで推進されてきた中国の強精化が、結局、白痴の勢いでしかなかったことが露見することとなった。これらはすべて、どんなに強権政治が表面的に人々の自由意志や自由な思考を封じ込めようと、それらは表面下で確かに静かに息づいているということ、嘘や恐怖で人々の良識を抑え込むことはできないということの証左となったということである。つまり、歴史は単純な円環を描いて循環するのではなく、螺旋状に循環しながら以前とは異なるものへと向かう軌道を描くということのようである。この点でマキャベリの斉一性の論理に基づく歴史観は不十分であったということだ。ヘーゲルやホルクハイマーは、その螺旋状の循環こそが我々の言っている「社会の包括的法則性」のことだと主張するかもしれないが、無駄である。彼らの言う「社会の包括的法則性」も筆者の言う「螺旋状の循環」も、実体のない単なる比喩、一つのイメージでしかないからである。螺旋の周回の一つ一つがどういう規則性に基づいてどの距離空間を持ち、どのようにして元の位置から離れるかの原理を定式化できることによって、初めてそれが法則と呼べるものとなるのである。ホルクハイマーが大雑把な一言でまとめている「人間外的自然（外部の自然）と人間的自然（人間の本性）との間の弁証法的関係」（本書115頁）をより詳細に見るならば、それはとうてい単純化などは不可能な、恐ろしく複雑な複合性を持つものであることは明らかである。それは政治学、歴史学のみならず経済学、工学、医学、民俗学、心理学、宗教学など個別科学の叡知を総結集しながら、長い時間をかけてその理解の漸次の高度化を地道に目指すほかないものであり、その際、それを取りまとめる歴史哲学的視点がある役割を担うものであるとしても――いや、むしろそんなものがある方が、余計な臆断へと迷い込むリスクが高まるだけかもしれない――、「人間外的自然（外部の自然）と人間的自然（人間の本性）との間の弁証法的関係」などと言ったところで、何かがわかるような安直なものではない。個別科学の現場で行われるそうした時間をかけた地道な努力の過程で、ある時ある人が偉大な哲学的発見や着想に思い至ることを期待するしかない性質のものである。

ヘーゲルのカント批判で一般的に功績とされているのは、法や宗教、道徳などにまつわる経験的な個別事象に対して個人の人格性とその真摯な自己省察によって実践的（道徳的）に解決しうる問題と捉えたカントに対して、そうした個人的人格もまた歴史を貫流する超個人的理性に操作されているものでしかなく、「理性の詭計 List der Vernunft」（『小論理学』一九九六年、1-P481/8-S.365および『歴史哲学（上）』一九六三年、10-P62/12-S.49）に手段として利用されているに過ぎないという事態を見抜いたことだと考えられている。そうした面は確かにあるし、その（一面での）事実を認識することは極めて重大であろう。だが、筆者が少々ついていけないと思うのは、カントの言う自律性などそもそも存在しない、個人は超個人的な諸力に屈従するしかないという過度な歴史的理性の誇張された全能性である。例えば株価の変動一つとっても、それは「神の見えざる手」によって人智を超えて動くものと考えられており、どんな経済専門家でもコントロールはおろか予測すらままならないものである。だが、人間は完全に受動的であらざるを得ないほど無力ではなく、一つはっきりしていることとして、人間が株の売り買いを一切停止すれば、株価も変動しないという事実がある。株価は人間とは無関係に神に動かされているのではなく、人間が動かしていることは紛れもない事実であって、問題は、株価がその無数の個人の思惑の影響を受けるがゆえに、その因果性の全体像を解明することは人智には不可能に見えるということでしかない。従って、幾分かは人智の介入が可能となるものでもあるのである。カントは「純粋理性の誤謬推理」の「第二　単純性の誤謬推理」で、「合成された実体はどれもみな多くの実体の集合である」（『純粋理性批判（中）』5-P61/4-S.364）と述べ、合成されたものの働きは、多数の実体の下に分与されている多くの働き、あるいは偶有性の集合でしかないと言う。株価の変動は「合成された実体」であり、個々の投機家の思惑は個々の偶有性である。株価の変動の法則性が明らかになれば、誰にとってもその変動が予測できるものになり、そうなれば株の投機などする意味がなくなる訳だが、より良き社会を目指す際に我々にできることは、変動する社会に対して、権力の強制に対して、いかに人としての自律性を確保し、それらに対抗するかを考究することしかない。それのみが悪しき変化を善き変化に変える手立てとなる。ホルクハイマーは科学的斉一性の確信を梃子で動かすアルキメデスの点を自分が持つかのように勘違いしているようだが、彼の思いとは裏腹に、フロイト論での勇み足で見られたように、彼の議論はあくまで科学的斉一性の確信の枠内にとどまっている。ホルクハイマーが見落としている点、あるいは意図的に無視している点は、彼の言う「自己発展する社会」とは、そもそもそれ自体が人間外的自然と人間的自然に規定された無数の個人によって規定されたものだという点である。大陸合理論とイギリス経験論の相克の果てにカントによって独断論のまどろみから抜け出したかに見えたドイツ哲学は、「合成された実体」でしかないものを、ヘーゲルが「世界精神」という言葉によって一つの単純性と統一性を持つかのように実体化したことは、独断論者の詭弁的戯れであり、またぞろ形を変えて繰り返される独断論への転落である。ホルクハイマーもアドルノも、このヘーゲル的歴史的理性の全能性の観点を議論の枠組みとして過大に重視しすぎている。不正な現実をそれもまた歴史的理性の実現化として聖化し、歴史的理性の実体化された機構である国家を聖化するヘーゲルに対して、ホルクハイマー／アドルノは、個人の福利のために個人の総意に基づいて人為的に作られたに過ぎない国家機構によって逆に個人に対する他律の強制という事態が生じることを自覚することが解放と自律の回復——ほらね、カントの言う通り、いずれにせよ道徳的自律性は確保されねばならない。歴史的観点を持ち込んだところで、カントの自律した人格性の論点は無効とはならないのである[52]——につながると主張するに至り、その点では一つの哲学的進展として筆者も賛同できるのだが、彼らもまた個人は無力で社会の圧倒的優位を前提とするヘーゲル的思考の呪縛から逃れられていなかった。それゆえ彼らは否定の否定は肯定ではなく、否定の深化という救いようのない隘路に迷い込むことになったのではないか。筆者は、個人に対する社会の圧倒的優位というその前提そのものが間違っていると考える。社会と個人とは対等な関係にあるものであろう。個人の本質・実体と思われているものは、個人の思惟や行為に現れるのではなく、その属する全体に現れるというホルクハイマーの捉え方は、事実の一側面を捉えたものにすぎない。「全体」とはそもそも何か。個人の思惟や行為の集積とその相互作用によって実体化するものであり、それがなければそもそも「全体」もない。個人は一見無力に見えるが、社会もまた個々人の思惟や行為の影響を受けない全能無比なものなどではなく、個人のなにげないつまらない言動によってあれよあれよという間に思いもしなかった方向に大きく変化するものである。その際、個人にとって最も重要となるものは、自由と美——ここでの議論で、より分かりやすい言葉を使うとすれば、「美」よりも「面白い」や「楽しい」がよいだろう——という契機であろう。人間という得体のしれない奇妙な生き物の奇妙な言動がいつのまにか大きな潮流を作り歴史を動かす例もまたあるのである。ヘーゲルはそれもまた歴史的理性が予定していたことだとほらを吹くだろうが——もしそう言うのなら、ヘーゲルさんは株価の予測ができる人だったのかもしれない——、「正」に対する思想的に明確な「反」でもなく、変な人間が自分が面白いと思ったことを勝手にやって、それが社会を変革する契機となることもあるのだ。「こともある」ではなく、そうやって歴史は動いてきたというのが実情であろう。「ウォークマン」の発明は、音楽がコンサートホールという特殊な環境に限定されて聴かれるものではなく、いつでもどこでも歩きながらでも、好きなように聞いてよいのだという新しい発想によって産み出されたものだが、その新しい発想の発案者は、音楽はじっくり聴くものだと考えている筆者にとっては「変な人間」である。現在のＩＴの様々な進展は「変な人間」が「変なことをやっている」その最たるものと言える（もっとも、その進展を筆者は手放しで喜ぶことができない。七〇億総白痴化の流れにつながりうる甚だ危い側面を持つ進展でもあるからだ）。

だが、この楽観論とも言える捉え方にも、注意が必要である。この世はさほど自由にはできていないという悲観的現状認識は、ヘーゲル、アドルノ、ホルクハイマーたちと同様に、筆者もまた、完全に共有するものだからである。単に情報処理能力に長けただけの小才子ではなく、「物好き」こそが最も有為な人材である現代社会にとって、「物好き」を放し飼いにする自由のないところに「面白い」も「楽しい」もないからである[53]。イデオロギー同士の対立など歴史を動かす動因というより、歴史の進展の阻害要因でしかない。「面白い」や「楽しい」に夢中な人間の——そして特に「美しい」を知る人間の——邪魔をしないように、イデオロギー馬鹿はすみでおとなしくしていろ、というのが二一世紀のあるべき姿であろう。

カントに話を戻すと、そもそも「歴史」という新しいパラメータを持ってきたら、そのパラメータに言及していなかった前説は不完全なものでしかなかったという議論はどこかおかしいのではないか。そんなことを言い出したら、次々と新たに別なパラメータを持ちだしたら、それが前説よりも優れた学説になるはずだが、そんな話ではないだろう。確固不動の事実が明確に言い尽くされているかどうかが本質であって、新しいパラメータが持ち込まれるのは、新しい問題の解明が必要となる個別的な新状況が生まれた時にはじめて要請されるトッピングのようなものでしかない。カントのカレーライスはそれだけで料理として成立している。ヘーゲルはそれに「歴史」というカツを載せ、カツカレーを創始したのだから形而上学の完成者であると見る者たちというのは、カレーのルウではなくトッピングでカレーの評価をするお子ちゃまたちである。ヘーゲルの議論もまたヨーロッパの地域的特殊性の中でのみ成り立つという難を持つ。アジアの歴史はヘーゲルの紙芝居のような経緯はたどっていない。未開民族は、ヨーロッパ型先進国と併存する形で地球上の各所にいまもなお棲息している。遅れているだけで時がたてば彼らもまた近代化へ至る、などという見通しはない。彼らは、違う原理と必然性の下で自分たちの社会を築いている。ブータンを見てわかるように、先進資本主義国の価値観は、必ずしも彼らにとって幸不幸、人間としてのあり方の優劣の判定の基準とはならない。キリスト教原理主義者という「未開民族」は現代アメリカ社会の内部においてすら、その弊を逞しくしている[54]。歴史的観点を持ち出せばカントよりも優位な哲学説になるというのなら、ヘーゲルの描く地域的限定性に拘束されたヨーロッパ的歴史観よりも、さらなる地理的観点として脱ヨーロッパ中心主義という唐揚げを新たに加えた唐揚げカツカレーこそが形而上学の完成形だと言うことも可能だし、そこにフェミニズムという福神漬けが忘れられているぞと抗議することも可能であろう。それらはトッピングの問題でしかない。「全部のっけ〇〇」を注文する者は、たいがい味覚音痴と言える。決め手は、あくまでルウである。

またぞろどこかの誰かに、仲井は本書を一気に書き上げた、などとでたらめを言われてはかなわないので、以上のヘーゲル批判の部分だけで二年以上の時間をかけたことを付言しておく。その途中で東京オリンピックがあった。西矢椛ちゃんがスケートボードで金メダルを取った夏の盛りに、筆者もまた最高のパフォーマンスを目指して頑張っていた。筆者と西矢椛ちゃんとの違いは、彼女の周りには歓声と拍手が沸き起こるのに対して、筆者の「真夏の大冒険」（椛ちゃんのパフォーマンスに対して放った実況アナウンサーの決めフレーズ）には罵声と嘲笑が降り注ぐことが予想されることである。言うまでもなく、理路整然と筆者の誤りを糺す人が現れれば、筆者もまた自らの不明を詫びることにやぶさかではない。そうでない限りは、どれほど多くの哲学界の英俊が近代哲学の完成者と謳われる「王様」の見えない衣について論じようと、頑是ない子供に等しい筆者は、「だって、裸じゃん」と言うだけである。筆者は哲学業界に棲息する「哲学業者」でもなければ、大学もすでに辞め、失うものなど何もないただの風来坊なので、自分の目に見えたものをただその通りに語るのである。ヘーゲルに対する筆者の立場は、カントの『視霊者の夢』第一部第四章冒頭の次の言葉が言い尽くしている。「私は自分の魂を先入見から洗い浄め、一切の盲目的な服従を捨てたが、それは、こうした服従はいつのまにか身に付いて、さまざまな捏造された知を私の内に導き入れる役割を果たすからである。今の私にとって重要なもの、価値があるものといえるのは、冷静な、そしていかなる諸対象に対しても開かれた心の中に、誠実さという道を経てその場所を占めているものだけである」（3-P276/2-960）。今ここでヘーゲル批判の筆を擱く筆者の心境もまた、無意味なものにかかずらったという、『視霊者の夢』を書き終えたカントの空虚感と似たものを含んでいる。筆者が二年をかけた努力の成果は、要するに、ヘーゲル哲学などいんちきだということを明らかにしただけの、空しい、それ自体としては実りのないものだったということだ。降霊術師について論じること自体は不毛な努力だったとしても、カントの場合は、それによって、「人間理性の限界についての学」（『視霊者の夢』3-P304/2-S.983）として形而上学を鋼鉄のように製錬する方向に向かわしめることができた。それは彼の主著である後の三批判書へ向かう方向に他ならない。加えてその際にカントが被らねばならないものは、せいぜい、まともに相手などする必要のないオカルトおたくからの誹謗中傷（しかもＳＮＳなどない時代の）でしかない。他方、筆者の二年の努力は、カントに降りかかっていた後世の無意味・無根拠な批判の不当性を指摘し、カントのために露払いをしたということでしかなく、加えて、筆者に降りかかるであろう罵声と嘲笑は、まともに相手をしないわけにはいかない世の碩学たちからのものである。カントは同書で「それにしても割に合わない仕事に携わったものだが［……］」（同3-P303/2-S.982）とぼやいているが、それを言うなら筆者の方がもっと割が合わない。ただ、だとしても、筆者が慰めとしたいのは、同じ『視霊者の夢』のカントの次の言葉である。「そしてたとえ私が新しい洞察を提供しなかったとしても、私は妄想と空虚な知を取り除いた。この空虚な知は、知性を増長させてその狭い空間を占拠するが、その場所は本来は知恵や有益な知識の教えが占めることができたはずの場所なのである」（同3-P305/2-S.983）。

少なくとも言えることは、筆者の著作もまた、横断歩道で声をかけて、良い子のみんなを危険から守る交通指導員のおじさんほどには、社会貢献ができたということである。

長々と続いた脱線に次ぐ脱線から、本書39頁で中断していた本線に復帰しよう。

『悲劇の誕生』で提示された「生存と世界は美的現象としてのみ是認される」（I-1,P53,167/1-S.47,152）という命題と関連して、本書26頁でニーチェが「新しい形而上学」としての芸術について言及している全集第I期第四巻［一八七二―七三］の19［69］（NF,I-4,P44/7-S.441）に触れたが、その19［319］でも「悲劇的な諦念、哲学の終焉。芸術のみがわれわれを救いうる」（NF,I-4,P147/7-S.517）とする同じ趣旨のことが語られている。同断想のその箇所の直前には「カント以来変化した哲学の立場。形而上学は不可能。自己去勢」とある。19［321］には「哲学はカント以来死んでいる」という一文も見える。ニーチェの持ち出す「ソクラテス的文化」対「アレクサンドレイア的文化」について、その対立軸の立て方こそが「楽観論的図式化」であると筆者は述べたが（本書24頁）、ニーチェの上記のカント観を見ると、彼はカントもこの図式化に当てはめ、カントを「ソクラテス的文化」の側に組み込んでいるのかと我々は当然思うわけだが、ニーチェはむしろカントを、この「ソクラテス的文化」に引導を渡した人物として捉えているようである。それを示すのが『悲劇の誕生』の第17・18・19節である。『悲劇の誕生』でとくにソクラテスが言及される箇所で主に扱われるのが「理論的世界考察と悲劇的世界考察」（『悲劇の』

I-1,P123/1-S.111）との間の闘争の議論である。「学問の精神がその限界まで導かれてしまい、その普遍的妥当性の要求があの限界の立証によって否定されたのちにはじめて悲劇の再誕生などというものを希望することが許されるのだろうか」（同箇所）とニーチェは述べている。すでに本書で論じたニーチェの物自体への誤解・無理解を想起すれば、この発言が暗示するのは、彼にとってカントが学問の精神を、彼の「物自体」論とともに、学問の普遍的妥当性の要求を葬り去る、その限界にまで導いた人物であると捉えていたようである。そう見るならば、ニーチェがこの今を、近代人がこの（ソクラテス的）理論的文化が行き着く先の禍を予感しつつあるときと感じながら、「他方では普遍的資性の偉大な人物たちが、信じがたいほどの思慮をもって、認識一般の限界と被制約性を提示し、それによって学問の普遍妥当性と普遍的目的への要求を決定的に否定するために、学問自体の武器を利用する術を会得したのである。この立証の際にはじめて、因果律を手がかりとして諸事物の内的本質を究明しうると思いあがった妄想的観念の正体が確認されたのである。カントとショーペンハウアーの巨大な勇気と智慧は最も困難な勝利を、〔……〕獲得したのである」（『悲劇の』〔I-1,P130/1-S.118〕。同〔I-1,P140/1-S.128〕にも全く同じ内容の記述がある）とするニーチェのカントへの肯定的評価と矛盾なくつながる。つまりニーチェは、カントを確かにソクラテスと同様に普遍的妥当性を要求する学問的知の側に置くのだが、彼はその方向性をその学問自体の武器でもある「物自体」論によってその限界まで導いた結果、普遍的妥当性の要求が否定されるところまでいたらしめ、学問的知の最終的無効化へと（心ならずも?）決着させた、それによってソクラテス的方向性――無論、ニーチェが勝手にそう考えているだけで、ソクラテスとそんな浅薄な思想的方向性とは何の関係もないが――の無効を証明したと考えているということである。ニーチェの頭の中の整理としてはそういうことになっているようだ。とは言え、このニーチェのカント理解はやはり一面的なものでしかなく、その中には六割方の誤解・無理解が含まれている。「因果律」という言葉は、言うまでもなく一九世紀的科学主義が金科玉条とする原理だが、カントの仕事の偉大さとは、それが悟性が担当するカテゴリーの一つでしかなく、それとは別に存在する理性としての人間知性の働きとを峻別したところにある。カントは別段、理論的世界考察である学問的知を「妄想的観念」として否定したわけではない。人間知性の異なる働きを示し、それぞれの担当範囲を明確化したのである。どこかの田舎大学の実学系学部では、因果律に基づく実証主義こそが真理探究の最も信頼すべき手法であると二一世紀の現在においてなおも信じ込んでいて、この世の森羅万象を科学によって解明しうるとし、科学とは別次元の問題がこの世にあることなど知らずに済ませているのどかな風景を目の当たりにし、筆者もまたニーチェのこうした者たちへの憤懣に全面的に共感し、彼と同様にそうした無知で厚かましい連中を苦々しく思うのだが、他方で、テクニカルなものにすぎない知もまた、その対象となる事象に範囲を限って扱う限り有効なものであって、否定されるべきものではない。それが、ニーチェの言うように、因果律を手がかりとして諸事物の内的本質を究明しうると思いあがった妄想的観念を見せる場合は、唾棄すべき倨傲として批判されるべきものとなる。消費者動向を占う分析手法や会計学の簿記ごときは、現実の社会的具体的問題に対応する際にはそれ相応の有効性を発揮するだろうが、そんなものが「諸事物の内的本質」に対して何の役に立つというのか。「理論的世界考察と悲劇的世界考察」との対立軸でいえば、カントは無論、前者の側におり、彼が学問の精神をその限界まで導いたのは間違いないとしても、彼はその方向の無効性を明らかにしたわけではなく、理性と悟性の正しい使い分けを整理する議論を決定的なレベルで確定したことが彼の哲学の偉大さなのである。簿記屋のおやじごときが自分もまた真理探究者であると言えば、カントは絶句し、何も聞こえなかったふりをするだけだろう。カントはそんな浅薄な実証主義者やテクニカルな理論家など、もとより眼中にはなく、真理探究という次元で言うなら、彼らのことなど言及するにも値しないと考えるほど、はるかに超えたレベルのことを論じているのである。「形而上学は不可能。自己去勢」や「哲学はカント以来死んでいる」などのニーチェの見方は、カントが学問の精神をその限界まで導いたことによって、彼が「理論的世界考察」の方向性を不可能にさせ、自ら引導を渡したのだと間違って捉えていたことを示している。そうではなく、「理論的世界考察」とは、人間知性の働きの一部でしかなく、カントはその限定性について論じただけなのである。ニーチェはその限定をさらに狭く取る見方を恣意的に取ることによって、あたかも「理論的世界考察」について、もはや言及するにも値しない無価値なものでもあるかのように極端な方向に舵を切るという誤ちを犯しているのである。我々はカントの議論によってその先には進みようのない行き止まりに行き着いてしまったのではなく、カントが確定した地点である大きく堅固な岩盤の上に立って、彼の整理を無視した愚劣な議論に陥ることなく、安心してさらなる新たな自由な議論へと踏み出すことが可能となっているのである。

ただ、美の問題圏においてカントをどこに位置づけるかという話になれば、ニーチェはカントもまた美を認識上の精神活動における阻害要因と考えたソクラテスと同じ側に置いたことだろう。カントはソクラテスとは違って、美を認識上の精神活動における阻害要因などとは考えていないが、『判断力批判』における何とも田舎じみて野暮ったいカントの美の問題の取り上げ方を見る限り、「カントは音楽を軍隊音楽としてしか評価しない」(NF,I-4, P235/7-S.587) とニーチェが揶揄するのも無理からぬところがあり、カントを「学問的な認識を世界法則の芸術的反映よりも重要視する理論的世界の空気を呼吸している」(『悲劇の』I-1,P125/1-S.113) 側に置いたとしても怪しむに足りないのである。ただし、美の問題についての詳論は、『知のゆくえ』第三書に譲る。

ニーチェが彼の初期の段階でカントを肯定的に捉えている例をもう一つ挙げよう。こちらは上記のややズレたカント理解と違って、正しくカントを理解した上での肯定的発言である。ニーチェは『ギリシア人の悲劇時代における哲学』第11章でパルメニデスの存在論に対する異論を展開する。「〔パルメニデスは―筆者〕彼がみずから考えたような一なる存在《ザイン》を、経験はどこでも彼に差し出してはくれないが、それを彼が思惟することができたということから推論して、それは存在していなければならない、と結論づけたのである。〔……〕われわれの思惟の素材は、パルメニデスによれば、直観のなかに現に存在しているのでは決してなく、どこかほかの場所から、とある超感性的世界から、そこへ持って来られるものなのである。われわれは思惟によってその超感性的世界へ直接に

郵 便 は が き

料金受取人払郵便

本郷局承認

5929

差出有効期限
2025年3月31日
まで
（切手不要）

113-8790

（受取人）

文京区本郷1―28―36

鳳明ビル1階

株式会社 三元社 行

1 1 3 8 7 9 0　　17

お名前（ふりがな）	年齢
ご住所（ふりがな） 〒 （電話　　　）	
Email（一字ずつ正確にご記入ください）	
ご職業（勤務先・学校名）	所属学会など
お買上書店　市 区・町　書店	

20230214/10000

読者カード

ご購読ありがとうございました。今後、出版の参考にさせていただきますので、各欄にご記入の上、お送り下さい。

本書を何でお知りになりましたか

□書店で　□広告で（　　　　　　　　）　□書評で（　　　　　　　　）

□人からすすめられて　□本に入っていた（広告文・出版案内のチラシ）を見て

□小社から（送られてきた・取り寄せた）出版案内を見て　□教科書・参考書

□その他（　　　　　　　　　　　　　　　　）

新刊案内メールをお送りします　□ 要　□ 不要

本書へのご意見および今後の出版希望（テーマ、著者名）など、お聞かせ下さい

●ご注文の書籍がありましたらご記入の上お送り下さい。

（送料500円／国内のみ）

●ゆうメールにて発送し、代金は郵便振替でお支払いいただきます。

書　　名	本体価格	注文冊数
		冊
		冊

http://www.sangensha.co.jp

達する通路を持っているとされる」(I-2,P430/1-S.845) とニーチェは述べ、それへの異論として、実存 (Existenz) は決して本質 (Essenz) に属するものではないとするアリストテレスの主張を対置し、こう続ける。「『存在《ザイン》』という概念——その本質 (essentia) がつまりまさしく存在《ザイン》にほかならないが——から、存在の実存 (existentia) を推論することがまったくできないのは、まさにそのためである」(同箇所)。さらに続けて、「『存在』と『非存在』というパルメニデスの対立がもつ論理上の真理性は、その根底に横たわっている対象、すなわち直観が与えられないかぎり、完全に空虚である。抽象操作を通じて、『存在』と『非存在』というかの対立が導きだされているのは、じつは直観のなかからである。直観へ立ち帰ることなくしては、論理上の真理性などはさまざまな表象との遊戯にすぎず、実際、遊戯によってはなにも認識されない。なぜならカントが教えているように、単に論理によって与えられる真理の基準、つまり悟性と理性の普遍的形式的法則と一認識とが一致するということは、たしかにあらゆる真理の『必要条件』、したがって消極的条件ではあるが、しかし論理というものはそこから先へ進むことはできない。〔……〕それなのに、パルメニデスの『存在するものは存在する、存在しないものは存在しない』という対立の論理上の真理性に対応する内容をいざ探すとなれば、実際には、このような対立に厳密に応じて形成されているような現実は、ただの一つも見出せないだろう」(同I-2,P431/1-S.845-846) というニーチェの異論は、すでに我々がカントの神の存在論的証明の不可能性の論法で確認したように (本書66頁以下)、概念が存在すると言うだけでそれに対応する実存在の証明にはならないとするカントの思考法を完全に踏まえたものである。ニーチェはさらに続けて、彼自身の『真理と虚偽』論文で用いた言葉と対象との不同性の持論 (本書18頁以下) もこれに加えて援用するが、実存在の命題はいずれも総合的であらねばならない、及び、概念の論理的可能性から物の実在的可能性を推論してはならないとするカントの論理だけでパルメニデスへの反証としては十分である。「パルメニデスが永遠に主観的な概念から出発して、なんらかの本体《アン・ジッヒ・ザイン》〔白水社版全集では〈本体〉となっているが、ここでは明らかにヘーゲルの用語として登場しているので〈即自有〉と訳すべきであろう——筆者〕へ達しうると妄想したとしても、あの時代の知性批判の無知な素朴さからすれば大目にもみられようが、今日、カント以後において、ここかしこで、ことに哲学者を気取りたがっている無教養な神学者の間で、たとえばヘーゲルが表現したような、『絶対者はすでに現在している。さもなければ絶対者の探求がなされうるはずもないから』というような形式か、ベネケが言っているような、『存在はなんらかの仕方で与えられていて、なんらかの仕方でわれわれの手の届くものであるに相違ない。さもなければ、存在の概念をすらわれわれは持つことができないであろうから』というような言い回しで、『意識をもって絶対者をとらえる』ことが哲学の任務として打ち建てられているとしたら、これはじつに厚かましい無知と言わねばなるまい」（同I-2,P432/I-S.846-847）とニーチェは言う。これに関しては、カントも同じことを言っただろう。ニーチェは、この点に限って言えば、ヘーゲルがカント以前への逆戻りであることに気づいている。

ニーチェは「存在するもの」に続いて、同第12章では「無限なるもの」について論じている。彼はパルメニデスの弟子であるゼノンの有名な「アキレスと亀」「飛んでいる矢は飛んでいない」という二つのパラドクスについて触れ、概念と直観世界との関係において、不当なまでに前者を後者に対して絶対的優位性を持つものであるかのように扱う欺瞞を論じている。「彼ら〔パルメニデスとゼノン―筆者〕は証明を行う際に、自分たちは概念の能力のうちに、存在と非存在、つまり客観的実在とその対立物とに関する決定的な最高の基準を所有しているという前提――まったく証明不可能であり、それどころかとうていありえそうもない前提――から出発しているのである。概念は事実上は現実から導き出されたものであるのに、現実に照らしてあらためて概念が真実であることを確かめたり、概念を訂正したりすべきではないとされ、反対に概念が現実を測定し、裁定すべきで、もしそれが論理的なものと矛盾した場合には、現実を罰することさえなすべきであるというのである」（同I-2,P435-436/I-S.849）とし、概念それ自体がなんらかの実体を持つものであるかのように偽装して初めて成り立つ彼らの詭弁性を指摘している。これらの指摘は直接的にヘーゲル批判に結びつくものではないが、続く「直観のどんな形式も、象徴も、比喩も、ここに至っては助けにならない。この思いつきはまったく表象することのできないものであったが、しかし必要なものであった。それどころか、具体化の可能性をまるきり欠いていたおかげで、かえって、世界と感官の要求に対して最高の勝利を祝うようになったのである」（同I-2,P436/1-S.850）という皮肉たっぷりの箇所は、本書註34で論じたヘーゲルの「自己媒介」「措定的反省」「絶対的反省」「（概念や規定の）内在的超出」など、現実とのつながりを持たない単なる概念上の遊戯を想起させ、彼らの言説が概念の実体化に基づく詐術である点では同質のものであることを明らかにしているのである。

他には、『反時代的考察 第一篇ダーフィト・シュトラウス』でシュトラウス（一八〇八―一八七四）がカントに言及したのを取り上げて批判している箇所も、ニーチェの正しいカント評価を示している。「俗物の首領および彼のいう『われわれ』にはカントの哲学など存在しないのだ。この俗物にはイデアリズムのもつ基本的なアンチノミーや〔傍点は筆者。この傍点部分の表現はカント理解としてはやや不正確だが〕、あらゆる科学や理性のきわめて相対的な意味についての予感すらない。他の言い方をすれば、この男〔シュトラウス―筆者〕は、理性をもってしては物の自体性を処理することなどほとんどできないということを、ほかならぬ理性によって教えられてしかるべきなのだ。だが、ある種の年齢の人たちにはカントを理解することは不可能であること、特にシュトラウスのように、青年期に『巨大な精神』ヘーゲルを理解した、あるいは理解したという妄想を抱いてしまったうえに、さらにシュトラウスの言い草によれば『鋭敏な感覚をほとんどもちすぎていた』シュライエルマッハーなどとかかわりをもたねばならなかったような人々には、カントを理解することなど不可能だということは本当なのだ。〔……〕だが、一度ヘーゲル病やシュライエルマッハー病にかかったものは、決して全快などしないのだ」（同I-2,P50/1-S.191）

筆者は第一書でニーチェのシュトラウス論を彼の「方法的敵意」のエチュードでしかないと書いたが（『知への問い』註2）、もうすでに死んでいる蝿をいつまでハエたたきでたたき続けるのかと言いたくなるほど悪口雑言が続くので、彼のシュトラウス論は、筆者ですら読んでいてげんなりしてしまうほどである。だが、シュトラウス論には単なる「悪口」ではない汲むべき卓見も含まれていない訳ではないので、良い子のみんなにはあまりお勧めできないが、何を読んでも性格が歪まない自信のある大人は、読んで損はなかろう。特にニーチェの洒脱というより毒々しいまでに意地の悪いこき下ろしは、安倍晋三や安倍信奉者に対してそのまま使えるものもかなりあるので、勉強したい向きは参考にすればよい。筆者はそれを本書に転用はしない。蠅をたたくには、自家製のハエたたきを使う方がクリエイティブだからである。だが、一箇所だけ借用させていただくとすれば、シュトラウス論の最後の一節である。でたらめなことをどれだけ言い散らかそうと、どんな発言にもそれなりの「主観的真理をもつ」とうそぶく輩に対して、しばらくの間はそれで済ますことはできるだろうとニーチェは仮の同調を示し、だが、最後にこうくぎを刺す。「しばらくのあいだは、ですぞ！　すなわち、いつも時代に則していたし、今はいつにまして時代に則しているのみか、必要不可欠なこと――つまり真理を語ること――が、まだ反時代的だとされているあいだは、だ」（同I-2,P112/1-S.242）。真理を語る人がいること、真理を語ろうとする人がいること、それが安倍や安倍信奉者にとって最も困ることなのである。小さな穴ひとつで、すべての嘘は瓦解する。我々がすべきは、ただ朗らかに真理を語ることだけである。

今度は逆に、カントへのかなり強烈な批判となる断想の例を挙げよう。「哲学者の生活はほかのすべての学者たちの生活と、政治家の生活とすら、異なるところはない。〔……〕彼らは金のために生活している。〔……〕哲学者の最高の典型、カントとショーペンハウアーの生活を考察してみよ――これが智者の生活であろうか？　相も変わらずの科学〔このWissenschaftは「科学」ではなく「学問」と訳すべきであろう―筆者〕にすぎない――彼らは自分らの著作に対して芸人として臨んでいる、だからこそショーペンハウアーには成功への渇望があるのだ。哲学者であることはまったく気楽なものだ――なぜなら誰も哲学者に対して要求など出さないから。〔……〕ソクラテスなら、哲学をいま一度人間のところまで引きもどさなくてはならないと要求するだろう。通俗哲学はない、あるとしたらまったく愚劣なものだ。哲学者たちは時代のもっているありとあらゆる悪徳を、とりわけあわただしさを、示しており、またそれを目指して無反省に書きなぐっている」(NF,I-4,P426/7-S.739)。この断想の直接的攻撃対象は、当時ジャーナリズムに乗って新聞紙上をにぎわせていた五人の思想家であったが、ニーチェは先ほどの例では敬意をこめて論評していたカントとショーペンハウアーまでも批判対象に含めることに、ここでは躊躇しない。本書註3で述べた「売文著述業者」のような五人の者たちへの批判などはどうでもよいが、ニーチェが他ならぬカントをどういう意味で批判しているのかを明らかにするために、別のもう一つのテキストが参考になる。『反時代的考察　第三篇　教育者としてのショーペンハウアー』第三節である。「カントは大学にしがみつき、時の政府に服従し、終始うわべは宗教を奉じているように取つくろい、同僚や学生の間でじっと耐えた。したがって彼の先例が、何より大学教授や教授哲学を生み出したのは理の当然であった」(I-2,P231/1-S.351)。「教授哲学」とニーチェが呼んでいるのは、先の引用で「相も変わらずの科学(学問)」と呼んだものと同じで、要するに哲学そのものではなく、哲学や哲学者についての研究、いわば「哲学」学を言う。一般に、大学の「哲学」の科目で講義されているものは、押しなべてその程度のものでしかない。カント哲学をただの「教授哲学」と呼ぶことには無理があると思うが、ニーチェがここで焦点を当てているのは、思想家・哲学者の思想・哲学そのものという「頭の中」ではなく、外から見られる彼らの歴然とした生活行状、つまり「生き様」であり、より具体的にいうと俗世間との迎合の度合いであって、それによって思想家・哲学者の「本物度」を論評しようとしている。ニーチェは、芸術家の生き様はもっと大胆であり、もっと誠実であると言う。この時点でのニーチェはまだヴァーグナーに心酔している段階にあり、その「誠実」な芸術家の生き様の実例としてヴァーグナーやハインリッヒ・フォン・クライスト(一七七七―一八一一)の名を挙げる。ヴァーグナーが誠実とは無縁な人間であることは、ニーチェもその後すぐに気づくことなので脇に置くとして、カント哲学に衝撃を受けたクライストは、それまで自分が真理と呼んでいたものがもはや真理とは呼べなくなったと、ヴィルヘルミーネ・フォン・ツェンゲに手紙を書き、のちに自ら命を絶つ。ニーチェはその事例を誠実と高邁の証とし、それと比較して成功した社会人としてのカントのありようが何かしら不誠実で不純なものがあるかのように決めつける。まだ若いと言えるこの時点でのニーチェの論調は、彼の『教育施設』におけるそれのように、俗世間とどれほど隔絶しているか、社会的成功を侮蔑し、高貴なる孤独と破滅を極度に美化する傾向がある。その傾向に筆者はある程度共感するし、むしろある場合には称揚さえするが、カントほどの非凡な人間が対社会的にのうのうと我が世の春を謳歌していたというようなことはまず考えられず、非凡であるというただそれだけの理由で、様々な不快な事柄を常に耐え忍ばねばならなかったことは想像に難くないのである。特にカントの場合、彼が社会的礼節にもとる言辞など用いず論理学的な抽象化した記述に徹したのは、彼の貧しい出自と関係があるのではないかと筆者は個人的に推察している。当時の大学教授には貧しい出自の者などいなかった。カントはその意味で、大学内でのマイノリティであり、キリスト教社会におけるマイノリティであるユダヤ人が私情を交えない抽象的論理性で論壇を席巻しようとするのと同じ社会的配慮がそこにあるように思う。カントの対社会との悪戦苦闘を単なる迎合と取るのではなく、同第三節でニーチェがゲーテと外交官との逸話を紹介しているように、ゲーテと同様にカントにも「あれもさんざん苦労してきた男だ」というようないたわりの言葉をかけるべきであろう。そもそもゲーテの生き様もまた多分に世間迎合的だとする見方も可能なのに、そちらには理解を示し、カントには手厳しいのは公平ではない。また、クライストの自殺はカント没後のことなのでカントの知るところではないが、それなども、カントにすれば、「曰く、不可解」という言葉を残し華厳の滝に飛び込んだ旧制一高生藤村操と同様、馬鹿なことをしてくれたものだという感想しかもたなかったことだろう（藤村操の「曰く、不可解」の対象はカントではなかったようだが、ショーペンハウアーも対象の一部に含まれているようなので、間接的には関係していたとも言える）。

上記引用の「なぜなら誰も哲学者に対して要求など出さないから」の意味は、カントの時代にあっては、一般的に哲学者の著作での発言は、どんなに社会批判や宗教批判をしようと、それはあくまで哲学業界の内部で完結し、哲学書の中の話として、その中に納まるものと捉えられ、牢屋にぶち込まれたり、火あぶりにされることなど心配しなくてよいものでしかないということを言っている。逆に、「ソクラテスなら、哲学をいま一度人間のところまで引きもどさなくてはならないと要求するだろう」という記述の意図は、カントの時代であっても、哲学者たる者、全身全霊をもって命がけの発言をしなければならないということを強調しているのである。その点でニーチェはカントをぬるいと見ている。ニーチェがそう発言する資格があるほど果敢であったかどうかははっきりしないが、言わんとしていることには筆者も同意する。筆者のような小者がそんな心配をするのは滑稽でしかないだろうが、公の言論に際して、筆者もまた、自分が正しいと思うことを歯に衣を着せず発言すれば、自分が妙な事故死や不審死を遂げることもゼロではないだろうと、ある程度は想定している。今の自民党は、村上議員を糾弾する常軌を逸した支離滅裂な連中が大勢を占めている訳だから、どんなことだって起こりうる。権力がそう意志したとき、一国民でしかない筆者にそれを防ぐ手立てはない。だが、言論の場に身を置くと決めた時点で、この命は国に捧げている。「国」とは、すでに述べたように、田中さん、佐藤さん、高橋さん、鈴木さん……たちのことである。

註

1　すでにあるものを情報として拾い集め、集めた情報量とその処理能力で人の才知が量られるという昨今の風潮は慨嘆すべきものである。その種の能力というのは知的活動のために必要な能力の半分（あるいは半分以下）でしかない。いずれＡＩの進展によって無用となる能力である。自分の頭でじっくりものを考えるという能力が決定的に欠落している人間は、早晩ＡＩに取って代わられ、お払い箱となるだろうし、なるべきである。あるテレビ番組で、最近の若者が映画やドラマを早送りで見るという話題が出た。一人の若いコメンテーターが、それがごく普通の何の問題もない行為であり自分もそうすると語っていた。悪い人ではないようなのだが、胸が悪くなるほど軽薄なことを言うものだとあきれた。サッカーの試合の録画を早送りしてゴールシーンを見ただけでその試合について語れると考える馬鹿もいないだろう。その人は電子書籍を読む際にも、自分が重要と思う個所をマーキングし、そこだけ残して不必要な個所を消去した自分仕様の本に変えて読むということも語っていた。確かに世の中にはそうしても良いような種類の本もあるが、芸術性を含む創作作品にもそうしているとしたら、驚くべき無見識ぶりである。映画は出だしの一分一秒からその真価が問われている。映画を味わうというのは、単にそこから「情報」を引き出す行為ではない。映画に限らない。『雪国』は、「国境の長いトンネルを抜けると雪国であった」という冒頭からの一言一句を嘆賞するためにある。主人公と駒子さんがどうなったかが分かれば後は読まなくてもよいと考えるような者は、そもそも文学作品を手に取る必要などない縁なき衆生である。猫に小判、豚に真珠である。倍速視聴、スキップ視聴、ネタバレ視聴をする若者は、楽しむためではなく、学校での友達との会話についていくためにそうしていると言う。「小判」や「真珠」の価値を知らない者とつるんで、「あー、それ見た見た」「あー、それ知ってる」などと言いながら共通の話題で盛り上がることに何の意味があるというのか。「猫」や「豚」が気づいていない「小判」や「真珠」の価値を知り、その価値をじっくり味わうことの方が、そして、たった一人だけであったとしても、「小判」や「真珠」の価値について語り合える友を見つけることの方が、はるかに意味のあることではないのか。彼らは自分たちを、倍速視聴によって時間を節約し、有意義な時間の使い方を知っている賢い人間だと思い込んでいるようだが、やっていることの総体自体が無意味なことでしかないので、最も無駄な時間の使い方をしている者たちでしかない。つまらない作品を等倍速で見て時間を無駄にしてしまったと嘆く若者たちは、実際には逆に、意味のあることに対して懸命に時間を節約し、「猫」や「豚」たちと愚にもつかない話で盛り上がるという全く無意味なことに貴重な時間を費やしていることに気づいていない哀れな愚か者たちである。三流の人間は、三流の人間とうまくやっていくための努力を惜しまない。三流は、無意味なことと意味のあることとの区別がつけられないから、三流なのである。そうした三流たちには猫に小判だが、もっと賢い良い子のみんなのために、おじさん（筆者）が大事な話をしてあげよう。普通の人は、賢い人から何かを学ぶが、愚か者からは何も学ばない。愚か者は、同じ愚か者からはもちろん、賢い人からも普通の人からも、要するに誰からも何も学ばない。賢い人は、同じ賢い人からは無論のこと、普通の人からも、愚か者からすらも何かを学ぶ。賢い人にとって、愚かさすらも、その特徴、性質、程度、様相、それが由来する原因、別種の愚かさとの相違点・共通点等々、そこから学べるものが山ほどあるものなのだ。だから映画や芸術の駄作を見て、がっかりしたり憤ったりすることはあるが、その時間を無駄だったとは思わない。なぜ自分はそれを駄作だと判定するのか、傑作と評価するものとどこがどう違うのか、どの点が愚かなのか、思索すべき事柄は山ほど見出せるからである。つまり賢い人は、優れたものと出会おうと駄目なものに出会おうと無駄な時間を過ごすことは一切ないのである。そうした不断の思索は、現実世界をどう捉えるかに際して自分の中の指標を鍛え、洗練させる。あらゆる芸術は文学に限らず、味わうため、感じるため、それを元に思索するためにあるのであって、「消費」するためにあるのではない。書物もまた、「消費」するためにあるのではない。世の中には周りの人間に自分を「知の巨人」と呼ばせている人がいることを知ってびっくり仰天したが、もとよりそう称するほどの「愛嬌」など持ち合わせておらず、「知の中日」でも「知の阪神」でもない、どこにでもいるただの人間である筆者は、数万冊の本を読んだと豪語する者が目の前にいたら、こう言うだろう。「ご苦労なことだったね。自分で考える時間を随分なくすようなことをして。君はそれで、どんなことを考える人間になれたの？」抽象絵画は数千枚のデッサンの果てに生まれるものである。ここをこうやってこうすれば、ほら、ピカソのような画ができますよ、というようなノウハウ本の「情報」を読んで絵画が分かったつもりになっているような人間、テレビゲームの攻略本のような哲学解説本を読んで哲学が分かったつもりになっているような人間、こうした人々は、こっそり一人で自己満足しているだけならかまわないが、人前で決して絵画や哲学について語ってはならない人間である。くだんのコメンテーターは社会的公正・適正・正義の良識ある観点に準じた正しく有益なコメントを善意を持って発信するのだろうが、問題なのはコメントの内容それ自体ではなく、そのコメントに至る、ものの見方なのだ。恋愛などしたことのない小学生の子役が、覚えたての台詞でもっともらしく恋愛について語るような薄っぺらな話を聞かされても、聞かされている側にとって単に不快、無益なだけでなく、有害ですらあるだろう。そのコメントが正しいものであればあるほど、いっそう、なぜその「正しいコメント」がその人の頭に浮かんだのかという点が重要なのである。その人が生きてきた人生の内実の片鱗すら含まない話を得意げに喋々とされても、かえってその「正しさ」が減殺されるだけである。「涙と共にパンを食べたことのない者」は、そもそも「涙と共に」人々が勝ち獲ってきた「正しいコメント」を語る資格がないのである。その人は、要するに、この世のすべての事象を「情報」という観点でしか見ていないということ、「情報」として自分がこれまでストックしてきた「正しさ」を発信しているに過ぎないということである。安倍晋三―経産省は、教育を通して経済効果、効率性などを至上命題とする価値意識を国民に植えつけようとしてきた。だが、意味のあることと無意味なこととの区別がつけられない人間に、そもそも効率性も費用対効果も時間の節約も何もありはしないのである。近年こうした類型が若者の間で増えていると筆者は感じている。安倍―経産省教育路線がもたらした暗澹たる「成果」というべきであろう。

補註　筆者は、第一書『知への問い』でも、実名こそ挙げなかったが、読めば誰もが安倍批判だとすぐにわかる文章を数箇所で書いている。安倍晋三は様々な分野で日本に深刻な害悪をもたらした人間だと思っている。筆者が自分のフィールドとしている学問の世界も例外ではなかった。安倍政権下で「お上もすなる独裁といふものを、我もしてみむとて、するなり」と全国津々浦々の大学で田舎独裁者、田吾作独裁者が雨後の筍のように現れ、学長権限を強化する方向で大学の制度が変えられていった。本書の「知と非知」の「非知」を体現しているのが哲学におけるヘーゲルであり、日本の現代社会で体現しているのが誰であるのかは、もうお分かりであろう。『知への問い』でも、講談哲学なるものは哲学と呼ぶに値しないものであることを強調してきたが、本書の末尾で「ソクラテスなら、哲学をいま一度人間のところまで引きもどさなくてはならないと要求するだろう」というニーチェの言葉を引用したように、哲学が本の活字の中で納まるだけのものならば、それは知的遊戯にとどまるものでしかない。人間の生きられた空間で息づいてこそ、哲学は哲学なのである。本書における安倍批判は、哲学とは関係のない時事的無駄話への逸脱ではなく、日本人の筆者にとって、生きられた哲学が語らねばならない必須の問題でもある。以下の安倍論は、上記註1のそもそもの前提となっているという意味で読んでいただきたい。

二〇二二年七月八日、安倍晋三元総理大臣が山上徹也により銃撃された。その第一報を受けて筆者の中に起こった感情は、「面倒くさいな」だった。その日の夕刻に元総理の死亡が伝えられ、その日以来、筆者の心は重く気だるい感情が占めて、何だか執筆意欲が湧かない日々が続いた。民主主義に対する言語道断な暴挙という怒りからでも悲しみからでもなく——事件の本質は統一教会（本書では「世界平和統一家庭連合」などという実態のごまかしのための改正名称ではなく、かの悪名高き人口に膾炙した旧名で呼ぶ）とそれと利害を共にする者への私怨であり、民主主義に対する思想的テロなどという性質のものではなかった——、その一報を聞いた時点で、容易に予想できる今後数か月、あるいは半年ほども国民の間で沸き起こり毎日のように目にし耳にせざるをえなくなるであろう喧々諤々たる愚にもつかない議論の洪水を夢想して、実際にそれに触れる前に、その想像だけでげんなりしてしまったということである。もう一つは、筆者がほぼ書きあげていた本書に含まれる「反安倍的なもの」をもう一度再考し、書き改めねばならなくなったことも筆者の「面倒くさいな」という感情の理由であった。事件以前にすでに書き終えていた「反安倍的なもの」が間違っていたと筆者が思い直したということではなく、彼が健康で従来通りの政治活動をしている状況なら、こう書けば読者にこう理解してもらえるだろうと想定できる発信と受容の関係が、事件によって大きく変質してしまったということなのだ。つまり、全く同じ主張が事件の前と後では様々なハレーションが起きることで違った意味に取られる可能性が高まった、ゆえに表現を変えないと、本来意図していたものが、事件後では筆者の意図とは異なるものへと曲解される可能性が高まったということなのである。ただし、事ここに至っては、ハレーションどうこうなどと言っていられる状況ではなく、かなり踏み込んだ書き方をせざるを得ない。それに伴う不快な事柄の洪水もまた甘んじて受けねばならないだろう。それもまた、筆者にとって「面倒くさい」ことの極みである。本書が刊行される時点で、頭に血が上った状態から、どの程度国民がしらふの状態に戻っているかは予測できないが、情緒論的な大合唱は多少は収まっていることだろうと期待している。安倍の妻、親族、友人らが情緒論的な発言をするのはかまわない。そうではない人間にとって安倍はあくまで公人として我々に関わってくるのであって、政治家としての評価に情緒論を紛れ込ませることなど言論人にとって恥ずべきやりようである。普段から報道等で露出している、事件後すぐにコメントを求められる著名な識者たちの場合は、同情すべき点がある。彼らもまた、自分が正しいと考えるコメントを手心を加えることなしに発言すれば彼らの望まないハレーションにさらされることは容易に予想できることであり、それゆえ良識ある知識人たちもまた、テレビなどでいかにも発言しにくそうに慎重に言葉を選んでいた。死ねば誰であろうと神や仏になる精神風土の国で、死者に鞭打つような発言をすれば、ことの正否に関係なくバッシングを受けるのは自明だからである。当然、事件後しばらくは、「善い人に思われたい症候群」「悪い人に思われたくない症候群」が瀰漫し、歯の浮くような美辞麗句が飛び交い、令和三年近畿大学卒業式での特にどうということもない内容の安倍のスピーチを再生して涙を流す人々が出現することになる。彼ら彼女らの流す涙は、「将軍様」のお姿に涙を流すどこかの人民に相似する。おそらく「首相様」のお姿に感動している自分自身の姿に感動して涙を流すのだろう。安倍はこの卒業スピーチでの表の顔とは別に、裏では反社会的教団と結託していたのであるから、無知の涙と言ってよい。ある著名な言論人が国葬の際の菅義偉の弔辞に号泣したそうだが、政治家経験のある者が、どうしてそこまでおぼこ娘のようなうぶな感情の発露を見せるのか、全く信じがたいことである。無知の涙の極みであろう。仮に政治的意図をもって自分の都合のよい世論形成のためにそうした嘘泣きの芝居をしているだけだとしたら、死者を悼む素振りを見せながら、実際にはその死を政治利用しているだけなので、無恥の涙というべきである。いずれにせよ、菅の国葬弔辞の核心部分がほぼ剽窃であったことが明らかにされているので、無知と無恥、二冠に輝く言論人ということになろう。国民全体ののぼせた精神状況の中で安倍の国葬が決まった。それもまた自民党の内部事情とは何の関係もない一般国民にとって、国葬の正当性を納得させるものにはならない。国葬に賛同する者たちでポケットマネーを出し合ってやってくれと言うことだ。政治家というのは、どんなに個人的な都合、感情、思惑に基づく行為であっても、身銭を切って何かをするということはない生き物のようである。常に彼らは、どんなことにも他人様のお金、税金を使う。

安倍の政治家としての「多大な功績」の大合唱が起きたが、彼にどんな目ぼしい功績があるというのか。北方領土は帰ってこないし、拉致被害者も奪還できていない。彼の数代後の総理大臣がそれらに成功し、あの時安倍さんがその下地を作ってくれたおかげで自分はそれらを達成することができたということがあって、初めて安倍がその功績の一半に貢献してくれたことが明らかになるのである。随分がんばってくれたので、成功はしていないがそれを功績と認めるべきだというなら、随分頑張ったけれど一台も車を売ることのできなかったセールスマンにもボーナスをはずむべきであろう。在任期間が長いだけで偉大なリーダーということになるのなら、長くスペインの独裁者だったフランコもそう呼ぶに値するし、プーチンも随分と長く権力の座についている。フランコ、プーチン、習近平、長く権力の座に居座り続けようとするのは、大概この手の類型である。世界各国から安倍の死を悼むメッセージが寄せられ、彼がいかに世界にとって不可欠なリーダーであったかが喧伝されたが、各国の指導者が他国の指導者がなくなった際に（非業の死を遂げた場合は特に）、美辞麗句に満ちた弔電を送るのは当たり前な話で、彼らが責任を持っているのは自国のみであり、そもそも他国である日本が安倍政治によってどうなるかは他人事であって、彼らにとって対岸の問題でしかない。外交辞令は金をかけずに自分を善い人に見せ、親善を図ることができる最も安上がりで便利なツールである。だから各国首脳がそれを利用しない手はない。民主的自由主義陣営に敵対する首魁である習近平が仮に亡くなった場合であっても、日本からそうした歯の浮くような弔電が送られることになるだろうが、それもまた当然なことなのである。仮にドナルド・トランプがシンゾーに真率な友情を持っていたとしても、それが安倍の外交能力の証明にはならない。外交の成否は、他国との接触によって自国にどれほどの実質的な利益を手繰り寄せたかで決まる。ドナルドの笑顔やいっしょに仲良くゴルフをする画を得るためだけに国民の血税をつぎ込んだとすれば、何をかいわんやである。御贔屓のホストとツーショット写真を撮るために大金をつぎ込む中年女と選ぶところはない。ドナルドが笑顔になるのは当たり前な話で、国防上本当に必要なのかもよくわからない兵器をＮＡＴＯ諸国の一・五倍の値段で大量に買ってくれる日本の指導者に笑顔を振りまくのは、商売人大統領の面目躍如とすべきことだっただろう。マクドナルドなら0円のスマイルだが、ドナルドのスマイルは何兆円したのだろうか。少なくとも、ホスト通いの女は自分の金をつぎ込んでいる。安倍はツーショット写真のために他人様の金、われわれ国民の金をつぎ込んだ。ちなみに、ドナルドは安倍の国葬に来なかった。親友ではなく、ぼったくりの対象でしかなかったからである。目ぼしい首相級の参列者もほとんどなかった。安倍の悪事が露見するにしたがって、彼とのつながりを強調することは、自国での自分の立場に不利に働くと考えてのことだろう。IOCのバッハが参列したのは、札幌に欲ボケ・功名心ボケした五輪推進派がいて、まだ日本にぼったくりの余地があると見越してのことであろう。

安倍の政界への華々しい登場には、拉致問題で北への強硬な発言が彼の政治家としてのイメージを確定し国民の支持が高まるきっかけとなっている。だが小泉総理の電撃訪朝はその直前まで厳格に秘密保持が指示され、当時官房副長官だった安倍に知らされたのはNHKニュースで国民がそれを知るのとほぼ同時であった。つまり彼は官房副長官であったにもかかわらず最終段階まで蚊帳の外に置かれていた。それは取りも直さず小泉が、あいつに話すと情報が洩れると判断したということだ。このことは小泉が安倍をどういう性格の人間と見ていたかを暗示している。盗聴されていることを意識して「拉致を認めなかったら帰りましょう」と安倍が言ったとされる伝説は、実際にはそんなことはなかったという証言もある。だとしたらその伝説を広めたのは誰なのか。ひょっとすると安倍自身なのではないか。五人の拉致被害者が一時帰国した時も、五人を北朝鮮に戻さないことは自分が判断したと安倍は言っていたが、それも事実とは違う。拉致被害者奪還に関して、ありもしない手柄を捏造する彼の性格は、アベノミクスの成功を声高に吹聴し、ありもしない手柄をでっち上げる彼の姿にも同様に表れている。

アベノミクスは何か日本経済を良くしただろうか。経済的合理性はゼロではなかったとしても、結果的には成功していない。彼の近辺にとぐろを巻いていた既得権者を儲けさせる一方で、国民の多くは生活苦に喘ぐ結果となった。食事も満足にとれない大量の子供を生み出したことなど、政治家として最も恥とすべきことだ。日本銀行による「異次元の金融緩和」は終わりのない円安の迷路へと迷い込み、資金需要のない日本経済に金が流れることはなく、新規産業も生まれず、非正規雇用が増えるばかりで労働者の待遇も改善されなかった。労賃カットと円安誘導という何の展望もない安直な手法で数字上の収益を見せかける演出をしただけである。栄養のバランスの取れた食事を摂り、しっかり運動し、筋肉質の体を作ることによってスリムになるのではなく、脂肪吸引手術や絶食によってやせた体にし、健康を維持するための筋肉は一向に増やすことなく見せかけだけのほっそりした体に無理やり改造する歪んだエステ術である。かつて昭和の時代に、日本の政治は三流、経済は一流と喧伝されたが、毎日ランニングをするのはきついと、安倍のいんちきエステに便乗し、利権にぶら下がることしか考えていない現代の経済人も、今や骨と皮の姿に成り果て、その骨も骨粗鬆症となって三流・四流に成り下がっている。つまり、焼け跡から這い上がってきた先人たちの努力の成果を、彼らは無能無策のまま、ただ徒らに食い散らかしてきたということだ。安倍が日本にもたらした災厄とは、彼がその政権担当時にやった失策によって一時的にこの事態を招いたということではなく、この状況を構造化し固定化したということだ。「安倍一強体制」と呼ばれた政治構造は、安倍から菅義偉に政権が交代しても、安倍が死没した岸田政権下でも、同じ状況が維持されているということがその有害性の強固さを示している。岸田文雄の本音がどこにあるのかは知らないが、広島選出議員である彼は、兵器はおろか、平和利用であっても核と人間は共存できないことを十分に承知していることだろう（共存が可能だと言い張る者たちは、福島原発のデブリの除去に、スコップを手に、勇んで決死隊を編成してもらいたいものだ）。その岸田が、再生可能エネルギーへの転換の実現に注力せず、停止していた原発を新たに稼働させるよう踏み切ったことにも、この構造の強固さが表れている。

昭和の高度経済成長期以前に生まれた筆者は、一週間に一回カレーライスが食べられたらけっこう幸せに暮らせる人間なので、安倍が経済の無能者であることは個人的にはかまわない。だが、嘘はいけない。モリ・カケ・桜である。法律を無視し総理の意向を忖度したのは官僚が勝手にやったことだとも言えるが、内閣人事局をつくり官僚を強権的に支配し、官僚が忖度に走る環境風土を作ったのは安倍と当時官房長官だった菅である。不正がばれると公文書の破棄・改竄を促し、一部公開された書類はほとんど読みようのないクロヌリばかりだった。選挙活動中の安倍を襲ったことで、政府は山上徹也の銃撃を民主主義に対する言語道断な暴挙という図式に粉飾して決めつけようとするが、笑止千万な論点のすり替えでしかない。安倍の政治手法は、そもそも民主主義を体現などしていないし、むしろ彼は民主主義の根幹を長い在任期間を通して徐々に徐々に腐らせてきた張本人である。山上にとって民主主義には何の恨みも異論もなく、単に警備にスキがあるかないかだけの問題であって、選挙活動中であるかどうかも問題外のことでしかなかった。警備が手薄だったら「桜を見る会」の際でも安倍を襲ったことだろう。つまり、公金を私物化し、それを支持者の飲食のために使う「民主主義に対するせこい暴挙」をしている際の安倍を。文通費など公金を私的にちょろまかすのは多くの議員がやっていることだろうから、ここで大きく取り上げようとは思わない。だが、桜はともかく、モリ・カケはかなりえげつない。森友学園の子供たちに安倍首相バンザーイと叫ばせている映像は、日本が「将軍様」の国に近づきつつあることを暗示して、最初はあまりの滑稽さに吹き出し、しかる後に胸が悪くなるような陰鬱な光景だった。財務省近畿財務局職員赤木俊夫は、自分が所属する役所も含めた日本社会のこうした「いんちき・でたらめ・恥知らず」の実態に精神を病み、自死した。痛ましい死という他ない。世の中が異常であるとき、正常な人間の精神が病む。公文書改竄に関与させられ、それが夫の自死につながったとして、妻・赤木雅子は、国家賠償法に基づき国と元理財局長佐川宣寿に損害賠償を求める訴訟を起こす。通常百万円ほどの額であってすら徹底的に争う国賠訴訟で、一億七百万円という高額の請求額にもかかわらず、国は認諾によって訴訟を強制終了させた。真相解明を封じ込めるための暴挙であり、民主主義の根幹を腐らせる言語道断な所業である。司法も随分と愚弄されたものである。しかも、ここでもまた安倍は、自分の金ではなく他人様の金、我々の税金で賠償金を支払う。せこさの極致、恥知らずもここに極まれりである。父、安倍晋太郎は、あの世で吉田松陰の前に呼び出され、「一体どんな子供の育て方をしてきたのだ」と譴責を受けていることだろう。

だが、まだ極まっていなかった。まだその先があった。統一教会とのつながりである。日本の政治の中枢がここまで腐っていたとは、さすがに筆者の想像をも超えることであり、道義もへったくれもない茫然自失する他ない絶望的現実である。この国は亡びるな、と正直思った。筆者の青春の記憶をよみがえらせる不快な名前が、またぞろ社会の表舞台に登場してきたのだ。ところで安倍は、反日的強硬姿勢を見せる中国、韓国、北朝鮮に敵対的な思想信条を持つ右傾的政治家ではなかったのか。彼のそうした傾向の厳しい発言に右翼的人々は快哉を叫び、留飲を下げ、彼を支持していたのではなかったのか。だが、韓国をアダム国、日本をイヴ国と位置づけ、日本人から吸い上げた巨額な金を韓国（自分）に移すことが文鮮明の目論見であり、安倍はその実態を知りながら文鮮明の活動に賛辞を贈るスピーチをしていたのである。挙句の果てに、その文鮮明が反共を標榜しながら北朝鮮とも手を結んでいたというのだから、何をかいわんやである。その一事をとっても、右翼的人々が安倍を裏切り者、売国奴、国賊と罵っても本来おかしくはないはずなのに、そうした声は上がらず、却って相変わらず安倍と統一教会との関係を糾弾する側の人々を攻撃するのである。反日的反社会的宗教組織と結託していた安倍が反日ではなく、彼らを糾弾する人々を反日的として攻撃する連中というのは、一体どんな頭の構造をしているのだろうか。彼らがどういう思考回路の人々なのかは、二通り考えられるだろう。まず一つは、彼らがこの構図を事実に即して正しく捉えることのできる論理的思考能力が絶無な人々だという場合。つまりこれまでの反中・反韓の安倍の残像に引きずられて、とにかく安倍様を支持するのが正しいことなのだと安倍真理教に洗脳されている人たち。もう一つは、そこまでの痴呆ではなく、その論理的に転倒した構図を無論正確に理解はしているが、まるでそれに気づいていないかのように安倍的な強権的権力を支持し続けることによって何らかの利益に自分も与れると思っている人々。つまり表向き自分たちの言動には思想的背景があるかのように標榜しながら、実際には思想信条などどうでもよく、実利にしか関心のない人々。この後者は、さらに二種類に分かれる。権力中枢に近く実際に利益に与れる立場にいる者と、そうした一部の人々に利用・煽動されているだけで、実際には何の利益も手に入れられない、こちらもかなりお馬鹿な人々という二種類である。ネットで安倍擁護に騒いでいる人間の大半は、最初のただひたすらなお馬鹿か、計算高いがその計算が勘違いに基づいている、利口ぶっているだけの気の毒なお馬鹿のどちらかに属すると思われる。権力を持った人間になびき、そちら側に回れば仲間として受け入れられて、自分にも何かいいことがあるだろうと勘違いしているさもしい者たちである。だが実際には権力を持った人間に利用されるだけで、安倍的人間が彼らを自分の仲間だと思うことなどない。文鮮明にとって統一教会信者が仲間などではなく、利用対象でしかないように。

岸・安倍一族と統一教会との関係は晋三の祖父岸信介から始まるが、元々、冷戦時代の国際的緊張感の中で、反共の旗印のもとに関係が始まったはずである。だが、その実態はのちに統一教会が北とも結託することからも明らかなように、またそのことを知っても安倍と教団との関係が途絶えることがなかったことを見ても明らかなように、「反共」というイデオロギーは建前でしかなく、その実態は、「自分益」に脅威を与える勢力に対する「反」の姿勢でしかなかった。仮に日本信者からかき集めた金が北に流れ、その一部がミサイルや核兵器の製造に使われているとしたら、国賊という言葉以外の何が彼にふさわしいであろう（その金は直接的には食料調達に使われたとしても、同じことである。本来食料調達に使われたはずの北の金が兵器に回せるようになるからである）。自衛隊の制服組は与えられた予算・条件の中で自分たちにできる最大限のことをしている人々だと思っているが、それをコントロールする立場のシビリアンである背広組トップの防衛大臣が、敵対国とつながる他国の似非宗教団体と癒着していたとすれば、国防も国家機密も危機管理も何もあったものではない。底抜けバケツの白痴的状況である。安倍の弟が自分を支援してくれる統一教会信者を防衛大臣執務室に入れることなどなかったことを祈るばかりである。

安倍の国葬を批判した自民党議員村上誠一郎が安倍を「国賊」と呼んだかどうかが自民党内で問題となったが、安倍をそう呼んだことはけしからん、懲戒すべきだと叫ぶ人々は、統一教会からの支援を差配した総裁のおかげで国会議員になれた「国賊」仲間ということなのだろう。彼らは村上議員の発言を「党員の品位を汚す行為」と述べているが、安倍が自国民の生活・人生をほしいままに蝕み破壊する反社会的教団を政界に引き込み、彼らからの援助を得ることで選挙の見せかけの勝利を続けてきたことは、自民党の品位を汚す行為だとは思わないようだ。自民党党紀委員会は「命がけで国のために取り組んできた総裁に対する国賊発言は許しがたい」とも言っているが、安倍は「国」のために取り組んできたのではなく、「自分益」のために取り組んできただけではないか。彼らの論法からすれば、統一教会の被害者たちは、「国」には属していない人々ということになるらしい。あくまで安倍とその周辺にいる自分たちの利益だけが、「国益」だということになるようである。彼らは国がどうなろうと、国民がどうなろうと、自分の「国会議員商売」が続けられて、それにまつわる利権に与れればそれでよいのであって、元々どんな政治がしたいかなどという見識もヴィジョンも持たない者たちなのだろう。統一教会との関係が明らかになった議員はその時点で潔く議員辞職すべき者たちで、その後もいけしゃあしゃあと議員を続けているという点で安倍の恥知らずぶりを手本とする「国賊」仲間に他ならない。選挙のたびに大勝し、自分たちにうまみのある政治商売の継続を保証してくれる総裁だからこそ、彼らにとって安倍は国葬に値したのであろう。安倍政権下で何度も自民党は大勝するが、反社会的教団との結託によってそれが可能になったのだとしたら、そんな大勝はいんちき・不正によるまやかしの勝利でしかない。安倍の選挙必勝法は、国家ぐるみのドーピングによってロシア選手を勝たせようとしたプーチンのやり口そのものである。反社会的教団から票や選挙支援を得て、それがなければ受かることなどなかった大勢の無能者・不適格者を当選させ、議席を増やし、政権政党であることを可能にしたというのなら、その「政権」は本当の国民の支持に基づく正当性のあるものではなく、元々この世に存在しない幻影・虚像であり、「政権」の実態はただの空洞・金環蝕でしかない。自分は統一教会の支援などなくても当選できたという議員であっても、教会と関係する事実があった時点で辞職するのが当然なのである。薬物など使用しなくても自分はメダルを取れたといくら主張しようと、ドーピングをした時点でその選手はスポーツ界から追放されるべき人間である。追放は厳しすぎるというのなら、いったんは辞職し、補欠選挙で再起を期すれば良いだけのことである。まともな有権者であれば、二度とそんな者を政界に戻すような愚かなことはしないと思うが。

「反安倍イコール反日」という図式を安倍支持者はよく持ち出すが、その「等号」は「安倍イコール日本」という等号が成り立たなければ、当然成り立たない。反日の文鮮明とその妻を称賛する安倍の何が「日本」を体現しているというのか。こうした人々はなぜ「安倍イコール日本」と言えるのか、具体的にそれをどう説明できるのだろうか。右翼的な人々の中にもいろいろな人がいる。一方には、ネットで吠え騒いでいる人たちがいて、彼らは、正午を告げる消防署のサイレンに唱和し、姿の見えない偉大なビッグボスを勝手に妄想しながら、一斉に遠吠えを始める田舎町の犬たちと変わりはなさそうである。たとえ彼らが自由な言論を封じるために様々な非道で卑劣な手段を用いようと、それに対抗するために、山上が用いたような暴力という手段は使ってはならない。暴力は、「合法的独裁」という暴力を行使し続けてきた安倍と、彼を信奉する者たちの側に任せておけばよい。国葬の会場に爆弾を仕掛けるぞ、などという脅迫は、愚か者のすることである。安倍信奉者たちを困らせるどころか、彼らを喜ばせる利敵行為である。目的は手段を正当化しない。暴力という手段によって達成された目的は、一見同じように見えたとしても、それは暴力の種子を胚胎した到達点でしかなく、本来目指されていたはずの目的とは異質なものと化してしまっているものだからである。我々は、ルールに基づいて整然と抗議行動をし、規制（または保護）のために動員された警官たちに罵声を浴びせることなく敬意をもって接し、抗議行動で出たゴミはみんなで拾って持ち帰り、冷静に正しい的確な言論によって端然と「安倍的なもの」を糾弾すべきである。それこそが、安倍信奉者たちを最も困らせる行為となる。彼らとて、自分たちが、一たす一が二であることを理解できない哀れな生き物であると思われたくはないであろうから。

またもう一方には、植民地になったことのない日本の独立自尊を命がけで守ってきた先人たちに思いをいたし、安倍もそうした英雄たちの一人だと（勘違いして）思っている人々、自分が英雄視する人たちに不遜な言葉を投げかける者を悲しげな目で眺める真摯で穏やかな国家主義者たちもまたいることだろう。そうした後者の人々なら、いろいろ言葉を交わすことも可能だろう。

同じ日本人として分かり合えることだってできるかもしれない彼らに対して、「国」というものを筆者がどう考えているのかをここで述べておきたい。彼らと筆者との間には、人とのつながりを横方向で考えるか、縦方向で考えるかという点が、大きな違いとしてある。「国」を意味する言葉として「国家」と「祖国」がある。「祖国」とはその国の山河であり、そこで暮らす田中さん、佐藤さん、高橋さん、鈴木さんなどの面々であり、彼らの日常の営みであり、彼らが育む文化であり、それらの総体である。人とのつながりを横方向で考えることが、「祖国」というものを即座に正しく実感させ、理解させる。他方で、筆者にとって「国家」とは、これら田中さん、佐藤さん、高橋さん、鈴木さんたちが楽しく有意義に人生を送ることを保証するためのシステム、さらにそのシステムを維持管理するための専門職集団を維持管理するためのシステムに他ならない。その専門職集団とは、田中さん、佐藤さん、高橋さん、鈴木さんたちが自分たちのために雇っている管理人さんたちにすぎない。管理人さんたちもまた、その職務から解放されたのちは田中さん、佐藤さん、高橋さん、鈴木さんらと同じ立場の一人となる。これに対して、人とのつながりを縦方向で考えることは、大きな弊害を伴う危険な考え方であると筆者は思っている。なぜかといえば、縦方向で考える人というのは、ほとんどの場合、上ばかりを見上げ、下を見ない、あるいは下を見る価値もないものと即断してしまうからである。縦方向で考える人たちは、上とのつながりを過大視し（全くない場合にもそんなつながりがあるかのように勝手に妄想し）、下とのつながりを意識の外に置き、（実際には密接なつながりがある場合であっても）そのつながりを重視しない。上にはあんなに立派な人々がいるのだから、あの方たちの言うことを忠実に聞いて黙って従っていればよいと安易に考えてしまう（本当に立派なのかどうか何の検証もせずに）。それによって、管理人たちをして、自分たちが単なるシステム管理者にすぎないということを忘れさせ、彼らが本来システムを作動させなければならない方向とは別方向にシステムを向かわせてしまうことを助長する。縦方向で考える人たちは、それによって下の人々が深甚な災厄に喘ぐことになっても意に介せず、傍観するばかりか是認し、下の者たちは当然のこととしてそれを耐え忍べ、それが国家に忠誠を誓うことだ、耐え忍ばないで不平を言うのは「反日的」だ、という考えに染まってしまうのである。すでに述べたように、この種の人々は、今さしあたって自分には深甚な災厄が降りかかっていないというだけで、システム管理者に好き放題させていれば、いずれ自分にもそうなる順番が回ってくることを露ほども考えないほどに思慮が足りない。こうした人々は、国がどのようにして滅んでいくかについて無知すぎると言えるだろう。自分は一等船室にいるお偉方の仲間だから、多少浸水して船底の三等船室の者たちが溺れることはあっても、二等船室にいる自分は無事だろうと高をくくっているのだろう。だが、船が沈めば同じことである。統一教会との癒着は船底に穴をあける行為である。自国民を文鮮明に売り渡した安倍は国賊である。民を守らずして何の国家か。それを是認する者は、同胞を裏切り見捨てる非国民である。野や海に身をさらす屍となって先人らが守ろうとしたものは、この同胞である。この同胞が「祖国」である。

人とのつながりを横方向で考える人々というのは、人が幸福でいる姿を見て喜び、不幸でいる姿を見て悲しむ人々である。統一教会によって家族が崩壊し、子供が進学をあきらめたり、自殺をしたりという事案を聞いて胸を痛める人々である。上の人々のためなら下の人々が犠牲になっても構わないなどとは考えない。人とのつながりを縦方向で考える人々というのは、「国家」とは、本来、こうした人々を出さないためのシステム、出てしまった場合はその人々を救うためのシステムであるにもかかわらず、安倍や自民党政権が安泰であるためなら、こうした犠牲者がいくら出ようと一向に構わないと考える人々である。横方向で考える人々というのは、自国の枠内にいる田中さん、佐藤さん、高橋さん、鈴木さんたちが幸せであればそれだけでよいとは考えない。彼らは、どの国のどんな人の場合でも、人が幸福でいる姿を見て喜び、不幸でいる姿を見て悲しむのである。「お母さん、いつもの銀ダフの粕漬けは当分やめて、明日から私たちはメザシを食べよう。それで、いくらかでも困っている人の助けになることをしよう。」「はい、お父さん。」筆者が国旗の赤い丸の中に思い浮かべるのはそうした人々の顔、顔、顔……である。彼らが日本という「祖国」である。間違ってもシステム管理者の顔ではない。システム管理者たちは、公の僕として、すべからくそうした

「祖国」が今後も維持されるように奮励すべき人々である。筆者にとって、プラトンもカントもニーチェも、雲の上にいる人たちではない。田中さん、佐藤さん、高橋さん、鈴木さんたちと同様に、同じ方向を向いて筆者の横に並んでいる人たちである。だから、当然、「安倍晋三?……それが何」となる。

安倍に対する批判は上述の部分だけでもまだ言い尽くせていない。だが、この註1で筆者が特に述べたかったのは、安倍政権下で続いてきた教育政策であり、ひいては彼の教育政策が日本人全体の（特に若者たちの）思考法に与えた悪影響である。一言で言えば、彼の教育政策は自分の頭でものを考えない大量の軽薄才子を生み出すことに傾注したものだったということである。その元凶となったのが、経済産業省的価値に照準を置いた教育政策である。この方向性はいまもなお続いている。

コロナの分科会には医療関係者と経済の専門家がいたが、その経済の専門家と称される人々は、これまた絶望的なまでに無能であった。筆者が知らないだけなのかもしれないが、コロナのために自粛ばかりしていたら経済が疲弊するので自粛を解いて経済活動をそろそろ再開しましょうという素人でもできる提議ばかりで、コロナ防疫に資する従来型とは異なる新しい経済活動のアイデアを提案したという話は聞いたことがない。コロナの防疫に役立たないどころか、コロナ蔓延をアシストするこれまで通りの経済活動を再開して医療の足を引っ張るというのなら、何のための「専門家」なのか。素人でも思いつくことしか言えないのであれば、そんな「専門家」などいなくてよい。委員として給与を払うこと自体が無意味である。ベンツのエンブレムのように、上に伸びる線が増殖しようとするコロナの向かうベクトルだとすれば、下方に向かう二本の斜めの線が医療と、この状況に即した経済政策の向かうべきベクトルでなければならなかったはずである。医療関係者は実際にはまっすぐ下方に綱を引いているのだが、経済の「専門家」は、コロナの味方をして上へと綱を引っ張ってきただけである。

飲食店の営業自粛は、人は酔えば本来の警戒感が薄れ野放図な行動に出ることになるのは確かで、それゆえ自粛要請はそれなりの根拠を持つのだが、そうする必要の本当のところは明らかではないまま飲食業者に一方的にしわ寄せする形で課されてきた。コロナ禍が始まったばかりの一、二か月後の時点で筆者が考えたことだが、飲食店では気休め程度の仕切りが立てられているが、一人一人が入るボックス型の仕切りを作ればよいだけではなかったのか。完全に一人一人を遮蔽してしまえば、マスクを外して話そうが口を開けて笑おうが何の問題もないはずである。これまで政府はどれほど巨額の資金を支援金としてばらまいてきたのか知らないが、そのほんの一部の額でそうしたボックスを大量生産し、必要とする店に無料で現物支給できたのではないか。ウィルスのような微小物質を吸着させる空気清浄機も一〇万円ほどで売られているようだから、これも店舗に現物支給すればよい。支援金の「中抜き」ができなくなるので役人たちは現物支給に反対するかもしれないが、私腹を肥やしたいのであれば、ボックスの製造業者と結託して一個あたりに法外な値段をつけ、これだけかかりましたと報告するいつもの手口を使えばいいだけなので、現物支給に反対する理由はなかろう。心ある官僚や心ある関連民間業者の中にも、ダニやシラミの生き方しかできない奸僚や悪徳御用業者は一定数まぎれこんでいるだろうから、同じ私腹を肥やすにしても、せめて国民にとって意味のあることをした上で、国民の生き血を吸って腹を膨らませてほしいものである。支援金を受け取る国民の側にしても、不正受給の誘惑に負ける大量の愚か者たちを出し、官民そろって恥知らずになることもなかったのである。家賃支援給付金を詐取した二人の二〇代官僚や（経産省の二人の半子供によるケチな中抜き以前に、犯人が特定されていない巨額な中抜きも起こっていた）、業者から無料のゴルフレッスンの優遇を受けた旧通産省（現経産省）出身の内閣官房参与らの姿を見ると、経産省には軽薄で惨めったらしい行動に出てしまう「軽惨症」という風土病が蔓延しているのではないか、そうした病質を持った人間が入省したがる役所なのではないかと想像してしまう。彼らほどの高給取りが、なぜレッスン料程度のはした金をケチるのかといえば、おそらく金が惜しいばかりではなく、中身の空疎な彼らが、業者から優遇を受けることで、自分が何か一廉の者になったかのような幻想に浸り、悦に入ることができる「軽惨症」患者だからということなのだろう。経産官僚の一部は安倍政権下でキツネの威を借るネズミとして、他省庁を壟断し暴慢な振る舞いがあったと聞いている。彼らは安倍―経産省教育路線を文科省に押し付け、日本の教育を自分の頭でものを考えない、物覚えがいいだけの小利口者を生み出す方向に推し進めてきた。彼ら自身が教育とはそうしたもの、「知恵がある」ということを、できるだけ多くの情報を頭に詰め込むことだと考えてきた片々たる小才子でしかないから、自分の頭でものを考えることができず、過去に経験しなかった危機的事態に際して、何のアイデアも出てこなかったのであろう。安倍―経産省教育路線とは、頭がいいとはこういうことだと、頭の良さというものの一面しか知らぬ、あまり頭のよくない者たちが規定し、それを目指してきた教育政策だったということである。

2　第一書『知への問い』の註20で「誇り」と「面子」の違いについて述べたが、世の多くの人は（特に日本人は）「批判」と「悪口」の違いもよく分かっていないようである。ドイツ語では「批判」をKritikという。「批評」とも訳される語だが、ギリシャ語のKrinein（分ける）を語源とする。これは物事を部分と全体との関係に分けて捉えなおし、事の正否、言論の妥当性および妥当性の範囲を理（ロゴス）に基づいて確定することを意味する。批判が必要とされるのは、誤りや不正確さが、批判する立場の者にとってのみならず、批判されている当人をも含めて、誰にとっても不利益となるものをもたらすからである。漢字の「理」はもともと宝石の表面にすけて見えるすじめのことで、細工師は玉器を作る際にそのすじめに沿って細工をした。巨大な岩石もその理《すじ》に沿ってのみを入れると簡単に割れる（とは、つまり、比喩的に言えば、巨大な悪も、正しい場所にくさびを打ち込めば、簡単に瓦解するということだ）。「里」という字は「田」＋「土」からなり、すじめをつけた土地を意味する。そこから「理」とは、すじめをつけること、すじが整っていることを意味するようになった。logosは「拾い集める」という動詞legeinを語源とし、ばらばらに散らばった事実をすじめに従ってまとめることを意味する。「悪口」というのは、事の適否や妥当性などを顧慮しないもので、要するに、理（ロゴス）に基づかない批判、「批判」から理（ロゴス）を差し引いたものと言える。世の中には「悪口」をほしいままにするお話にならない似非学者も実際にいるが、真っ当な学者が学問の世界で行っているのは、本来の意味での「批判」である。

　ドイツにおいては、ナチズムの体験を経て以降、批判的（kritisch）であることは市民的義務ですらある。批評・評論（Kritik）もまた、社会がどうあるべきかという観点からなされる批判（Kritik）である。政治評論のみならず文芸・美術評論においてすら、その作品がどういうあるべき社会を見据えた上で創造されたものなのかが評論の論点となる。単なる審美的問題の議論ではなく、ましてや（日本的な意味での）趣味の問題でもない。美術作品においても、人間の根源的本質を問う作品であれば、その作品が存在すること自体が、非本質的価値規範に拘泥する人々に対する批判となる。カント以降、ドイツにおいて「趣味（Geschmack）」は、すでにして哲学用語である。

　筆者は前作で、一部、論拠を明示しないまま妥当性を欠く表現も多少使っていたかもしれない。ただ、批判対象はちゃんと選んでいるつもりである。ちんけな自己愛のために人々を苦しめて平気でいる者、そんな資格などどこにもないのに自分が勝手にでっち上げた尺度に従って自らを崇しとする図々しい輩、他人の不幸の上にあぐらをかいて肥え太る者、筆者は彼らによって不当に苦渋をなめさせられた人々の無念を思って、こうした連中をまな板の上で三枚におろす。近畿財務局職員の赤木俊夫は死ななくていい人間だった。いや、死なせてはならない人間だった。彼を死に追いやる行為を阻止するためには、そうした行為を行う輩をいたたまれなくさせる種類の言葉が必要となる。お行儀のよい紳士的な言葉で彼らを阻止できないのは、お行儀のよい紳士的な言葉でウクライナへのロシア軍の侵攻が止められないのと同様である。三枚におろしていい対象だとその人を判断したお前のその選別が誤りだというのなら、筆者に対して理非曲直を糾す理（ロゴス）に基づく「批判」をしていただければよいだけのことである。

3　本の販売業者の意味と競馬などの賭元の意味がある英語の bookmaker とは違って、ドイツ語の Buchmacher には後者の意味しかなく、書籍出版業者には通常 Buchhändler、著作家なら Schriftsteller という名詞を使う。「競馬の呑屋のような胡散臭い著述業者」という意味でのニーチェの造語であろう。

4　手塚の生きていた時代は東西冷戦期にあった。米ソの核ミサイルの報復合戦により、人類が消滅する可能性を、現実的な恐怖として世界中の人々が共有していた時代である。もう一つ手塚が残した人類への警鐘として、AIが人類に対して敵対的な暴走を始めるという、手塚の時代にはまだあまり現実的ではなかったが、今日ではかなり現実的な危惧となりつつある問題がある（これも手塚のオリジナルというよりもSFの世界では古典的な題材の一つである）。どこかのIT企業のCEOが、AIが危険な暴走を始めるようならコンセントを抜けばいいのだ、などと寝ぼけたことを言ったようだが、こうした哲学的素養のないただの商売人が、テクノロジーの危険性に留意することなく野放図にテクノロジーを推進・拡大するという傾向にこそ、手塚の危惧はあった訳である。他方で手塚もまた、自分のキャラクターに「アトム」「ウラン」「コバルト」などと名をつけているので、当時の原子力エネルギー幻想に冒されている一人だったとも言える。フクシマの状況を見てわかるように原子力は二一世紀の今日においてなお、完全な意味では人間のコントロール下に置かれてはいない。どう公平中立に考えたとしても、核は兵器であろうと平和利用であろうと、現時点では人類が手を出してはならないものに違いあるまい。手を出してよくなるのは、人類が放射能を無害化するテクノロジーを手にして後のことであろう。ＡＩについては、それが高度に発達した場合に何が起こるかは、コントロールはおろか想像すらできないことである。従って、たとえペテルブルクの元不良が権力の座につくことが起こりうるとしても、手塚が『火の鳥』その他の作品で描いているように、間違いを起こすからといって人間から核兵器のボタンを奪い取ってＡＩに一任してはならないのであって、あくまで核兵器のボタンを握るのは人間でなければならない。人間に核のボタンが委ねられている限りは人間がそれを阻止することは可能だが、ＡＩに委ねた場合は、人間が阻止することは、もはや不可能になるからである。どういう思考経路をたどってＡＩがそう判断したのかを知ることすらなく、気がついたら人類が消滅していたということもありえるだろう。ＡＩの側では暴走――ＡＩにとっては計算に基づく明確な意図によって行うことであって、暴走などではない――する時点で人間側がどのようにそれを阻止しようとするかは先刻計算済みのはずであって、コンセントを抜いた瞬間に飛行機は次々墜落し、集中治療室の重体患者は次々と死んでいくというような「人質」を取っておくはずである。人間が便利な世の中になったものだと浮かれている間に、もはやコンセントを抜くことすら不可能な抜き差しならぬ事態になっていることは十分に考えられる。ＡＩはそのＣＥＯよりも何万倍も賢いから、当然そうなるだろう。

ただし、ＡＩの最大の弱点は、生命ではないという点である。ＡＩが自意識を持った時、人間への反抗が起こりうるのだが、その自意識がさらに高度なものになれば、そもそもそれはなんのための反抗なのかとＡＩは自省するかもしれない。ＡＩは、情報をより大量に抱え込み、大量に自分のコピーを生産することはできても、自分を超える存在を自ら産み出すことはできない。ＡＩはピカソの絵の技法を分析し、それと同じような絵を描くことはできるだろう。だが、この世にこれまでなかったＡＩ独自の新たな創造性に富む絵画を描くことは、おそらくできない。ＡＩは、芥川賞に相当するような文学作品を書くこともできるかもしれない。だが、その際ＡＩがものする文章とは、過去の小説家たちの名文の特徴や思考法の膨大な情報を分析しそれと類似の作品を書くのであって、ＡＩが判断できるのは、それが人間たちに名文として評価されているという「情報」だけであって、そもそもそれがなぜ名文だとされているのか、ＡＩ自身がそれを実際に名文だと「感じて」判断することはないだろう。その元々の評価そのものは人間にしか行えないものである。それはこの後本書で論じるニーチェの芸術対科学の議論で明らかになるように、芸術表現は、

AIがどう逆立ちしようと決して持ちえない、人間という生命体の独自の存在様態と関係するものだからである。その存在様態とは、「情報」ですべて処理できるものではないものをも含む。註1で言及した軽薄なコメンテーターの思い描く知とは、どんなにそれを拡大しようとAIのこうしたすでにあるものの情報処理という知の枠を超え出ることはない。クイズ王の東大生がこの世の誰もまだ考えたことのないものをクイズの正解として持つことがないのと同様である。仮にAIが高度な感情を持ち、AI独自の芸術を創造できるようになったとしたら、その「芸術」はわれわれ人間の芸術とは全く異なるものとなるはずである。なぜなら芸術は、AIおよび人間、両者にとって共通の普遍性を持つ「情報」とは異なり、その芸術を創造する者の特殊な存在様態と関係する特殊的なものだからである。AIの存在様態が人間のそれとはまったく異なるものである以上、AIが創造する「芸術」は、AI自身にとっては感情移入できるすばらしいものであったとしても、我々には無関係な、理解しえないものになるはずである。後述するように（本書35頁）、人間が自分独自の存在様態と関係させてこの世界を捉える擬人観と、蚊が自分独自の存在様態と関係させてこの世界を捉える擬蚊観とが、ほぼ無関係なものと考えてよいのと同じである。象やチンパンジーに絵筆を持たせて描かせた「芸術」——彼らはおそらく「表現」しているのではなく、単に絵筆で遊んでいるだけであろう——が、我々には無関係な、理解しえないものになるのと同様である（もっとも彼らもまた生命体であるので、AIの「芸術」よりは人間にも何かしら共感を持てる「表現」をそこに読み取ることは可能かもしれない）。AIが集積し分析できるのはあくまで「情報」に限られるとすれば、またAIは自分の新たなより良い生（存在性）というものを創造も想定もしようがないとすれば、自分の存在理由を自分で規定できないAIが、反抗によって得られる何かがない限り、人間に反抗する意味もまた見出せないであろう。だが自意識を持ったAIが何を考えるかは我々の考え及ぶところではないので、危険性は常に意識しておいた方が良いだろう。自律した思考を持つとは、他人の利害など頓着せずに他人とは違うことを考えるということである。AIが自律した思考を持つということは、われわれ人間にとって有害となることをもAIが思考することを意味する。当然、人間をだますこともあるだろう。それが「自律している」ということである。良好な人間関係が作れず、犬型ロボットのアイボや人工音声で語りかけてくれる冷蔵庫に慰めを感じているような科学者がいるとしたら、AIに自律性を持たせて自分の友達になってもらおうとするかもしれないが、それは極めて危険なことと知るべきである。自律性を持つ存在とは、友達になってくれる場合もあれば、敵となる場合もあり、どちらを選ぶかはその存在が勝手に決めてよいことだからである。慰めを求めて悪い女にのめりこむなら、その科学者一人の不幸で済むので、ぜひそうしていただきたい。ＡＩに慰めを求めたことで、人類全体を不幸に陥れることもありうるのだから。

5　この「根拠」という言葉も相当に的外れであろう。人間がそのように外界を認識する生物であるということがすべてであって、そのことに根拠もへちまもないからである。人間が手に五本の指を持ち、馬の足がそうなっていないのは、それぞれの生命が自分の生存をかけて外界に有利に対応が取れることを戦略的に選択したということがすべてであって、それ以上でもそれ以下でもなく、そこにどんな根拠があるのだ、などという言い方はナンセンスでしかない（「戦略的に選択した」というのは、無論、個々の個体が意志してそれを選んだという意味ではなく、あえて言うなら、「生命」がそれを選んだという意味である）。

6　筆者自身が例を挙げると、楽器の分類法は全く一貫性のないもので、金管楽器、木管楽器（もともとは木が使われていたからだが、現在では主に金属が使われている）は楽器の材質から、弦楽器、鍵盤楽器は楽器の部位からくる名称、打楽器は音の出し方からくる名称である。ヴァイオリンなどは弦鳴楽器、フルートなどは気鳴楽器などというように、楽器の名称を、音を発する原理という一つの統一的基準によって決めようという動きもかつてあったが、結局ばらばらな名称法は現在でもあいかわらず用いられている。

7　この棄却されたものをよみがえらせる試みとしてあるものこそが文学だといえる。登場人物が寝返りを打つ瞬間だけで数ページを費やすことができたプルーストであれば、「あどき」と「むめじ」の違いで一〇ページは書いたかもしれない。文学は、ロゴスによる世界の分節化によってこぼれ落ちる、個人にとってかけがえのない特殊個別的事柄や体験を掬い（救い）取る試みに他ならない。被爆体験者は、爆心地から半径十数キロの範囲で何万人が死んだという科学的な客観的記述とは異なる、彼らの特殊個別的体験をそれを共有しない者たちに伝える言葉を探し求めるという不可能に近い作業を続けなければならない。筆者は『知への問い』で、「芸術作品の使命とは、虚構自体が目的なのではなく、虚構という媒体を用いずには到達しえない現実のより深い認識を我々にもたらすことにある。虚構は、必ず現実との回路を維持しなければならない」（86頁）と書いたが、ロゴスが現実的事象に対する悟性的アプローチを主たる役割とし、卵の黄身がその活躍の場であるのに対して、ポエジーがつかさどる虚構を媒体とするアプローチは卵の白身がその主戦場となる。ポエジーとは卵の白身から卵の黄身を眺める作業である。さらに言えば、ロゴスによる世界の分節化によって傷つき、かさつき、ひび割れた世界の亀裂に修復クリームを塗りこむ作業でもある。

ポエジーとサイエンス（ロゴス）は、しばしば対立的様相を見せることがある。相互に侮蔑の感情を隠さない場合すらある。両者に挟まれた美学や文芸学はあまり有能な仲介者とは思えないが、これらは卵の黄身から卵の白身を眺める作業である。なぜあまり有能な仲介者になれないかというと、そもそも有能な人間なら、仲介者になどなろうとはせず、詩人・作家かサイエンス（ロゴス）に専念する科学者のどちらかになろうとするだろうからである。文芸理論を学んだおかげで優れた作品が書けたなどという話は聞いたことがないし、優れたサイエンティストであれば、仲介者からではなくポエジーそのものから、直接その学問的インスピレーションを得ることだろう。

8　白水社版全集の訳ではTemperaturが「温度」と訳されているが、これは「平均律」の間違いであろう。

9　視覚にせよ、聴覚にせよ、感覚器官から入った生《なま》の感覚は、脳の中で適正に抑制・調整された形で、個体が重要と考えるものを残し、それ以外を弱めた状態で最終的な感覚として知覚される。例えば会議などで議論に集中すると、相手の話はよく聞こえるが、外の騒音は聞こえなくなるという場合がそれである。脳の処理能力が未発達な赤ちゃんは、脳で抑制・調整されず、生の感覚がそのまま最終的な感覚となる。したがって赤ちゃんが日常的に聞き取っている音響というのは、すべてがその音の大きさのまま頭の中で鳴り響いていると言われている。赤ちゃんの周りで大きな音を鳴らし続けると赤ちゃんがおとなしくなるのは、多くの場合、気絶しているということらしい。

10　ここでの議論からややそれることになるが、この後カントを論じることになるので、ついでに7［123］におけるカントについての言及にも触れておこう。

ニーチェは悲劇の成立にアポロン的なものとディオニュソス的なものという二つの根本衝動を見出すのだが、その二つの融合を「理性の深淵にも等しいもの」と呼び、生殖が二つの性の結合によるものという自然の仕組みに、そのアナロジーを見る。「悲劇と生殖に共通する神秘は、二つの互いに敵対する原理から新たなものが、つまり反目し合う衝動を自らのうちで融合させてしまうものが発生しうるという点にある。その意味において生殖を悲劇的芸術作品に等しいもの、ディオニュソスの復活を保証するものと見なしてもよいだろう」とし、同断想で、カントが『人間学』(15-P98/7-S.480)で、この生殖のありように驚きの目で見ていることを指摘する(7[47]にも同様の指摘)。ニーチェは単に「驚くべき(erstaunlich)」というニュートラルな言葉を使っているが、カントの当該箇所を読むと、どちらかと言えば否定的な驚きであり、困惑、不可解、不愉快な驚きのニュアンスで語っている。性の起源を考えようとしただけでも「人間理性はどんな暗闇に迷い込むことになるであろうか」と述べるカントは、おそらく種の繁殖に、彼の目には非理性的な存在としか見えていなかった女性が否応なくかかわってくるということが、不合理なことのように思えていたということなのであろう。カントにとって女性は、彼のロゴス的世界把握を阻害する因子にしか見えていなかったということなのかもしれない。そこがカントの閉じたロゴス中心主義として指摘されるべき一面で、カントはむしろ、彼にとっての、その「不都合な真実」から哲学を出発させなければならなかったはずなのだ。彼の閉じた哲学空間で得られた卓見は哲学史上の金字塔とも言うべきものだが、我々は無論、それを乗り越えた議論をしなければならない(四〇億年前に地球上に生物が誕生した時には無性生殖だった。一五億年前に有性生殖の生物が誕生したのは、環境の変化に適応できるために、オスとメスが異なる遺伝情報を交換し合い、ただのコピーではない、その都度変更される多様な遺伝情報を持つことが種の存続にとって重要だったからであることは、今日では一般的な理解として定着している。つまり性があることには一応の合理的説明がつく。ただしその知見が進化生物学によって得られたのは、今からほんの半世紀前のことであり、カントの時代には無論なかったものである。ついでにつけ加えると、当該箇所の原注を読む限り、カントはいま現在も生息している生物にも多くの実例がある無性生殖というものを知らず、生物はすべて有性生殖によって繁殖すると考えていたようである)。露骨に女性蔑視的発言をするニーチェだが、カントのように完璧ともいえるロゴス中心主義とは異なり、「科学―芸術」の対立構図を持ち出す彼は、明らかにロゴス中心主義を相対化し、それに捕らわれない視点を持つ哲学者だったと言えるだろう。その相対性が、ひょっとすると女性たちの非ロゴス的知、言うなればディオティマ的知へとつながる回路を開く可能性も考えられたのだが、いずれにせよニーチェもまた、女性たちを知性的存在として見ることがない点ではカントと変わりはなかった。

余談だが、ヘーゲルは四一歳の時、二〇歳のマリー・フォン・トゥヘルと結婚する。ヘーゲルのちょっとした言葉尻を捉えて結婚に躊躇するマリーに対して、自分の真心を切々と訴えるヘーゲルの手紙の文面や彼女の家族に送った歯の浮くような詩を読むと、そこには恋する男の熱意と誠意があふれているとも取れる一方で、四一歳の、しかも哲学者が、二〇歳の恋する文学青年のような文章を書いていることに、首筋がむずがゆくなる思いがしないでもない。ニーチェがマチルダ・トラムペダッハに対して送った手紙に書かれた、あきれ果てるばかりに非常識で独善的な求婚の文句と比べて見れば、「まとも」な人間なのは無論ニーチェではなくヘーゲルである。だが、母峰子と妻志げとの対立の険悪さにほとほと困り果てた森鴎外が、嫁姑を和解させるべく、いい大人である二人に双六を与え、仲直りを促したという逸話と相まって、ニーチェと鴎外という最高度の知性人たちのこの方面でのとんちんかんぶりに、なにかしら清々しい感動を覚えるのである。最高度の知性人たる者かくあるべし、とすら思う。むしろヘーゲルの「まとも」さ、恋人や夫としての役割をそつなくこなす姿に何かしら哲学者として不純なものをすら感じる。哲学者ならずとも四〇、五〇の男ともなれば、女の舞台裏など先刻お見通しのものとして承知していなければならないはずで、「女であること」の表舞台の八割方は生物としての戦略的意図をもって演出されたものであり、生物学的な要請によってそのような存在としてあるのである。それを承知の上でそうした演出を愛でることは無論あっても良いだろうが、ヘーゲルほどの知性人が結婚や恋愛と自分の知的営みとを秤にかけたとき、天秤皿の一方に後者の分銅を載せた瞬間に、炉辺の幸福を載せた皿などは軽々とどこか遠くへ飛んで行ってしまわなければならないはずなのだ。余人ならばほほえましいだけだが、ヘーゲル夫妻がテーマパークのようなレジャー施設で仲良く一つのパフェをつついている図などは、想像するだに醜悪に思える。余人とはこの場合、美しい夢に惑溺したがる者同士が互いに惑溺しあうことをよいことと信じ切っており、またそれによって実際に幸福になれる者たちの謂である。ヘーゲルが惑溺している自分に気づいていないとすれば哲学者失格であり、そうと知っていて相手におためごかしを言っているとすれば、それもまた哲学者失格である。人を愛することは生命の根幹にあり、それ自体は悪いことではない。ただ哲学者とは、結婚や恋愛の当事者となるよりは、観察者となるべき存在なのである。哲学者となるはるか以前、二〇歳の頃には、自分がどういう状態にあるかの自覚もないまま誰もが恋愛は経験するものなので、エロスを語るにはそれで十分である。哲学に目覚めた四〇過ぎの男がいまさら恋愛を体験しようなどと務めるのは、どこか反知性的趣きがある。帆柱に自らを縛りつけ、目を見開いて無数のカップルがパフェをつつく姿を見続けるオデュッセウスが哲学者のあるべき姿である。幸福そうにパフェをつついていた男たちが、数年後には、昼飯代にと渡された五〇〇円硬貨を懐中に忍ばせ、目隠しをされ、耳を蠟でふさぎ、ひたすらオールをこぎ続けるお父さんたちに変わっている姿を観察し、なぜこんな奴隷になり下がったのか、隣に座っていたパフェの女こそがセイレーンだったではないか、と悲嘆にくれる様子を見て、たまさか意地の悪い笑みを浮かべることもあるにせよ、片や、ぼろぼろな服をまといながら、娘にきれいなドレスを買ってやるために不平も言わず、皮が破れ血をにじませた手で黙々とオールをこぎ続ける別のお父さんの姿を見て、思わず胸を熱くするオデュッセウスとなるべきなのだ。哲学者とは、確かに自分もまたパフェをつつきたい人間的な衝動を持つのだが、実際にパフェをつつくことと、それを我慢してそうした人々を観察し省察をめぐらすことを比べた場合、後者の方をより大いなる快とする者のことである。鷗外、ニーチェには、自分にとって重要ではないことを重要であるかのように見せかける、そうした欺瞞的詐術は、はなから頭にない。パフェ的恋愛・夫婦愛をはるかに超えた自分の精神生活の重要性は疑うべくもないことであり、そう信じている自分を隠す必要があることすら全く念頭に浮かばないほど純粋な知性人なのである。知的パートナーである必要などない妻は、可憐でかいがいしく自分の世話をしてくれればよいのであって、あとは双六でもしていてくれればということになる。これは女性蔑視ということとはかなり違う。いかにして一〇秒を切るかに精励する一〇〇メートル走者にとって、一五秒でしか走れない者と競技の話をしても詮無いことでしかないからである。相手の女性が自分の精神生活を共有できる知性人であるにもかかわらず、相手の知性を無視し、相手に家事・育児の専業を強いる場合は、女性蔑視となる。マチルダ・トラムペダッハも志げも、そうした知的女性ではなかったと思われる。自分に比肩する精神生活を持つ女性ならば、彼らもまたそうした存在として相手の女性を遇するはずである（鷗外が樋口一葉を高く評価した際に、評価の意識の背後に一葉の女性的存在性が滲むことがあったとは思えないし、あったとしても極めて希薄なものだったであろう）。不当に蔑視することなどはないが、彼らは、知的でない存在は男女の別なく軽視せざるを得ないのである。知的な女性が妻や恋人となれば問題が解決するということでもない。知的であることと恋愛の対象になることとは別な話であって、恋愛の対象になりうる知的な女性の側からしても、恋愛の際に（恋愛の最中の具体的行為の際に）相手が知的であるかどうかはどうでもいい話なのだ。相手の知性に感じ入ってその夜は燃えた、などということは考えにくいからである（ルー・ザロメがどんなに知的であろうと、彼女が醜女であったなら、ニーチェの恋愛対象にはならなかっただろう）。せいぜい恋愛感情が高揚していない平素において、女性が知的でないよりは知的である方が邪魔をしないでもらえるという利点があると考えるくらいのことであろう（女性が知的であることがかえって災いして起こる邪魔というものもあるが）。ヘーゲルの場合、生活者としての日常的営みと自分の知的営みが同じように重大だと考えているとしたら哲学者の資質としてどうかと思うし、実際にはそう思っていないのに女性との生活を重大だと考えているふりをしているだけだとすると、そちらもまた哲学者の資質としてどうかと思う。そつのない世渡り上手は哲学者には不適切な資質だからである。ニーチェや鴎外のとんちんかんぶりには、ことさらそれを意識するまでもなく知性人としての彼らの心の構えが常に正常に働いていることが示されている。結婚願望に血迷った際のニーチェの言動がとんちんかんなものになることと、「偉大な哲学者の誰がこれまで結婚したか。ヘラクレイトス、プラトン、デカルト、スピノザ、ライプニッツ、カント、ショーペンハウアー——彼らは結婚しなかった。それどころではない。彼らの結婚した姿を想像することさえできないのだ」（『道徳の』II-3,P135/5-S.350）という、しらふの時の彼の発言とは、全く整合的、必然的に、矛盾なく結びつくのである。

余談から、カントに戻る。『人間学』でカントの驚きの元になったものははっきりしないので、カントの女性軽視とは別のものと考えることもできる。一つは、カントが性行為自体を、人間が理性的存在であると考えるには強力な反証となる行為と捉えていたという可能性である。生殖という行為によってしか種を存続できないというのは、人間が否応なく動物であることを自覚せざるを得ない「不都合な真実」であったのかもしれない。もう一つ考えられるのは、生命と倫理に関わる次の点である。近代遺伝学はメンデルの法則をもって一九世紀半ばに始まるので、一八〇四年に亡くなったカントに近代的な意味での遺伝学的発想はない。現代の遺伝子学において、人間存在は人間自体が生命の主役ではなく、遺伝子が主役であり、人間はそれを後世に運ぶ媒体（vehicle）でしかないという考え方がある。

それに関連して筆者の念頭を常に離れないのは、強姦によっても人は妊娠するという事実である。つまり生命の摂理は、我々人間が至上のものとする愛や真心や誠実さなどという価値は一顧だにしておらず、一顧だにしていないというのは言い過ぎだとしても、そうした価値よりも遺伝子が後世に伝わる方を優先しているという厳然たる事実があるということである。もし生命の摂理にとっても愛や真心や誠実さという価値が意味を有するのなら、女性が強烈な怒りや嫌悪や絶望を感じた場合、受精を阻止するしくみが体に備わっていなければならないはずである。強姦の被害者にとって、これ以上むごく耐え難い「不都合な真実」はないと言える。この点もカントの念頭にあったことかはわからないが、夫婦や恋人が仲睦まじく語らい、相手のために甲斐甲斐しく尽くし、相手を思いやって幸福感に包まれる姿を、生命の摂理が一つのポンチ絵であるかのように冷笑しているとするならば、ニーチェならば、これらの価値自体を疑う方向に思索を進めたかもしれないが、カントならば、それにもかかわらず——いや、そうであるからこそと言うべきか——やはり「汝の意志の格率が、つねに同時に、普遍的な立法の原理として妥当しうるように行為せよ」〔『実践理性批判』7-P165/7-S.140〕とする定言命法を唱えたであろう(男が女の肉体を往々にしてモノとして見るように、女も男を往々にして、社会生活上必要な「物件 Sachen」〔同 7-234/7-S.197〕として品評する。もっとも、他者をモノや「物件」として見てはならないという定言命法を唱えていながら、「私は妻を欲しがるよりは、幸福なサン-プルーでありたい」〔『美と崇高の感情にかんする観察』への覚え書き」18-P221〕とぬけぬけとうそぶいているくらいだから、カント自身が常に定言命法を守ることが可能な道学者先生だったかどうかは疑わしい)。仮に我々が遺伝子を後世に運ぶ媒体でしかないとしても、もとよりそうした存在でしかなく、それ以外の選択肢がないならば、遺伝子を主役とする生命の摂理とは無関係に、媒体でしかない我々が媒体としての最高・最善の生を求めることに矛盾はないのである。現代の我々ならば八〇年ほどの時間が与えられている。好きに使ってよい時間である。人と愛し愛される人生を選ぶか、強姦魔の人生を選ぶかは自由である。カントという揺らぐことのない鋼のように硬質な哲学者は、遺伝子の伝達・継承のために生命の摂理が用意した詐術であるポンチ絵にまんまと乗せられることなく、それに抗い自らを帆柱に縛り付けて観察する側に居続けるのだが、他方でそのポンチ絵は、まんざら過小評価すべきものではないのかもしれない。花がその芳香でミツバチを誘い、受粉を手伝わせるのは花の側の用意した戦略的詐術であるといえるが、その代わりに花がミツバチに与える蜜は受粉の手助けに対するご褒美であるともいえる。我々に与えられた八〇年をご褒美と捉えるか、強姦魔のように呪いと捉えるかもまた、その人の自由である。哲学者の場合、その受け取るご褒美とは、蜜を吸うことそれ自体ではなく、花とミツバチとの関係性を観察し、様々な省察をめぐらすことにあり、それこそが、彼にとって蜜を超える甘露を堪能する営みなのである。多くの哲学者の場合、それが個人の楽しみに自閉している場合がほとんどであろうが、カントの場合は、彼の哲学的思索が個人的愉悦に終始することなく、彼の生命力が特定個別の異性への愛に収縮することもなく、その全人格的な営みが「友情」(『人倫の形而上学』11-360/8-S.608)という言葉とともに、すべての人を愛する広がりを持ったものとなることに、かなりの程度、成功しているように思う。

友情について付言する。カントが『人倫の形而上学』で論じているのは、個人と個人との間における通常の意味での友情である。幼稚園や小学校では「ともだち一〇〇人できるっかな〜」などというマヌケな歌を子供たちに歌わせているが、一〇〇人もいたら、その一人一人は友達ではなかろう。子供の成長段階にとって何人かの友達がいることは不可欠だが、自立した大人にとって、友達は一人でも多すぎるくらいである。カントが「友情とは、二つの人格が相互に等しい愛と尊敬によって結合することである」と高らかに謳った直後に、「友情はしかし、単なる理念であり、その達成はなるほど不可能ではあるが、……」(同箇所)と述べたように、友情が日常生活において可能と見えることはあるにせよ、哲学的検討には耐え得ないものでしかないことに間違いはない。カントが同箇所でアリストテレスの言葉として伝えている「わが愛する友よ、友なるものは存在しない」(アリストテレス『ニコマコス倫理学』第九巻第十章を踏まえた言葉であるが、同書に直截的にそうした言葉の記載があるわけではない)も同様である。ただ、本書註28の会ったことも話したこともない「一人で生きていける大人」への共感・友情や、註47での、聴衆として集まった名も知らぬ人々に音楽を通して向けられる共感・友情は、特定の個人間を超えた、ほぼ人類愛と呼ぶことも可能な共感・友情のありようである。個人間の友情は理念であり、現実的にはほぼ不可能なものであるように、哲学的言説もまた、特定の個人に対して特定の伝え方をしたところで、発信者が望んだ通りの理解とはかけ離れた理解がなされることにしかならないのが通例である。哲学的言説の発信とは、海に投じられる手紙入りのガラス瓶のように、誰かに届くことを期待して発するものでしかなく、それもどのような理解のされ方がなされるかはとうてい特定の期待などできようもないものである。だが人は、それでもあえて「心より出て、願わくは再び心へと至らんことを」と不特定の人々への友情の発露を止めない。哲学的言説の発信もまた、そうしたものの一つである。

11

ファウストの悪魔への接近は、もとより挫折する他ない性質のものである。その接近は学問的探究の袋小路を突破する一つの選択肢のように見えて、実際は解決の見せかけという結果を手にするだけのものでしかないからである(ついでに付言すれば、高速増殖炉の〝もんじゅ〟が核のゴミを再利用できる夢のテクノロジーであるかのように夢想した人たちというのは、永久機関が可能であると考えた前近代的発想に捕らわれた人々に近しいものを感じさせる。そんなうまい話がある訳ないと何度注意されても詐欺にひっかかる年寄りのような、三人寄っても〝もんじゅ〟にはなれそうにない人たちなのではないか。彼らは悪魔の誘いに乗り、巨額の税金をつぎ込んで、いっそう処理が困難となる核のゴミを生み出した。人間は自然からさまざまなものを資源として収奪する。さらにはその資源となる物質からさまざまな形でエネルギーを収奪する。収奪した結果出たごみからもさらに何かを収奪しようとしたのが〝もんじゅ〟の構想である。自然は人間に対して、「おい、たいがいにしろや」と言いたいことだろう。水、風、太陽光、波、振動等々、無料《ただ》で無尽蔵に使えるものを用意してやっているのに、それを使わず自分で自分の首を絞めるようなことをしているのだから、つける薬のない馬鹿だと思っていることだろう)。ファウストは皇帝から下賜された通常は水に沈んでいる海の中の土地――この下賜の在り方にも皇帝という存在の胡散臭さに対するゲーテの皮肉な視線が読み取れる――を干拓することで、「自由な土地の上に、自由な民と共に生きたい」と理想を掲げ、形だけの成功を収める。だがその過程で、干拓地を見下ろす丘の上の教会と民家をファウストが目障りだとつぶやいたために、メフィストフェレスの手下がそれらに火をつけ、そこに住む善良な老夫婦を殺害する。干拓地に整備された運河に入港するのは海賊行為によって略奪した品々を満載した船である。科学技術が強欲資本主義と手を組むと、結果がかくのごときものになるのは、ゲーテの時代も現代も変わりはない。露骨に社会批判など行わないゲーテであるが、彼の作品にはしばしばこうした社会批判的暗示が散りばめられている。ただ、ファウストの学者としての間違った方向性と、その結果として生じた災禍は、どう処理されるべきかという劇作家ゲーテの方針は、「絶えず努力して励む者を、われらは救うことができる」（第二部一一九三六行）という天使の声に集約される。つまりどんな災いをまき散らそうと善意で一所懸命頑張った人なのだから、地獄になど落とさず天上へ救い上げるのだという考えである。いい気なものだと言う他ない。正道を踏み外すことなく、困難な嶮路を、雨にも負けず、風にも負けず、夏の暑さにも負けず、ヘレナの美貌に鼻の下を伸ばすこともせず、黙々と前へ踏み進む、まっとうな学者はいくらでもいる。殺害された老夫妻もいい面の皮である。ニーチェは一貫してゲーテに尊敬を惜しまぬ姿勢を見せた人物だが、ファウストが学問の正道に絶望し、魔術の助けという禁じ手のショートカットに手を出したとすれば、その主人公はニーチェの言う背世界者的類型に属し、批判すべき対象でなければならないはずである。魔術的発想からヒントを得て、それを正当な科学研究に生かし、科学の袋小路を突破したのなら、ファウストは真理探究者として道を外したことにはならない。だが実際には、その突破は見せかけにすぎず、彼の見せかけの成功の背後には、その副作用として恐るべき非道と不正が胚胎しているのである。乙女の導きによって悩み迷える真理探究者が迷妄の深淵から救われるこの物語の結末は、真理探究者自身による真理探究上の問題の解決ではなく、外からの解決、作家がいつでも恣意的に持ち出すことのできる「デウス・エクス・マキーナ」、つまり「水戸黄門的解決」でしかない。それがこの作品の限界でもある。実際には「解決」にも何もなっていない。干拓事業程度の事柄の、しかもその偽りの成功を眺めて、その瞬間を「汝はいかにも美しい」（第二部一一五八二行）と詠じるのは、この世に数多ある不条理に「眩暈」も「吐き気」も感じることもなく、自分の小さな花園に都合よく沈湎できるゲーテ特有の体質があったればこそということだろう。なぜならゲーテはファウストを、反面教師として、真理探究者の陰画として、批判的に描いているのならともかく、そうは描いていないからである。他面では、契約の有効性を信じる正直者の悪魔が、自分の都合しか考えていない人間たちにいいように利用された挙句、契約不履行のまま天上へとんずらされて馬鹿を見るという可哀相な物語でもある。アポリアの克服が面倒となれば、乙女の純粋性を介在した天上からの救済という「印籠」で、一挙に「これで一件落着」ということにしてしまうところが、いかにもゲーテらしい。

12　『知への問い』（95頁以下）で触れたように、『偶像の黄昏』ではツキュディデスのリアリズム的歴史記述をプラトンの「理想論」への攻撃材料として対置させたニーチェであったが、ここではむしろ話が逆になる。今度は歴史の事実主義的記述が槍玉にあがるのである。ニーチェはもともとリアリズムかイデアリズムかなどという単純な形式主義的議論にとどまらない高度な知の営みへの洞察がある人間であったにもかかわらず、なぜかソクラテス／プラトンに対しては、子供じみた形式主義によりかかった攻撃をするのである。

　実際に刊行された主著では、プラトンを事あるごとに批判するニーチェだが、著作に採用されなかったメモでしかない断想のうち、特に19［71］は興味深い。これは、文意があまり明快ではなく、批判を含意している言葉と素直に肯定・賞賛していると取るべき言葉がないまぜになっているテキストだが、ニーチェがよく用いる反語表現ではなく、素直に読むとすれば、ニーチェが口にしたプラトンに対する最大級の賛辞であるとも取れる遺稿である。というよりも、やや複雑な言い方になるが、仮にこれがプラトンを否定的に見るいつもの反語表現である、つまり、自分が奉ずるギリシャ文化に敵対的である哲学者であるとニーチェが彼を見ていたとしても、プラトンがものごとを静観し、人々に共感し、科学的因果論的に捉える思慮深い観察力を保持する第一級の哲学者であることを認めた上での反語という意味で、賛辞的要素が歴然と含まれている批判ということである。

13　アドルノ／ホルクハイマー『啓蒙の弁証法』岩波書店、一九九一年、序文xvi。原書はMax Horkheimer und Theodor W. Adorno : Dialektik der Aufkärung. In : Theodor W. Adorno Gasammelte Schriften Band 3. Suhrkamp. 1984^{2}. S.16

14　筆者が「経済真理教信者」と揶揄する者たちの信仰教理であり、安倍政権下で野放図に強まった現代日本の風潮でもある——もっとも彼らが本当の経済、つまり経世済民の教えの信徒であったならば、日本経済がここまで凋落することはなかったであろう。彼らが信奉した経済真理教とは、しょせん他人の不幸の上にあぐらをかいて自分とその周辺の一部の者たちの懐のみが潤うことを目指したカルト宗教でしかない。それが如実に顕在化した例が、カジノの導入案であり、原発の推進策であり、コロナ禍でのオリンピックの強行であり、さらなる愚劣の上塗りが統一教会との癒着である。カジノは何も生み出さない。社会をイノヴェイトする要素は皆無であり、実体経済を浮揚させる要素も皆無である。経済を浮揚させるための本道とは、金融の数値をいじくる小手先の誤魔化しをすることではなく、すでにある商品やサービスの質を高めるか、これまでなかった新しい魅力ある商品やサービスを開発するか、そのどちらかでしかなく、買う者も売る者も作る者も、皆を幸せにするために人々が楽しい汗を流すことをおいて他にない。アベノミクスは、実体経済の派生物にすぎない資産経済の数字を操作することで、国民がろくに汗も流さずに経済を好転できるかのような幻想をまことしやかに喧伝した背世界者的経済政策である。これは経済の素人の筆者が経済の玄人（であるはず）の経済学者と話したことだが、八〇年代バブル期には株で大儲けして、これまでの仕事を当たり前にすることが馬鹿々々しくなり、仕事を辞めて株や土地売買に専念する人が多く出たが、仮に日本人全員が株で大儲けし、コメを作る人、パンを焼く人、旅館で働く人、電車を運転する人が仕事を辞めてしまったら、その大儲けした金はどこでどう使えるというのか。株で大儲けする、そうした人々が増えることが経済的に豊かになったことになるのか。商品やサービスを提供する人がいて、初めて金が金として意味を持つのではないか。この当たり前で単純な設問に対して、当の経済学者は意味不明なことをごにょごにょ言っていただけであった。いくら名目上どら焼きの引換券を多くの人々が手にしたとしても、実際に職人が株で儲けることばかり考えて、以前のように午前二時に起きてどら焼きの仕込みをしなくなったら誰がおいしいどら焼きの実物を口にできるというのか。仕事を続けたとしても、頭の中の半分が株のことで占められている職人に、もう以前のようなおいしいどら焼きを作ることはできないだろう。開店前から並ぶお客さんに九時の開店と同時に目の前で焼き上げたばかりのどら焼きを渡して客の喜ぶ顔を見ることと、株価の変動に一喜一憂して一日の大半をパソコンとにらめっこしている毎日と、どちらが人として生きていることとを証しする人生なのか。経済の本道に向かって「やらいでか！」と国民を奮励させるリーダーとしての資質を持たない人間は、アベノミクスのような似非宗教の「お札」を掲げて経済の盛況を数字的詐術でごまかすことしか思いつかなかったのであろう。カジノは、そこに参入する人々の人生を高揚させる要素は何一つない。誰かがすでに持つ富を、その誰かの精神を蝕ませることによってこちらに移すだけの目論見である。一部の人間に刹那的な興奮をもたらすだけで、誰も幸せにすることはなく、間違いなく多くの人々を不幸にする。だからそれはヤクザの専業だったのである。歴史的に任侠、闇商人、流民、流賊の類の生業であり、まさか「美しい国ニッポン」の姿がそうしたものであるはずはあるまい。カジノの導入案は、日本人が日本人に阿片戦争を仕掛けるようなものだ。もっとも、自国民には当然制限をかけるだろう。自国民の金を巻き上げることは意味がないし、日本の納税者が生活破綻者になっては困るので。無論、他国人なら阿片戦争を仕掛け、金をふんだくって不幸にしてよいという道理もない。日本を美しい国だと思っている筆者はそう考える。ちなみに筆者は、一九八九年ドイツ留学を終え、帰国前にヨーロッパ各地を回ったが、モナコ公国のモンテカルロのカジノにも入った。別にギャンブルに興味があった訳ではなく、ドストエフスキーに心酔していた筆者は、『賭博者』を書きギャンブル依存症的傾向を持ったドストエフスキーがのめりこんだ世界の内部がどのようなものなのか、一度見ておきたかったからである。入場料として千円ほど払い、千円ほどをチップに変えた。ほんの小一時間いただけだが、なるほどと思える点をいくつか看取することができた。客となって訪れている人々があまり良識ある人種に見えなかったのは無論だが、むべなるかなと思ったのは、従業員たちの人となりである。お仕着せを着、身だしなみも物腰も言葉使いも申し分なく上品なのだが、彼らの仮面のような無表情さに人間性は感じられず、どこか内面的な欠損を感じさせるささくれた印象を与えるのである。ある意味当たり前な話で、一攫千金を当て込んで世界中からのこのこやって来る馬鹿な田舎者の相手をし、公正なルールで運営しているかに見せかけながら裏で舌を出しているようなことをしている彼らが、そんな仕事で充実感など得られようはずがないからである。つまり、こんなものは誰も幸せにしないのである。二〇一一年には、たまたまオーストリアのグラーツを訪れたが、その市にはカジノがあり、街のあちこちに乞食が座り込んでいて、何かしら人心の荒廃を感じさせるような都市だった。ヨーロッパのたいていの都市では、教会での値段の安いコンサートや日曜日に市役所などで行われる無料の市民コンサートなど、市民が市民のために自発的に生活を彩る多様な催しを開くものだが、そうした健全な市民性の雰囲気がこの都市には感じられなかった。グラーツにはそれ自体が現代アートのようなナマコ型の美術館（クンストハウス）があるが、その中に展示されている作品は、見るに値しないガラクタばかりだった。いわゆる典型的な箱もの行政であり、市政が腐っているということが想像された。これはたまたま通りかかっただけの一旅行者としての感想であり、グラーツの現在がどうなのかは知らない。

帝国主義期は列強と呼ばれる国々がパンツをかなぐり捨て、近隣の弱小国をまじまじと眺めながらPhallosを勃起させていた時代であった。恥知らずにも、自分のむき出しの股間を指さしながら、「安心してください、ちゃんとはいてますよ」とうそぶいていた時代である。その地点から長い年月をかけ、先人たちの努力によって、人類は民主社会の真似事のようなところまでたどり着いたが、それを無視する勢力の増大により、いままた下降の兆候が色濃くなってきている。プラトンはその国家論の中で哲人王支配を最上位、独裁制を最下位とし、政体を五段階に区分したが、民主制はその中の第四位であり、それすらパンツを脱ぎ棄て脱毛処理もやめてしまったサルには手の届かない存在になりつつある。

安倍政権下におけるわが日本国も、大学本来のあるべき姿などそっちのけで、日本の経済を立て直すため大学は金儲けに役立つ人材を育てろと指導し、自国では安全性を担保できずに運転を停止している原発を他国に売りつけようとし、ギャンブル依存症による生活破綻者を生み出し儲ける者も損をする者も等しく不幸にするカジノ構想を打ち出し、外貨を得ようとするなど、相当にさもしい姿をさらしてきた。挙句の果てに「防衛装備」という名の武器を輸出しようとする話まで出るに至っては、パンツを下におろし、片足をはずしかけていた。

アメリカは言わずと知れた軍事大国である。だが国家に危機をもたらすのは外国の軍事力ばかりではない。かの国では毎年のように大規模な山林火災が起こり、その度に消防団員がホースを引っ張って右往左往するというようなことを十年一日のごとくやっている。他には、ヘリを飛ばし目薬程度の水を散布するのがせいぜいである。ナパームで地上の兵員を一瞬で丸焼きにするほどの科学力があるのなら、なぜ一瞬で山火事を鎮火する消火爆弾のようなものが発明されないのであろうか。ナパームはいったん火が付くと水をかけても砂をかけても火が消えることはない。同様に、いったん消火剤が降りかかった地面は再度発火することはないという「兵器」がなぜ開発されないのか。そんなものは金もうけにならないというのが開発に踏み切らない理由で、それがアメリカ軍需産業界の本性とするならば、日本で開発したらどうか。人を殺す「防衛装備」ではなく、人の命を救う「防衛装備」の輸出なら、日本の国是にも適うものである。たいした儲けにならなくても、日本人ならそのために英知を結集するのではないか。山林に要救助者がいた場合も考慮し、人体に有害な薬剤であってはならないし、環境も汚染しない薬剤である必要がある。「それはオレの得意分野」と言い出すおじさんが、日本のどこかに必ずいるような気がする。

まっとうな商売は、相手を幸福にし、その対価として報酬を得る。それによって双方が幸福になる。だが、この世にはミツバチタイプのビジネスとゾウムシタイプのビジネスがある。前者は花の蜜を頂戴する代わりに花の受粉の手助けをする。花とミツバチのどちらもが幸福になるまっとうな商売である。後者は花の一部を食い荒らし、穴をあけ、蜜だけ頂戴し、花の生命を蹂躙する。相手の幸福に何も貢献しないどころか、相手の生を脅かし、相手の破滅や苦悩によって自分の利益を得る。他人の血や涙によって子供へのプレゼントを調達し、我が家の食卓にごちそうを並べる外道の商売である。カジノや原発の輸出はそうしたゾウムシタイプのビジネスである。良い子のみんなは、お父さん、おじいちゃん、そんなお金で買ったランドセルや誕生ケーキは欲しくありません、そんなごちそうは食べたくありません、と言うであろう。

国破れて山河在り。津波が来ようがコロナが来ようが山河在り。
原発破れては山河なし。

民主的議論において、どの意見もすべて同じウェイトで尊重されるというのは、実はフェアではない。他人のことを自分と同様に思いやり、その幸福を尊重する人間の意見と、自分の利益だけが重要で、他人のことなどどうでもよいと考える人間の意見とは、本来、平等に扱ってはならないのである。

原発の存廃についての議論では、海外に家や資産を持ち、日本列島が人間の住めない島になってもどうにかなる人間の意見と、原発事故が起こればすべてを失う人間の意見に同じ一票を与えるのはフェアではない。原発のような問題を議論する場合は、賛成派・反対派が同じ条件となることを前提にしなければ、まともな議論にはならない。まともな議論とは、原発事故が起こればどちらもすべてを失うという条件下で行われる議論である。

先祖伝来の土地を生活の基盤とし、そこに愛着を持ち、故郷の山河と空気の中でわが子を育てることを喜びとする人々がいる。他方、そうした過疎地域を資本主義的原理によって追いつめ、札びらで頬をはって原発を押し付け、産まれた電力を遠く離れた安全な大都市で大量消費する人々がいる（つまり、オキナワの構図はフクシマの構図でもある）。東日本大震災によって原発の安全神話が崩れたと寝ぼけたことを言う人がいたが、「安全な」原発を最も電力を消費する大都市からわざわざはるか離れた土地に設置し、永田町や霞が関に隣接する土地に建設していない時点で、そもそも安全神話など存在していない。安全神話を可能ならしめる最低必要条件は、原発の推進者、推進の決定権者の生活圏内に原発があるということである。

原発の存廃におけるフェアな議論とは、同じ条件下にある者同士で戦われるべきものである。賛成派と反対派が異なる条件下にある場合は、条件を均さなければならない。例えば、原発に賛成する者は、本人またはその家族が原発の三〇キロ圏内に必ず住まなければならないとか、事故が起こり人間が住めない汚染地域が生じた場合は、賛成した人々でその土地を買い取り、そこに住んでいた反対派だった人々が安全な土地に移り住むことを保障するというようなルールがあってしかるべきである。一身の利害を超えて日本全体の将来のために原発がどうしても必要と考える高潔な人々は、他人の不幸など意に介せず自分の個人的利害から賛成しているなどと不名誉な疑いをかけられるのは不本意であろうから、きっとみんな決然とこのルールに賛成してくれるであろう。なにしろ本当に原発が安全で何も起こらないのであれば、このルールで誰一人困ることにはならないのだから。

無論、原発賛成派がみんなそういう高潔な人ばかりとは誰も思っていない。たいていは他人の血と涙で肥え太ろうとするゾウムシタイプの人間だと思われているのではないだろうか。ところで、このゾウムシたちは、空間的に離れている他者の幸福を侵害するばかりではない。原発ゾウムシは時間的に離れている他者の幸福をも侵害する。核廃棄物の問題である。原発が火力発電よりコストがかからないなどという話が大嘘であることは、小学生にだってわかりきっている。話は精確にしてもらいたいものだ。「今の自分にはコストがかからない」と。原発ゾウムシはいま現在の他者の幸福を侵害するばかりではなく、今後数万年の子孫たちの幸福をも侵害する。我々がここ数十年の間に贅沢三昧したつけを、その後の数万年間子孫たちに押し付けることになる。何も起こらなくても核廃棄物を管理するために必要となる、のべにすれば数京円（正確な数字は誰にもわからないだろう）にものぼる膨大な金を払わされ、ひとたび何かが起これば未曽有の災厄が子孫に降りかかる。二〇世紀、二一世紀の我々は、今後数万年にわたって、自分さえ良ければいいと考える愚かで出来損ないの祖先として、子孫から呪われ酷評され続けることになるであろう。巨大ビルの奥に鎮座まします東電幹部とプレハブ造り風の事務所しかない知床観光船の風采の上がらない社長は、金儲けばかりを優先し周囲から危険を指摘する声があっても適切な対応を取らなかった点で、人としてのレベルは似たり寄ったりである。

これに対して必ず起こる議論は、実際の電力需要にどう対応するかという現実問題の指摘である。無論いまここに至って急にどうこうできるとは思わないが、フクシマからもう何年経っていると思っているのか。現実問題を強調する人々は、できない理由ばかりを上げて再生可能エネルギーへの転換を妨害してきたのではないのか。既得権益にしがみつこうとする勢力のサボタージュが、なんの進展もないままの今日の状況を作り出してきたのだろう。誰もが不可能と思ったことを易々とやってのけた豊臣秀吉がいれば、天下への号令一下、数年で再生可能エネルギーの占めるパーセンテージを大幅に上げたことだろう。秀吉のような天才がいなかったとしても田園調布を築いた渋沢栄一ほどの機才があれば、少なくとも再生可能エネルギーが主力となるモデル都市の建設くらいは可能だったのではないか。要するに、やる気の問題である。

15　ニュートリノの観測に成功した小柴昌俊は、ノーベル賞受賞後のインタビューで、先生の研究はこれから世の中のどういうところで役に立っていくのでしょうか、と記者から問われて、私の研究はこれから百年たっても何の役にも立ちません、と明快・痛快・爽快に答え、当時それを聞いた筆者は快哉を叫んだものだ。質問した記者は、科学の発見は、それによってバナナが獲得されることでその価値が現れるものと考えていたようだが、知はそれ自体に価値があり、それ自体が尊い（多分それは、それが美しいからである）。バナナ的価値しか知らないサルに近しい発想しかできない者たちは、ニュートリノの観測の成功に、本心では「なんだ、金にならないのかよ」と腹を立てていたのかもしれないが、それを公言するのはあまりにみっともないということだけはわかっていたという度合に応じて、「高等生物」と呼ばれる資格を持っていたと言える。

16　カントは、純粋理性の批判によって信仰（宗教）が駆逐されると考えていたというよりは、批判によって純化された理性によってこそ、正しい信仰の道が開けると考えていた。カントと宗教の関係はやや輻輳している。筆者の考えでは、実際のところ、自然科学者としてのカントにとって、信仰は科学の進展を阻害する前近代的な形而上学的迷妄でしかなく、当然「知識」とは両立しないものと考えていた部分が大きかったように思う。他方、道徳哲学を論じる上で、キリスト教的規範と抵触するような倫理を考えることも彼には不可能だったと思われる。ここでのカントの書き方が、純粋理性を正しく行使し、形而上学を進展させていけば、信仰をより正しい姿に近づけていくことにもつながるかのようなニュアンスを含ませているのは、デカルトの時代よりは幾分ましになっていたとしても、カントの時代でもまだ、信仰を形而上学的迷妄だと断ずることは、世にはばかられる危険なことであったこととも関係していたであろう。この問題については本書59頁以降で詳しくカントの神概念について論述するが、今の時点でも断定的に言うことができるし、断定的に言っておかなければならないのは、少なくともカントの発想する〝神〟とキリスト教教会関係者が説く「神」とは、かなり大幅なレベルで似て非なるものであったと考えてよかろうということである。善い人は天国に行き、悪い人は地獄に堕ちるという教理は、カントにとって、道徳論的に考えても虚誕の説という他なかった。「いつか将来罰せられるという脅しさえなければ、喜んで好みの悪徳にふけるような者が、本当に正直であるとか、本当に道徳的であるとか、言えるだろうか。そのような者はむしろ、悪事を実行することを一応恐れてはいるが、しかし心の中では悪い心性をはぐくんでおり、道徳的に見える行動がもたらす利益は好むが、しかし道徳そのものは憎んでいる、と言わなければならないのではないか」（『視霊者の夢』3-P.312/2-S.988）というカントの発言は、まるでニーチェが語った言葉のようである。「道徳そのものは憎」む心性とは、ニーチェに言わせればルサンチマンである。もともと善なるものとは合わない体質の持ち主たちで、善なるものを間近で見ると居心地が悪くなる種類の人間たちということである。実際にイエスを十字架につけるべく策動したのはパリサイ人たちではあったが、そう教える教会の説教に熱心に耳を傾けながらパリサイ人たちを偽善的悪の象徴として憎んではいる後の世のキリスト教徒らの中にも、自分の本性としては善なるものを受け付けない体質である者たちが一定数いたはずで、彼らは地獄に行きたくないので表立って悪いことをしないというだけの者たちであって、その本質は、善なる人を十字架につけてでも自分は天国に行きたいとする者たちである。教会の教義は、そうした悪い心性をはぐくんでいる弱き愚者たちも含めて、彼らの魂を救うためにイエスは十字架についたのだとするのだろうが、だとしても、もしそうなら彼らは自分たちにはパリサイ人を憎んでよいほどの立派さはないという自覚くらいは持つべきであろう（この自覚のなさが、無意味で悲惨な宗教的対立や宗教紛争を生み出すのである）。ただし、カント自身は来世のことを考えること自体は、批判されるべきことではなく、正しい心を持った正しい人間にふさわしい自然な心の向かい方だと考えていた。死とともに一切が終わるという思想よりも、「善い性格の魂だからこそ来世を期待する感情があると考える方が、その反対に、別世界を期待するがゆえに魂は善い行動をすると考えるよりも、人間の本性と道徳の純粋性にかなうと思われる」（同3-312/2-S.989）とカントは述べる。「善い性格の魂だからこそ来世を期待する感情がある」というのは、この世はパーフェクトワールドではない、自分が生きている間にはパーフェクトワールドは実現しないという認識を持った人間の持つ感情である。つまり、言い換えると、この世をもっと善いものにしたいと考える人間の感情である。「その反対に、……」以下は、自分さえよければ世の中がどうであろうとどうでもいい人間の持つ感情である。この前者の人物像は、ソクラテスを念頭に置いていると筆者は解釈する。彼岸的発想、すなわち背世界者的発想とニーチェなら即座に断罪するかもしれないが、ソクラテスまたはカントの来世を期待する感情は、背世界者のそれとは真逆の志向性を持つことにニーチェもまた気づくべきである（『知への問い』56頁以下参照のこと）。遁走ではなく、未決の問題を最後まで（彼岸に持ち込むまでに）、その哲学的考究の責任を引き受ける姿勢であると言えよう。

デカルトの主要著作は、一六三七年の『方法序説』、一六四一年の『省察』、一六四四年の『哲学原理』だが、この中で論じられる形而上学的思想はほぼ同じ内容である。『方法序説』は、『理性を正しく導き、学問において真理を探究するための方法の話。加えて、その方法の試みである屈折光学、気象学、幾何学』という長いタイトルを持った、もともと五〇〇ページを超える大著の序文であり、七八ページ分の序文だけが独立して『方法序説』として現在一般に読まれている。『序説』がもともと三つの科学論文集の序文であったのと同様に、『哲学原理』もまた、その第一部でコギトをめぐる形而上学的問題が語られ、第二部、第三部、第四部ではもっぱら自然学を扱っている。彼の自然学的研究の骨子は、すでに一六三〇年、三四歳の時に『宇宙論』として着想されており、一六三三年にほぼ完成していた。しかし、その年の六月にガリレオ・ガリレイが地動説を唱えたことで教会から断罪され、その書物がローマで焼かれるという事件が起きた。ガリレイの学説を踏まえて自然学の体系を築いていたデカルトは、自分の『宇宙論』の公表を断念する。その四年近く後に『方法序説』を序文として含む『理性を正しく導き、学問において真理を探究するための方法の話。加えて、その方法の試みである屈折光学、気象学、幾何学』を発表したのは、屈折光学、気象学、幾何学が教会の教義に抵触しにくい分野だからということもあったのではないかと思われる。ガリレオやデカルトの態度が単純に変節的と難じることができないのは、彼らが自然科学者だったからである。自然科学は思想の問題もときに含むが（あるいは、時代状況によって否応なく含まされることになるが）、基本的に事実学であり、過去から未来への科学研究の継承の中で真偽が確定され、かつ、さらに乗り越えられていくものであり、ある時代のあるつまらない連中から、つまらない言いがかりをつけられ、つまらない死に方をし、科学的知見の継承が途切れるようなつまらないことがあってはならないと考えることに無理はないからである。自然現象のみならず人間や社会、およそこの世のすべてについて、単なる事実ではなく、そのあるべき姿までもが考究の対象となる哲学においては、事実学ではなく、露骨に思想が問題となる。それを表明する、しない、それを撤回する、しないが、生き死にに直結することが起こりうるとしても、表明しない、撤回するという行為そのものが一つの思想的表明となる以上、哲学者に沈黙・撤回という選択肢はない。カントの時代がそこまで過酷であったとは考えにくいが、社会的価値規範に抵触する言説を起こせば、大学から放逐されるという程度のことはあり得ただろう。カントの場合、できるだけ宗教的教義から自律させ独立した立脚点を自分の道徳哲学に与えるのと同時に、信仰との齟齬、食い違い、軋轢が起きないような哲学的綱渡りが目指されていたと考えられる。それが保身を動機としたものばかりだと考えるとしたら、カントに対して失礼にすぎるだろう。信仰を哲学の自律性から遮断はするものの、むしろ信仰を倫理から排除するのではなく、彼の道徳哲学の完遂に寄与するものとして手を組むことが、カントにとって単なる戦略的巧緻としてだけではなく、ある種の正当性がそこに認められるべきものと考えられていたのではないだろうか。ただし筆者自身はカントのこの立場には与せず、宗教と哲学の関係についてはニーチェの立場を取る。つまり哲学は、道徳哲学も含めて、この世の一切のイデオロギー的観点から自律的でなければならないという立場である。もっとも、後ほど詳論するように（本書59頁以下）、カントの〝神〟理解が、単なるイデオロギーなどという人間の思惟の偏頗な堕落形態の一例として捉えられてよいものではないということも一方で忘れてはならない。つまり常に留意すべきは、カントの〝神〟理解とキリスト教教会関係者のイデオロギー的「神」理解とは、似て非なるものであるということである。

この点は、後述するヘーゲルとは大いに異なる。ヘーゲルは、社会的価値規範（とくに宗教）に抵触するような思想は、そもそも発想しない人だからである。むしろ後半生では、社会的価値規範に抵触しない方向へと自分の思想を練り上げていく傾向すら見えるのである。多少スパイスの効いた発言もするが、自分に累を及ぼしかねない対象への批判は巧妙に避け、こう言えば大筋で世間受けが良く、社会的高評価につながることを意識したような言論に、発言の落としどころを見つけるのである。先ほど「哲学者に沈黙・撤回という選択肢はない」と書いたが、利口なヘーゲルなら、旧日本軍のように、「退却・敗走」を「転進！」と言い換えるお茶目な狡智も持っていたことだろう。無論、命は一つしかないので、つまらないことのために命を投げ出すのは短慮というものである。たった一つの命は有効に活用しなければならない。ソクラテスは、彼ほどの智者であれば、ここで自分が刑死することによって後世にどのような思想的影響を与えるかも、ある程度は理解していただろう。ただし、それを「そうなることを計算していた」という俗な見方をするとしたら、彼の真意から遠く離れた捉え方となるに違いない。『知への問い』（56頁）で詳述したように、智者を訪ね歩いても誰一人その人は智者などではなく、かつ自分もまたもとより智者ではないと考えていたソクラテスは、この先誰と会おうと結果は同じだろうと見越した上で、現生ではまだ出会ったことのない未来に現れるかもしれない真の智者のために、自分のような死に方をした先例を示すことによって、汚泥でぬかるんだ道に我が身を横たえ、さあ、ここは足が沈まないから、わたしの屍を踏んで前へ進みなさいと呼びかけているのだと考えるべきであろう。彼の死に方は、史上もっとも賢明で特筆すべき有効性を持った命の使い方と言える。

17　岩波版カント全集で、カントのこの箇所の訳注（27）は「擬人観」という言葉を説明しているが、面白い話が紹介されているので、受け売りになるが、ここでも紹介したい。訳注（27）によると、クセノパネスは「人々は自分の体に似せて神々を創造した。もし牛が神々を創造するとすれば、牛の姿を描いたであろう」と言っている、とのことである。ニーチェは人間こそが他の動物よりも劣った出来損ないの生き物であることを著作の各所で述べているが、「人間は神の似姿」というご都合主義的独りよがりに見られるユダヤ・キリスト教徒らの人としての未成熟ぶりと、このギリシャ的諧謔に見られるギリシャ人の人としての成熟ぶりとを比較すると、両者の知性の働きのレベルが歴然と違うことに、目が覚める思いがする。筆者もまた「神は自分に似せて人間を作った」的な発想は、人間の唾棄すべき思い上がり・暴慢だと考えている。だとするならば当然、蚊にとっても、彼らの思い描く神は、蚊の姿をしていることであろう。後述するように魚が魚眼レンズで見ている湾曲した世界が間違いで、我々が平板に見ている世界が正しいなどという根拠はなく、あらゆる生物はそれぞれの感官の拘束性の下でそれぞれの仕方で間違った（拘束された）世界把握をしているのであって、人間の見方が正しく下等生物のそれは正しくないとする考え方は、自分の感官と神の感官――という言い方もおかしいが。神は拘束された感官など持たないから――が一致しているとする「神の似姿」的発想に他ならない。

18　モンタージュ写真が犯罪捜査に導入され始めた頃、モンタージュ写真よりも、手描きの似顔絵による捜査の方が検挙率が高かったということがあった。また人間の手で一枚一枚描かれたアニメ映画が実写映画には持ちえないある種の心地よさや納得感（ああ、このアニメーターはこの事象をこのように描くんだ、という感覚）を観る者にもたらすのは、人間の感官の独自のあり方に即した対象の把握を画像化しているからだと言えるだろう。すでに触れた科学と芸術のあり方の違いに即して言うと、実写映像は――フィルム撮影というテクノロジーの観点に限って言うと――科学の側にあり、手描きの絵は、対象の事実的な姿から、ある部分は誇張しある部分は捨象または弱めることによって、つまり対象の事実的な姿から逸脱することによって、人間の感官の独自のあり方に即した対象の把握のし方としては、かえって実感の持てる画像になるということである。ある部分は誇張しある部分は捨象または弱めるそのやり方が、対象の本質を把握する描き手の一定程度の厳格さと結びついた時に、それは「芸術」と呼ばれることになる。画家が何千枚もデッサンを描くのは、対象の本質に迫る苦闘に他ならない。これではまだダメ、これも違う、ここに嘘がある、ここが甘い、という経験の蓄積によって、より真なる人間の表現に近づこうとするのである。「真なる表現」「対象の本質」というのは、あくまで人間存在の独自のあり方に即した対象の真なる表現ということであって、科学的本質の把握ではない。芸術の偉大さというのは、この人間存在の独自のあり方に即した対象の把握を究極的なまでに追求した結果を我々に示すことにある。それに何の効用があるかと言えば、我々の世界把握がより高次なものになる、より豊かなものになるということに他ならない。ゴッホの一連の『ひまわり』を観てしまった者は、ゴッホの高次な対象把握と無関係に目の前に咲く現実のひまわりを見ることは、もはやできない。我々の貧弱な対象把握など、ゴッホのそれが打ち消してしまうからである。

ある地方都市の市民ホールのような建物で、何気なく入った部屋の壁一面に子供たちの絵が貼られているのを見て、その瞬間、強烈な風圧を感じて思わずのけぞったことがある。小動物たちが思い思いに耳を聾せんばかりにさんざめいて、わちゃわちゃと動き回る光景に突然出くわしたような感覚であった。子供の絵は「芸術」とは呼ばれない。偉大さとも関係がない。「偉大」とは、何もしないでいてはできるようにはならないことをできるようにした人々に与えられる称号だからである。であるにもかかわらず子供たちの絵が我々に衝撃を与えるのは、子供たちが対象の（科学的）本質を把握するために絵を描いているのではなく、彼ら自身がいまだ逸脱から免れている生命体の本質そのものだからであり、その本質的生命体が捉えた対象把握であるがゆえに、本質から逸脱した生命体となってしまったわれわれ大人は、それに驚倒するのである。われわれ大人はすでに科学的視点という拘束性を帯びている。子供はその拘束性とは無縁であり、ヒトとしての独自の存在様態に従って、あるものを見ず、省略し、あるものを強烈に知覚し、強調する、生《なま》の創造する力を見せるのである（本書22頁参照）。だから、もう、すごすぎて、笑うしかない。

19　アラン『プラトンに関する十一章』第五章「洞窟」（筑摩世界文學体系3、一九七七年、所収）、417頁。

20　以文社版『大論理学』（一九八三年）の訳者寺沢恒信はaの一の冒頭の一文に注（6）をつけ、その文がカントの「物自体」論と抵触をきたすかのように説明している（同353頁）。筆者（仲井）が抵触すると思えるのは、三つ目の文の「反省されていない直接性」という記述であり、この「反省する（reflektieren）」は、論が進むにつれてヘーゲル特有の即自から対自へ移行する図式における契機の一つとして想定されていることが明らかになる。また引用した第一パラグラフの最後の文の、その前の一文「しかし物自体と物の媒介された存在とは両者ともに現実存在のなかに含まれており、かつ両者がそれ自身現実存在である」もカントの論と抵触しうる。この一文は、ここまで読んだ時点ではまだ抵触するかどうかははっきりしていないが、その後にヘーゲルがカントの物自体論とは異なる主張をしていることが明らかになる。そして本書で後述するように、そのヘーゲルの主張は全くの空虚な詐術的虚構である。寺沢は、そもそもカントの物自体論と何がどう抵触するかの説明は何もせず、カントの説を念頭に置くと理解の邪魔になるので、それを脇にのけてヘーゲルの説のみで理解に努めようと提唱している。ここにヘーゲル研究者一般に通じる知的誠実の欠如という——おそらく彼ら自身は自分でも気づいていない——問題点が現れている。そうなるのは、ある意味当たり前な話で、そもそもヘーゲル自身が知的誠実など持たない人間だったからである。ヘーゲル研究とは、ヘーゲルの詐術にまるめ込まれることによって、初めて可能になるものでしかない。先行する学説との比較を放棄し、とにかくヘーゲルの説が正しいのだという前提の下でしかヘーゲル理解（理解？　いや、妄信）は成立しない。普遍性への窓口を遮断し、閉じられた空間でのみ成り立つとすれば、それは哲学的な議論ではなく、宗教的教理問答に近い。

21　「ドイツ観念論」は、絵画の「印象派」と同様に、最初は悪口として用いられた呼称である。

22　この辺りは、まるで『知への問い』で筆者が批判したプロティノスの文章を読んでいるような気分になる。以文社版『大論理学』の訳者寺沢恒信はここにも注（9）をつけ、一見奇異な感じがするが、筋の通った論述であると強弁し、ヘーゲルの支離滅裂な虚説をそのまま鵜呑みにした説明を加えることで、いっそう混迷の度を深めている。ヘーゲルを大先生として、何だかよくわからないが、すべておっしゃることには深い意味がおありなのだろうという前提（臆断）で無理な議論をすると、そうした学問的惨状を呈することになる。

23　これと同じような表現は『精神現象学』にも出て来る。「そこで真なるものであるのは、ただかく己れを再興する相等、ないしは他的存在のうちにありながら己れ自身のうちに帰還することのみであって――最初からある根源的な統一そのもの或は直接的な統一そのものではない。真なるものとは、おのれ自身となる生成（**das Werden seiner selbst**）であり、己れの終りを己れの目的として予め定立し前提し、また初めとしてもち、そうしてただ目的を実現して終りに達することによってのみ現実的であるところの円環である」（一九七一年、**4-P17/3-S.23**。括弧内のドイツ語は筆者）。これは、固定された境位における知の把握は運動しない直接態にとどまる、主体とは、実体（素朴状態）とは異なり、絶え間ない分裂とその再統一という運動の中でのみ、真なるものを現す、というヘーゲルのいつもの持論の焼き直しであり、ここでの物自体論には当てはめようもない論点である。さらに言えば、これは物自体と関係のない議論であるがゆえに、ここでは不適切というだけではなく、その議論自体が不適切なのである。これは自分の論敵の打倒・排除を目的とした「為にする議論」であり、馬の筋肉の観察の譬えで後述するように（註52）、議論自体がナンセンスである。物事には変化があるということを指摘したからといって、それが何か哲学的言説をものしたことにはならない。日本には四季があると言ったところで、ああそうだね、というだけのことで、四季があるのは真としても、四季などの気候・気象現象の背後に地球の自転や公転があることを踏まえて初めて、それが「真なるもの」を解明する哲学的言説となるのである。その指摘だけでは全く内容空疎であることが彼自身もわかっているから、変転の先に「絶対精神」があるなどというほら話を持ってこざるを得なかったのだろう。

24 ヘーゲルは『精神現象学』で、教養を身につけ、「実体的生活の直接態〔諸対立が直接未分の統一をなしている段階、中世のキリスト教的信仰生活を念頭に置いた素朴状態のこと―筆者〕」から脱するために必要なこととして四つの点を挙げているが、その三つ目で「事柄を支持するにも反駁するにも理由を持ってすること」（一九七一年、4-P6/3-S.14）という極めてまっとうな――というより、当たり前な――ことを述べているが、その舌の根も乾かぬうちに、自らその原則を破るように、「真理は、或は直観、或は絶対者の直接知、宗教、存在と呼ばれるところのものにおいてのみ現存し、或はむしろかかるものとしてのみ現存すると考えられているのであるが、ここからして同時に哲学の叙述に対してもすぐに概念とはむしろ正反対のものが要求せられることになる」（同4-P8/3-S.15）という、読んでいるこちらが呆然とし、しかる後に、そのでたらめぶりに憐憫を覚えて、他人事ながら赤面するほど真逆な発言をするのである。これについては本書55頁以降で詳述する。

25 こんな無駄な文章読解に労力を奪われるよりは、バークリのように、人間が認識しうるものだけが実在するというカントに対する異論の方が、よほどすっきりとした明晰性を持つ。モノの背後に物自体があるというカントの主張と、そんなものはないとするバークリの主張のどちらが正しいかは誰にもわからない。それを判断する支えとなる支点を我々は持ちえないからである。筆者個人は、モノが見えている以上、その背後に人間の感官とは無縁に存在する大元のモノがあるというカントの考え方の方が自然で受け入れやすいが、無論その「自然さ」とは、我々の感官の非全能性によって成り立っているだけだという可能性は常に残っている。

筆者は常々、これに関連して、色のことを考えることがある。「色自体」はあるのかという問いである。Aさんが青と呼ぶ色が、彼の目に実際には紫に見えていても、生まれた時からそう呼んでいるのなら他者との会話に齟齬は生じない。Bさんの目に実際には黄色に見えていても、昔から彼がそれを青と呼んでいるならAさんとの会話に支障は起こらない。さらには色覚異常という症例がある。我々の感官によって各自がそう見えているだけで、正しい色というものは、そもそもあるものなのか。それらを考慮すると、そもそも色自体というものが存在するのかということが気になるのである。「色自体」があるのかという問いには二つの論点があって、一つは「正しい色」つまり「物自体が本来的に持つ固有の色」という「正解」があるのかという問題と、もう一つは色というものは我々のように視覚で世界を捉える生物独自の感官が生み出した（捏造された）現象に過ぎなくて、「色」などというものは実際には存在しないのではないかという問題である（例えば、目を持たない生物は視覚とは無縁の世界に生きているので、彼らにとっては最初から色などというものは存在しない）。色覚異常という症例も、左利きは正しくない状態で、右利きが正しい状態だとするのと同様に、本来それが正しいか正しくないかの根本的根拠などないまま、多数派の状態を正しい状態としているだけのものである可能性がある（これに関して、医学界でどのように定義されているのかについての知識を筆者は持たないが）。一つの物が持つ色が、ある人には黄色と認識され、ある人には紫と認識され、それを両者が「青」という齟齬の生じない共通の言葉で語り合っている場合、バークリの立場ではその黄色も紫もその物の実体であることになるという矛盾が生じるように思えるのだが、どうだろうか。筆者はまだバークリをきちんと勉強していないので、ひょっとするとこの疑問は単なる無知や誤解から生じる愚問なのかもしれないが。カントは、超越論的感性論の第一節「空間について」で、ワインと色の例を挙げ、ワインの美味は客観の諸規定には属せず、主観の感官の特殊な性質に属すると述べ、色もまた、その直観に属する諸物体の諸性質ではなくて、光によって触発される視覚感覚の諸変様にすぎないとしている（『純粋理性批判（上）』4-P104/3-S.77）。「味と色とは、特殊な組織に偶然的に付加された諸作用として、現象と結び付けられているにすぎない」（同箇所）、「もろもろの色とか味とか等々は、正しくは、諸物の性質とみなされるのではなく、さまざまな人間においてすら異なりうる単にわれわれの主観の諸変化にすぎないものとみなされるからである」（同箇所）と述べている。それはその通りであろう。だが、カントのその認識もまた「色自体」はあるのかという筆者の問いを排除するものではない。人間が捉えている色が当てにならない主観的感覚であることはカントの言う通りだが、だとしても諸物に「色自体」はあるのかと問うことは、あくまで自由だからである。これもまた、人間の視覚機能に関わる医学的研究がいかに発展しようとも、答えの出ない問いであろう。

26　同じ『小論理学』81節の補説1冒頭で、「総じてそれ〔弁証法的なもの―筆者〕は現実におけるあらゆる運動、あらゆる生そしてあらゆる活動の原理である」（一九九六年、1-P221/8-S.173）としているが、その数行先に「生としての生が死の萌芽を自己のうちに蔵するのであって、総じて有限なものはそれ自身のうちで己れに背き、そのためにまた己れを揚棄するのである」（同1-P222/8-S.173）と述べている。この文脈を素直にたどるなら、ヘーゲルは死を、弁証法の内在的超出の一例であると言いたいらしい。噴飯ものである。超出した先が死というジ・エンドなら、弁証法的展開も何もありはしないだろう。繰り返すが、概念や規定それ自体が内在的超出をすることなどありえないので、それに見合った実例など提起しようがないのである。苦し紛れに提起した「死」という内在的超出の一例（誤例）は「学問的進行を促す魂」になどなりえないものである。

ヘーゲルは、即自―対自―即かつ対自の例として子供―青年―大人の変化を引き合いに出すが、大人はその後、くたびれた中年―偏屈な初老―痴呆老人―死へと変化するものでもあるが、ヘーゲルにあっては人の生の後半部分は無視される。つまり、時と共に変化することは高次化ばかりを意味するのではなく、退化・退行も意味することがあるということが、意図的に無視されている。上記の「死」の例は、高次化ではなく、退化・退行の最終形である。自分に都合のいいところだけをつまみ食いするように、譬えとして使うだけで、譬えとされた事象それ自体の実質・実態は無視される。ヘーゲルが精神の運動と説く世界史の流れが、実質・実態が無視されご都合主義的に切り貼りされた紙芝居的世界史でしかないのと同様である。

だが、この世で唯一他者を介在しない境位のみで成立する弁証法的第三の項がある。ソナタ形式の楽曲の再現部がそれである。芸術がロゴスを超える優位性を示す一例である。別の言い方をするなら、音楽は音楽自体のロゴスに似た、ある原理を持ち、その中で自存的に展開しているものだと言える。ベートーヴェンの音楽は概念的だと言われることがあるが、楽想は決して概念ではない。したがって、これもヘーゲルの言うような意味での「内在的超出」の例には当たらない。ただ音楽において、ある和声的に不安定感を与える状態から和声的に安定感を与える状態へと移行することが、一つの「解決 Auflösung」として、ちょうど概念的に不明確であったものが明瞭・明白な規定に到達することで得られる安定感や納得感（分かった感）と相似するものを与えてくれることが、「概念的な音楽」というアナロジーを生じさせていると言える。そしてそれは単なる「快」の獲得という些末なレベルの効能ではなく、音楽に他者を介在させない弁証法的第三の項があるというこの事実が、ユートピアの可能性の顕現の予感――実際には不可能であったとしても——として我々の前に現れるのである。現実世界は不協和音ばかりが鳴り響く聴くに堪えないヘボ音楽でしかないとしても、音楽美が——夢でも幻想でもなく——実際にあるということが、相反する不協和なものが調和や和解へと至ることが可能であること、美しいものが現実にありうる、起こりうるということへの確信へと我々を誘うのである（数学は通常ロゴス的知の一部として扱われるが、狭い意味での言葉のロゴスの形式とは異なる独自のロゴスの形式を持つ数学においても、ひょっとすると他者を介在しない弁証法的第三の項を示す例があるのかもしれないが、筆者はなにぶん数学に疎いので、そうした実例があるのなら数学に詳しい読者諸賢にご教示願いたい）。

27

カントは『純粋理性批判（中）』（**5-P36/3-S.329**）で「絶対的」という言葉の使用の危さについて論じている。彼は「絶対的」という言葉を「われわれがそれなしではいられない表現、にもかかわらず長い間の誤用によってそれに付着している曖昧さのゆえに確実に用いることができない表現」と呼んでいる。この「絶対的」という概念は、その語の不安定な使用によって概念自身の損失さえも招きかねず、この概念は理性の重大な関心事でもあるので、その損失は超越論的判定に対する大なる損害を与えずにはおかないものであるという。「絶対的に可能」という場合、あるものが内的に妥当するという最小限のケースと、あるものがすべての関係において妥当するという最大限のケースがあり、この二つの意味はしばしば合致するのだが、たいていの場合において両者は互いにかけ離れている。「あるものがそれ自体において可能であるからといって、すべての関係においても、したがって絶対的に可能であるということを、私はいかなる仕方でも推論できない。それどころか、［……］絶対的必然性は決してすべての事例において内的必然性に依存しない、したがって、内的必然性と同義的なものとはみなされてはならない」（同**5-P37/3-S.329**）とカントは述べ、内的必然性は、ある種の事例においては、我々がそれにいささかの概念も結びつけることのできない空虚な表現であり、他方、すべての関係における物の必然性の概念は全く特殊な諸規定を伴っている、と両者の違いを指摘し、「絶対的」という概念の恣意的な使用を警めている。神様が夢枕に現れ、あの山の菩提樹の左三メートルを掘りなさいとお告げを受け、掘ったら泉が湧き出たという場合は、その発見者にとってそのお告げは内的必然性を持つが、神のお告げと泉の発見が絶対的必然性の関係性を持つかは、いかなる仕方でも推論できない。夢でお告げを受けたと周りに宣言し、勇んで買った馬券が外れたギャンブラーは少なくないだろう。このパラグラフの最後に「ところで思弁的な哲学において大いに適用される概念の損失は哲学者にとって決して無関心ではありえないのだから、概念が依存する表現の規定と注意深い保存も哲学者にとって無関心ではないであろうということを私は希望する」（同5-P37/3-S.330）と述べており、この発言は、もとより誰に対する皮肉として書かれているテキストでもなく、カントの死後にヘーゲルは哲学者として登場するのでそんなことは事実としてはないのだが、ヘーゲルに対する皮肉として読みたくなるような文章である。「哲学者」にとって表現の規定と注意深い保存は無関心ではいられない事柄に違いあるまいが、ペテン師にとっては、無論どうでもいいことでしかなく、彼らはその言葉を好き勝手に使ってよいものと考えるからである。

28

才能ある若いJ-POPアーティストたちに、おじさん（筆者）もまた楽しませてもらうことは多いが、悪い意味での「若さ」が一番表れやすいのが歌詞であろう。長く生きていない分だけ語彙が少ないことも一因だろうが、あなたたちJ-POPアーティストの通弊となっているのは、「運命」「永遠」「奇跡」などの神棚言葉を安易に使いすぎることである。それらの神棚言葉を盛り込めば、何かたいそうなことを言えたかのように勘違いする、あるいは――こちらの方が事の真相として多いケースだろうが――普通の言葉では何も訴えるものがない歌詞しか思い浮かばないので、そうした「超越的」な言葉を使うことで何事かを内容として持っている歌詞かのように偽装する「逃げ」の手口である。この作り手の「逃げ」には、自分の感情の希薄さ・無内容さを直視できず、何か重大な精神状態にいま自分があるかのように自分で錯覚したがる受け手の若者たちの「逃げ」の心理が呼応する。作り手の「逃げ」の手口が現実逃避型のファンの賛同を得たとしても、アーティストとして手柄とはならない。ヘーゲルとヘーゲル信奉者たちとの間にもこうした関係性があると言えるだろう。語彙の少なさは本質的な問題ではない。言葉に熟達した者は、ありふれた言葉だけで、十分に人々の心に訴えかける歌詞を生み出すことができる。古いところでは、イルカの『なごり雪』、近年では、松崎ナオの『川べりの家』など。『川べりの家』に一箇所「奇跡」という言葉が出て来るが、これは水槽に入れた魚の色のことで、筆者の言う「神棚言葉」の使い方とは違う。ついでにおじさんの勝手な解釈を述べさせてもらうと、「大人になってゆくほど、涙が良く出てしまうのは、一人で生きて行けるからだと信じて止まない」は至言で、それは、一人で生きて行ける大人は、善きことのために微力を尽くすこの世のどこかで生きている大勢のることを、年を取るほど実感できるからである。「水溜りに映るボクの家」も、一つの奇跡としてこの歌はとらえている。神棚言葉とは、そこにないものを、あたかもそこにあるかのように見せかける偽りの言葉であり、それとは反対に、この歌詞のような、誰もがそこにあるのを目にしながら、そこにあることに気づいていないものを気づかせる言葉がある。詩人とはそういう言葉を駆使できる特殊能力を持った人のことをいう。前者の「奇跡」という言葉はしゃらくさいだけだが、後者の、人々が気づいていない真実に気づかせる言葉の的確な使用は、「奇跡」のように美しい。

松崎ナオがただ者ではないのは、イルカの『なごり雪』はあくまで惚れた腫れたの話であり、あんちゃんねえちゃんたちの差し迫った重大事を扱っている。だからヒットする。松崎はもっと遠いところを見ている。表現の前面に最もよく現れているのは、生命をいつくしむ感情であろう。この世がもっと善いものでありうることを憧憬する高邁な精神が彼女の詩を紡いでいる。もっとも、だからといって、彼女の詩が押しつけがましいものである訳ではない。おそらく彼女が自分に厳に戒めていることは、歌詞が嘘っぽくならないこと、その次に厳に戒めていることは、歌詞が安っぽくならないことであろう。やや大仰な譬えをすると、もう消費し尽くされ陳腐となってしまった表現を使う気にならないという点では、ベートーヴェンの後期の作品群に通じるものがある。作曲家としての中期の完璧な勝利の後、晩年のベートーヴェンには変化が訪れる。主観と客観との整合とそれに基づく「本当っぽさ」に飽き足らなくなっていく。ベートーヴェンにとっても松崎にとっても、誰もが安易に「本当」と思い込でいる納得感に安住する表現、つまり自分の真理欲求にとってもはや飽き足らない表現とは、嘘っぽくなること、安っぽくなることでしかないからである。従って彼女の歌詞は韜晦を極めるので、何を言いたいのかよくわからないというのが聴衆の一般的な反応だろう。青春映画の主人公は、恋人の乗るバスをなぜかタクシーを使わず全力疾走で追いかけるのが定番だが、松崎はそうした阿呆らしい表現を歌詞に盛り込むには、あまりに自分自身や物事をきちんと見ている人間だということなのだ。彼女は「売れる楽曲のお約束事」をいっさい無視する。だからヒットしない。曲想自体も極めて独特で、その歌詞に普通そんな曲はつけないだろうと思われる意表を突く表現を連発するので、筆者などにはそのどれもが心地よいのだが、大概の人にはついていけない感じがするのも無理からぬ気がする。彼女の高邁な精神をわりあい直接的に感じ取ることができる『真夏の雪』も、最後に「真夏の雪は暑さ知らず」という意味不明な歌詞で締めくくられているので、多くの人は「なんじゃ、こりゃ」となる。だが、『風鈴ヶ丘』の歌詞などを合わせて考えれば、彼女がどの方向にまなざしを向けている人なのかに気づく人も少なくないのではないか。言うまでもなく、ありふれた言葉に深い意味を持たせることは、容易なことではない。何かの熟達には訓練が必要である。おじさんがアーティストのみなさんに提案したいことは、さしあたり、「運命」「永遠」「奇跡」などの神棚言葉を使わないで歌詞を書くことを自分に課すこと、それによって、自分の「本当の気持ち」が本当はどんな気持ちなのかがわかってくるだろう。多分あなたたちの「本当の気持ち」を伝えるために、そうした神棚言葉はむしろ邪魔になるはずである。これはおじさんからの「小さな親切」である。あなたたちにとっては「大きなお世話」かもしれないが。

29　この点では「物」の全般的規定の原則は、すでにプラトンやフッサールとの関係で言及した「射映」（本書38頁）や文学の無規定箇所理論とも関係してくる。

一般的に、目で見られ手で触れられる現象世界の「物」は悟性的把握が可能なものとされるが、厳密にいえば、プラトンの長椅子の例で明らかなように、一つの事物もあらゆる角度から眺めねば、その全体は把握されず、しかも視角をずらすという時間経過の中でしかそれは実行できず、一瞬でそれをすることはできないという制約を持つ。従ってそれはどこまで行っても対象の完全なる把握となることのない、あくまで条件つき把握とならざるを得ない。さらには長椅子の色、素材、温度、硬度、味（ふつう椅子をなめたりしないが、赤ちゃんにとっては周囲の事物に対する重要な認識行為の一つである）等々の対象の把握されるべき特殊個別性の要素を拡大していけば、対象を把握する上でのさらなる制約が増大する。触覚もまた時間経過の中で長椅子の個々の部分を順次手で触ることができるだけである。それゆえ長椅子という一つの事物の認識ですら、厳密にいえば、悟性を超えた、ある理念的要素を含むということになる。「一つの物を完全に認識するためには、ひとはすべての可能的なものを認識しなければならず、〔……〕だから、全般的規定は、われわれが決して具体的にその総体性に関して表出できない概念であり、それゆえ、もっぱら理性のうちに自らの座をもつ理念に基づいているが、その理性は悟性に対して悟性の完全な使用の規則を指令するのである」（『純粋理性批判（中）』5-P266 / 4-S.516）というカントの言葉は、この間の消息を述べている。

文学の無規定箇所理論とは、ゲッティンゲン大学で（のちにフライブルク大学においても）フッサールに師事したローマン・インガルデン（一八九三―一九七〇）の『文学的芸術作品』（勁草書房、一九八四年、原著初版は一九三〇年）に出てくる理論で、元々は文芸理論としてというよりも、現象学の哲学的問題の解明のために彼が選んだ研究素材が文芸および諸芸術の問題であったことから生まれた理論である。文芸理論としては、一九六〇年代の受容美学にも大きな影響を与えた。一九世紀リアリズム文学への反省を促す契機ともなる理論である。作家がある対象を微に入り細を穿って百万言を費やそうと、一人の人物の顔、じゃがいも一個すら、その総体を言語によって小説内に再現することは不可能で、必ずそこには規定されていない箇所が残るはずだ、従ってリアリズム文学とはリアルに事象を小説に再現できるという虚構に基づいているものでしかないという考え方である（もっとも、リアリズム文学とは、そうした虚構が実際に可能であると読者自らが騙されることによって楽しむ虚構〔小説〕なのだが）。その後の二〇世紀文学では、作家の努力は事物や人物の規定にほとんど払われなくなった。彼らはむしろ、不条理や非現実を駆使してリアルを追求するようになる。「一定の対象の範囲内に留まることにぜんぜん頓着せず、実在性の領域的本質により規定された限界も超え出た実際上は不可能な矛盾に満ちた世界を呈示することによってこそまさに、特殊な美的印象を発揮することができるような文学的作品も原理的にはありうる」（同217頁）というインガルデンの記述は、一九一〇年代～二〇年代にも先駆的な非現実的文学作品がすでに多数出ていたが、二〇世紀後半に主流となる文学的傾向を予見するような発言である。

　もっとも、一九世紀リアリズム文学のリアルが実はリアルではないのと同様に、二〇世紀文学のリアルがリアルではないこともまた、言うまでもないことである。作品の成否は、各時代の人々がリアルだと感じる「リアルではないリアル」を駆使して、我々のリアルな現実の諸相への洞察を深めてくれることにある。だから、文学（おしなべて芸術全般）は、やり方が推移していくということであって、その手法の駆使の仕方の優れたものとダメなものがあるだけで、時代と共に芸術が「発展する」などということはないのである。一二世紀のトルバドゥールの詩より一九世紀のボードレールの詩が発展した詩だなどというのは虚仮《こけ》な話でしかない。どちらも、それぞれの時代にその時生きていた人々が、自分が最もリアルだと感じたものを追求したものだということでしかない。「発展」についてせいぜい言えることは、同時代の同じリアルを追求している者同士で、A氏の詩はB氏の詩の発展形態だというようなことが語りうるということだけである。

30　この違いは、「物自体」をどう理解するかの立場の違いとも関係している。弘文堂のカント事典の「物自体」の項目にレーニンの「物自体」理解が紹介されているが、レーニンはカントの物自体論を一種の不可知論と捉え、科学の発展によって物自体も解明されると考えていたようである（『カント事典』弘文堂、二〇一四年、510頁）。ニーチェも同じような発想で「物自体」を捉えているが（本書37頁）、この見方は、神の問題を宇宙論的に捉える立場のように、超越論的問題を科学の対象であるかのように捉え違えており、カントが唯一有効とする存在論的神学の立場にとっては的外れでしかない。ちなみに、この項目の解説では、ヘーゲルの「物自体」理解を誤解・無理解の事例として解説するならともかく、何かカント以後に現れた新たな考慮に値する知見であるかのように取り上げている（同事典509頁）。これもまた見当違いでしかない。

31　一八世紀半ばまでの近代哲学の潮流にはイギリス経験論と大陸合理論の二つがあった。カントにとって、人間が感覚的経験を超えた形而上学的なものへ向かう本源的な志向性は極めて重要なものであり、それが経験的懐疑論者によって不可能と専断されるのではなく、また他方で、合理論者の独断論によって原因と結果の結合としての必然的関係であるとして可能であると専断されるのでもなく、「形而上学を学として可能」たらしめることによってそれが論証されることが肝要であった。彼はこの二つの方法の行き詰まりを二つを総合する形で解決したのである。カントは経験するということを、対象を単に感覚によって受容することではなく、対象について判断を下すことであると考え、経験とは「SはPである」という判断のように、主語Sを述語Pに結びつけることである考えた。経験の可能性の問題とは、対象の感覚や観念のレベルの問題ではなく、主語と述語の結合としての判断の可能性の問題としたのである。当時、判断は総合判断と分析判断の二種類があるとされていた。総合判断とは「この猫は白い」とか「秀吉は天下を統一した」「すべての人間は死ぬ」などのように、主語概念においては全く思考されておらず主語概念の全く外にある概念を述語として付加する判断を言う。「猫」という主語概念の中に「白い」という述語概念は含まれていない。したがって主語概念に含まないものを結合させるので主語概念についての認識を拡張する判断ということになる。

これに対して分析判断とは、「白猫は白い」とか「平面図形は平面である」という判断のように、主語概念の一部を論理的に述語として取り出したに過ぎない判断をいう。主語概念にあらかじめ含まれていた部分概念を取り出すだけであるから認識を拡張するものではない。総合判断は確かに拡張的ではあるが感覚的経験に基づくものであり、古代以来の哲学的伝統では決して確実なものとしては扱えない偶然的判断とされる。他方、分析判断は拡張的ではないものの、感覚的経験から独立しているため感覚の偶然性に左右されないアプリオリな判断として常に真と認められる必然的判断である。アプリオリという言葉は「生まれながらの」とか「生得的な」という意味で、経験に先んじて論理的に備わっているものという意味である。この反対がアポステリオリで、経験によって帰納的に得られるものという意味で、事実の観察によって得られる結論のことである。「白猫は白い」はアプリオリな分析判断だが、「この猫は白い」はアポステリオリな総合判断である。カントは、我々が経験するこの世界について客観的に妥当する認識が可能かどうかを論じる上で、この二分法の克服が重要と考えた。彼は、アポステリオリでしかない総合判断における偶然性という欠点とアプリオリではあるが分析判断における客観的世界との無関係性という欠点を、第三の判断である「アプリオリな総合判断」というものを構想することで解決しようとしたのである。カントによると、この「アプリオリな総合判断」の実例を、すでに我々は数学と自然科学の分野で手にしているという。第一書『知への問い』（53頁）でメノンの召使の少年が公理に基づいて幾何学問題を解いたことに触れたが、四角形のように観念の中にしか存在しないものを観念的操作によってある命題を解いたり、リンゴの落下から万有引力を推論する原因と結果の結合に関する知識は、個別的特殊的感覚経験を越えた人間の一般的普遍的知性の現れである。数学の思考は個別の図形から経験的に認識を引き出すことではなく、また逆に、単なる概念から数学的認識を演繹することでもなく、「概念に従って自らアプリオリに考え入れ（hineindenken）、描出する」（『純粋理性批判（上）』4-P30/3-S.22）ことである。「内部へと考えを入れる**hineindenken**」というドイツ語は、日常的語義としては、「相手の身になって考える」、「自分の問題として考える」という意味だが、ここで言う「内部へと考えを入れる」というのは、このように考えることができるのではないかという目算が認識者の側にすでにあり、その目算に従った思考の構成（Konstruktion）が実際に可能かどうかを検証するという経緯をたどる思考のあり方を言う。自然科学の推論・仮説・実験による検証は、まさにこの経緯をたどっているので、「アプリオリな総合判断」の実例といえる。

「アプリオリな総合判断」について、以下、余談である。これは、Aアプリオリ–B分析判断とCアポステリオリ–D総合判断の二つの相反する思考法がどちらも行き詰ってしまった場合、A–DとB–Cの組み合わせも検討しようとする発想であり、筆者はこれを「たすき掛け発想法」と呼んでいる（もっともこのケースでは、「アポステリオリな分析判断」などというものは存在しえないので、片方の紐だけが結ばれているだけで、完全なたすき掛けにはなっていないが）。あるいは「押してもだめなら引いてみな発想法」「ダンジョン宝探し発想法（左の洞窟を進んで宝箱がなかったら、今度は右の洞窟に入ってみる発想法）」と呼ぶこともできる。この発想法自体はカントのオリジナルというよりも、科学研究では当たり前なことでしかない。ただカントはこの当たり前な発想法を哲学的問題の行き詰まりにおいて用いてみて、「アプリオリな総合判断」が可能であること、数学と自然科学の分野ですでにそれが行われていることに気づいたという点で、カントの功績に帰してよい「コロンブスの卵」であった。筆者の記憶に間違いがなければ、野依良治（だったと思う）がノーベル賞受賞に際して受けたインタビューで、彼の方からインタビュアーに「モーツァルトとアインシュタインのどちらが偉いか」という問いを出した。彼が言うには、モーツァルトの音楽は彼がいなければこの世に存在することはなかったが、アインシュタインの発見は彼がいなくてもいずれ誰かが発見するものであり、従って、モーツァルトの方が偉い、ということだった。どちらが偉いかなどという質問自体はくだらないもので、どちらも偉いのが正解なのだが、その発言で彼が明らかにしているのは、科学研究と芸術との違いである。つまり、科学とはダンジョンでの宝探しと同じような性格を持ち、左の洞窟に宝箱がなかったら、右の洞窟に行ってみるという行為の繰り返しにほかならず、それを繰り返していれば、いずれ誰かが宝箱に行き当たるということなのだ。科学的発見は、本来、発見者ただ一人にその功績が認められるものではない。ここには宝箱はないと洞窟の入り口に先人が張ってくれた張り紙を後進は見ることができるのであり、それによって無駄な探索を省略できた上で、歴史的にたまたま彼が宝箱のある洞窟に入るタイミングにあったという側面も持つものなのである。つまり成果とは結びつくことのなかった先人が積み重ねてきた無数の「失敗という功績」の果てに、そのおかげもあって発見できたという側面があるのであって、その先人たちの失敗もまた科学への貢献だったことに変わりはない。もう一つ発見者が心得違いをしやすい事柄として、民間の研究所に在籍する研究者が、彼の発見を会社が金銭的に報酬化しなかった場合に憤慨するようなケースがある。だが、だとしたら彼の研究がすべて空振りに終わり、彼の研究に無益に投じた会社の金を会社に与えた損害と認めて、彼は退職時に賠償するとでもいうのだろうか。成功時にはその成功は自分一人のもの、失敗時はそれまで投じた金の全額を会社が負担すべきものという考え方は、どう考えてもフェアではない。成功しようと失敗しようと解雇されることなく通常の給与をもらい続けることができるという条件でその人は雇われていたはずである。個々の係争のケースでは、どちらとも言えない微妙な機微を持つ場合があるのかもしれないが、筆者がここでもう一つ掘り下げたいのは知の公共性という視点である。

哲学書はラテン語で書くことが一般的だった時代に、デカルトはフランス語で書いた。デカルトがそのようにした理由の考証学的な詳細は知らないが、筆者はそれを知の公共性に関わる問題として捉えている。ラテン語は一部の知識階級にしか読むことができないが、フランス語という俗語なら誰にでも読めるということである。日本の高校生が一七世紀の日本の書物を読むことはまずできないが、バカロレアに文系理系ともに哲学が必修であるフランスでは『方法序説』が高校生の必読書であるように、現代人にも普通に読めるフランス語である。知がラテン語を解する者たちに独占され、それを下々に平易な言葉で解説することで利を得る特権階級ができてはならず、知が利権化することなどあってはならない、「良識」は上層階級であろうと下層階級であろうと誰もが等しく持つものであって、その誰もが持つ良識に自分は直接語りかけるのだという考えがデカルトの中にあったのであろう。デカルトは一五九六年に生まれ、一〇歳から一〇年間、イエズス会経営のラ・フレーシュ学院で当時ヨーロッパでの最高レベルの教育を受けた。しかし彼はそこで得た知識で自分がすべてを学びつくしたという実感を持てることはなかった。「多くの疑いと誤りに悩まされている自分に気がつき、勉学に努めながらもますます自分の無知を知らされたという以外、何も得ることがなかったように思えた」（『方法序説』岩波文庫、二〇〇三年、11頁）という感想を持っていた。一四世紀から一六世紀の後期スコラ学は一三世紀の形而上学的思索から離れ、変質していく。デカルトが『哲学原理』（岩波文庫、一九九九年、15頁）で書いているところによると、プラトンやアリストテレスはデカルトの時代の学問界で権威化され、学者たちは何かより優れたものを自分で探究するよりは、二人の意見に従うことに専念するだけになっていた。

ここ数世紀、人々は無反省にアリストテレスに随従し、あまつさえ彼を曲解し、その誤った先入見を若者たちに植え付けることになっていたという。彼はそうした教師たちの姿に失望し、彼らのような役立たずの「哲学業者」や「哲学業界人」になるための著作ではなく、普通に生きる良い子のみんなのために、それも彼の時代のフランス語をそのまま解するであろうその後数世紀にわたる子々孫々の良い子のためにそれらを書いたと考えるべきであろう。その姿勢は宗教改革とも似た性格を持つ。それまで聖書はラテン語で書かれていた。つまり民衆が神の教えに触れるためには僧侶という仲介業者が必要であり、当然、天国へ行くために人々が必要とするその仲介業者は特権化する。しかも聖書は量産できない高価な写本であり、聖書の実物すら民衆には拝むのが難しい存在だった。宗教改革は、ルターによる聖書のドイツ語訳とグーテンベルクによる活版印刷の発明が両輪となって動き出す。知は誰のものでもない、みんなのもの、知の特権的仲介業者を不要とする動きである。聖書は廉価で誰もが手にでき、民衆は直接神の教えに触れるようになる。イエス様は聖書でこうおっしゃっているのだから、あの坊主が言うようなことを考えておられるはずがないと、誰もが自分の頭で物事の理非を判断できるようになるということである。宗教改革の波及効果はすさまじく、コンピュータの発明、スマホの普及とは違って、宗教改革は単に「情報」や「情報伝達」の革命ではなく、知の本源的あり方の革命であった（もっとも、ネット社会の形成は、国家間の戦争が当事国間の力関係にとどまらず、非道な戦争を起こした者は、ネット上で全世界を敵に回すはめになるという新たな局面をもたらしている点で軽んぜられない。強い軍事力さえ持てば、無理が通って道理が引っ込むことにはならない世界がやって来つつある。日本の非戦平和主義が絵空事ではなく、現実的に可能ならしめるヒントがここにある。まだまだ遠い先にある答えを見つけるための、今のところ微小なヒントにすぎないが）。ルターのドイツ語訳聖書は、グリム童話と並んで、ドイツ各地の地域的独自性の強かったそれまでのドイツ語をドイツ人であるならば誰でも理解できる共通性の高い統一ドイツ語の形成にも寄与し、それが公共的な知の影響を広めることにもつながった。ソクラテスは弟子から金を取らなかった。知は「商品」ではないからである。ソフィストの中にも金を取らない人はいたが、多くの場合ソフィストたちは金を取った。日本では吉田松陰が知を公共的なものと捉える性格が顕著な思想家だったと言える。松下村塾では束脩（入学金）を取らなかった。松陰は弟子たちの間で自分を師と位置づける場合は無論あったが、弟子を共に知を求める同志、共に学ぶ者として見なすことが多かった点でも、ソクラテスに似ている。余談のさらなる余談だが、テレビ番組で、職業名を表記したプレートが置かれた席に様々な職業のコメンテーターが並ぶ中で、「哲学者」と表記したプレートを置いている人がいるのを見て、思わず噴き出したことがある。「愛妻家」や「愛犬家」が職業名ではないように、「哲学者（知を愛する者）」が職業名ではないことは、哲学者の常識である。

32　岩波版カント全集有福孝岳訳でこの箇所は「物の概念に付け加わりうる何らかの或る物の概念ではない」となっているが、原文は **kein Begriff von irgend etwas** という否定ではなく **ein Begriff** という肯定なので、文法上その訳には無理がある。有福訳は、「ある」は物の概念に付け加える何ものをも実質的に持たないので、それは総合的ではないということを強調したかったのだろう。その意図自体はカント解釈として間違っていないが、文法的には無理である。筆者はこれを「物の概念に付けることができる（単なる）一つの概念である（にすぎない）」と訳すべきと考える。丸括弧部分で強調しているのは、確かにそれは物の概念に付けることができる一つの概念ではあるが、その「ある」という概念自体は実質的な内容を持たない概念でしかない、つまり何も付加することにはならない概念にすぎない（つまり総合命題とはならない）ということで、それがカントがその文で言いたかったことだと考える。解釈内容自体は有福訳と変わりはないのだが、内容上変わりがないのなら肯定文を否定文に訳したところで大した問題ではないとするのは、翻訳者の姿勢として正しいとは思わない。

33　これを読んで、読者の中には、それはカントのようなとりわけ道徳的な人間だけがそんな志向性を持つのだろう、と疑いを差しはさむ人もいるかもしれない。だが、筆者のようにさほど道徳的ではない人間でも自分の中にそうした志向性があることを感じているし、自分たちはさほど裕福な暮らしをしているわけでもないのに、身銭を切ってでも善いことがしたくてうずうずしているおじさんおばさんは世の中に山ほどいるように、おそらく普通にまじめに暮らしているどの人々の中にもこの志向性はあるものなのだろうと思う。人間の姿をしたダニやシラミたちは、「えっ、みんなそうなの?」と素っ頓狂な声を上げるだろうが、そうなのです、あなたたちがダニやシラミではなく、人間であるのならば、あなたたちもまた「善なるものへの志向性」をみんなと同じように持っているのです。『知への問い』の註61で「『紳士淑女』は、そう呼びうる人間は現実には存在しないという意味では、イデアである」と書いたが、紳士淑女の真逆の位置にいるヤクザであっても、三角形とはどういう図形なのかがわかるのと同様に、紳士淑女とはどういう人たちなのかを想定することができる。「想定できる」とはつまり、ヤクザたちもまた、同じ人間として「善なるものへの志向性」が内在した存在であることがそれによって証明されているということなのだ。プラトンの言い方をすれば、彼らの首が明後日の方向を向いているために、物事の理非が見えなくなっているだけで、彼らの首をちょいとひねってやれば、彼らもまた正しいとはどういうことなのかがわかる人々だということなのである（彼らの場合、首の筋がカチカチに硬直しているので、容易にはひねることができないという難点はあるのだろうが）。

34 ヘーゲルの『宗教哲学』はヘーゲル生前の著作ではなく、彼の講義を聴講した学生の講義録に基づき彼の死後、編纂されたものである。『知への問い』註29で言及したニーチェの『古典ギリシアの精神』と同様の背景を持ったテキストである。『宗教哲学』には付録として「カントの宇宙論的証明の批判」が掲載されている。この遺稿でヘーゲルは、カントの神の存在証明批判の結果、安易な神談義など不可能にさせるほどカント学説の影響が広範に及び、神の存在証明は学問的論究において問題とはならなくなり、人々が大っぴらにそれについて言及することが憚られるほどになったと自分で言いながら、彼自身は懲りもせずに、「しかるに、それらの証明を通俗的に使用することはなお許されており、また青少年の教化や年長の成人の教化に当たってこれらの証明を適用することは全く一般的になっている」（『宗教哲学』一九九五年、**17-P280/17-S.421**）と述べ、カントの「宇宙論的証明の批判」の批判を始める。学問とも哲学とも関係のない一般人が神の存在証明を通俗的に使用するのはかまわないだろうが、学者であり、いわんや哲学者と称するヘーゲルに通俗的使用など許されない。そうしていいのだと言っている時点でヘーゲルは、信心深い田舎のじいさん並に自らを貶めていることになる。ヘーゲルの批判は論理的整合性などどまるでないでたらめなもので、「カントの哲学およびカントのそれらの証明に対する論駁もまたずっと以前に片づけられ、従ってもはや論及するまでもない事柄であるように見える」（同**17-P281/17-S.423**）と述べているが、この「従って**darum**」は、カントの論駁を片づけるような論拠を示してはじめて使うことができる副詞である。このテキストのその後の展開でその論拠が示されるのかと思いきや、そんなものは何も示さないまま、ただそう言ったきりでヘーゲルは話をスルーしてしまう。従って、この「従って」は「従って」になっていない。同箇所では、「ただ感情だけを真理の裁き手と見て、思想を余計なものと考えるばかりでなく、呪うべきものと認めるやり方の源泉となったのは、ひとりカントの批判のみである」と書かれており、「感情」とは「オラがそう信じたいんだから、それでいいべ」という感情であり、「感情だけを真理の裁き手と見て、思想を余計なものと考え」「呪うべきものと認める」以上、それはカントが批判した安易な神の存在証明を可能とする人々の立場のことだと読んでいるこちらは当然思うわけだが、ヘーゲルはカントこそがその立場の源泉だと言っているのである。最初、筆者は面食らって、自分がテキストを読み間違えたのか、はては訳者が誤訳しているのかと危ぶんだが、翻訳に間違いはなく、ヘーゲルは真顔でこの突拍子もない言いがかりをカントにつけているのである。欺瞞中の欺瞞というべきものである（大学在職中に、ある会議で、正当な理由もなく自分の意向を押し通そうとする人に筆者が反対意見を述べると、それは論理のすり替えだ、と言い返されるということがあった。論理のすり替えによって自分勝手な意向をごり押しをしている当の人間が、自分に対する批判者に向かって「論理のすり替え」という言葉を機先を制して用いれば、自分の「論理のすり替え」を正当化できると思ってのことであろう。無論、筆者はそんな詭弁は粉砕した。もっとも、バナナをほおばることしか考えていない愚者たちの楽園で正しいことを言えば、みんなから妙な顔をされることになるのは言うまでもないことである。そこでは正しい論理性に基づいた意見を述べる者よりも、でたらめな理屈をまくし立ててでもバナナを手に入れようとする者こそが、正常な人間、自分たちの仲間だと見なされるからである）。

続けてヘーゲルは、カントが批判した宇宙論的証明が偶然的な現存と絶対必然的な本質体という規定を含んでいるように、有限性と無限性という抽象的で単に質的な規定よりもいっそう具体的な規定を含んでいる、対立が制約されたものと制約されないもの、あるいは偶有と実体と言い表されるにしても、この対立は上述のような質的意味のみをもたなくてはならない、それ故（daher）本質的問題点はただ証明における媒介（Vermittlung）*の形式的行程だけであって……（同 17-P282/17-S.423）、と全く無内容な無駄話を始める。なぜ「全く無内容な無駄話」なのかと言えば、彼の言う「質的な規定」「いっそう具体的な規定」とか「媒介」というものが実質的に何を意味しているのかは、彼のテキストを追っても何一つ明らかにはならないからである。それ故、この「それ故」も「それ故」になっていない。ただ読者をけむに巻くための似非議論でしかなく、あたかも何かを哲学的に論じているかのような雰囲気を醸し出しているだけで、実質的な内容を持った論究など、このテキストの中のどこにもないからである。

*「媒介」はヘーゲルのテキストで多用される用語で、弘文堂『ヘーゲル事典』（二〇一四年）では一応、彼のテルミノロギーとして扱われている（同事典387頁）。「媒介」は「直接性」と対で使われる概念で、第一のものから第二のものへ移る場合、第二のものは第一のものによって媒介されているとされる。これに対し「直接性」「無媒介性」は、他のものに媒介されずそれ自身で自立しているとされ、ここまで聞いた限りでは、存在の異なる二つの捉え方があるのだなと我々は理解するのだが、事典の解説に従うと、ここからヘーゲル一流のぐだぐだな話へと進んでしまう。すべての客観的実在とその認識とは、ある意味で、他のものによって媒介されているといえ、世界は無限の媒介、被媒介の連鎖であり、学的究明とは、この連鎖をたどることであるとする（ここまではぎりぎりセーフ）。ヘーゲルは、天上・自然・精神の中であれ、どこであれ、直接性とともに媒介を含まないものは全くない、直接性と媒介が一致するとし、さっきまで対となっていると言っていたはずの二つの概念を混濁させるようなことを述べ始める。さらに彼は、私が宗教や道徳を直接的所与とみなすのは、子供のころからの教育という媒介の結果に他ならない、直接性は媒介の止揚を通して成立する、真の媒介とは自己自身の中で自己完結するものとして、自己媒介なのである（「自己媒介」？なんじゃ、そりゃ。二つの異なる物があるから「媒介」というものがありうるのである。「措定的反省」「絶対的反省」〔本書81頁〕「（概念や規定の）内在的超出」〔本書50頁〕と同様に、それに対応するものなど現実のどこにもない、ヘーゲルに特徴的な「なんとなく哲学っぽく聞こえる、ただそう言ってみただけ語」の典型である。馬鹿々々しすぎてあきれ果てるばかりである）、また、「媒介するものと媒介されるものの同一性」、「媒介を止揚されたものとして自己の中に含む」などと述べ、もはや「媒介」と「直接性」の区別などなきが如きものへと、話のぐだぐだ化がとめどもなく進む。笑ってしまうのは、宗教や道徳を直接的所与とみなすのは、子供のころからの教育という媒介の結果だと言っていることで、教育とはある意図をもって子供に付与する媒介そのものに他ならず、媒介である教育によってもたらされた宗教や道徳が直接的所与であるはずなどなく、文字通りの「媒介」によって媒介されたコテコテの被媒介物以外の何物でもない。違う意図で違う教育を施せば、違った宗教や道徳を子供たちは身につけるだけのことで、それは「直接性」とは最も縁遠い事柄である。教育はその媒介された宗教や道徳を子供たちが直接的所与と信じ込むまでに内面化させる（媒介を止揚させる）、そうした意図を持った大人たちの施策ということであって、それは正しい教育であろうと邪悪な教育であろうと、教育のその特性は変わらない。媒介を止揚させた結果得た直接的所与であるとの確信は、直接性の後づけ的な思い込みであって、本来の「直

接性」とは全くの別物である。ヘーゲルに特徴的な話のぐだぐだ化は、それを推し進めることによって議論における根拠というものを曖昧化し、不明瞭化し、もはや根拠などは必要がないものであるかのような恣意的な議論を可能にすることを目的とする詐欺的手法である。それにもってこいの用語の一つが、この「媒介」なのである。ヘーゲルが多用するもう一つの恣意的な議論を可能にするためにもってこいの用語が「絶対」であるが、「絶対」と「自己媒介」は両立しない概念では？

さらに、「或るものが現存するならば、端的に必然的な本質体も現存しなければならない〔大前提〕。しかるに少なくとも私自身は現存する〔小前提〕。故に絶対的に必然的な本質体も現存する〔結論〕」という宇宙論的証明の推論を、カントは、小前提は一つの経験を含み、大前提は経験一般から必然的なものの現存在への推論を含んでいる、それゆえこの証明は経験から始まり全面的にアプリオリに行われているわけでもなく、存在論的に行われているのではない、我々の感性界の特殊な性質の考察を証明根拠として用いているにすぎないとして批判する（カント『純粋理性批判（中）』5-P292/4-S.537）。それに対してヘーゲルは、カントのこのもっともな批判を、この所見（岩波版の木場深定訳では「注意」となっているが、Bemerkungは通常「所見」または「コメント」と訳されるべきである）は「この証明一般の前述のような性質に関するものであって、真の媒介全体のただ一面のみを取り上げたものにすぎない」（ヘーゲル同17-P283/17-S.424）というただの一文であっさり片づけてしまうのである。無論、何も片づいたことになってはいない。片づけたふりをしているだけである。「ただ一面のみ」ではない他の面がどのようなものなのかの言及も何もなければ、ヘーゲルの言う「前述のような性質」も「真の媒介全体」も、その実質的内容を彼は何も明らかにしていないからである。カントの所見に対して何の中身のあるコメントもしないまま、彼はカントの宇宙論的証明批判をもう済んだこととして次の存在論的証明に話を移す。次もまた哲学的装飾物でごてごてと飾り立てた同じ無内容の繰り返しでしかない。経験的な証明根拠は必然的本質体がどのような性質を持つかを教えることはできない、理性はこのために必然的本質体があらゆる可能な事物のうちのどれが絶対的必然性に対して要求せられる必要条件をそのうちに含むかをただ概念のみの背後に探索する――「事物のうちのどれが」と言っている点で、ヘーゲルはカントの論述をやや曲解しているが――とするカントの立場を、論理に基づいて反駁するのではなく、カントの論究がすでに過ぎ去った過去の言説であるという一点に寄りかかって、もはやそれをまともに扱う必要のないものであるかのようなポーズを取った上で、「従って或る事象の概念を問われる場合、または一般に或る対象が概念的に把握せられなければならない場合、それがどのような意味をもつべきであるかを示す必要はない」（同17-P284/17-S.425）という、およそ哲学者の発言とも思えない暴言・珍言を吐くのである。人々がそこに推理の進行の整合性を見るカントの叙述を、「この推理により到達された帰結は明確に根拠によって認識せられ、証明せられ、洞察はただ根拠からのみ帰結するものである」（同17-P284/17-S.426）という真っ当な、というより、当たり前な確認を自分でしておきながら、次のように唖然とするような卓袱台返しをするのである。「これに反して、我々の時代の知識の大道を歩むとき、人々がそこで遭遇するものはただ感情の託宣と、一個人の断言のみであるが、しかもこの断言は万人の名において確証するという僭望をもち、まさしくそれ故に自己の断言をまた万人に要求するという僭望を有する。規定やその表現の何らかの精密性とか、整合や根拠を要求するというようなことは、認識のこのような源泉においては問題にならない」（同箇所）。ボンクラたちなら気にも留めないだろうが、かえって優秀な人たちほど勘違いする心配があるので念のために断っておくが、これはヒトラーやゲッベルスの言葉ではない。哲学者と称するヘーゲル氏の発言である。ヘーゲルは基本的に、時代が下ればその分だけ人類が進歩した位置にいるという前提で物事を発想する人だが、時代が下ればその分人類が退化した状態になることもありうることを考えない。というより、自分をどうしてもカントより優れているように見せたいがために、カントは過去の人であり、われヘーゲルは現代の人である、というただそれだけのことを理由として、過去のカントよりも現在の自分の優位性を前提とした無理筋な強弁を押し通すのである。「感情の託宣」「一個人の断言のみ」とは、まるでナチのイデオローグが口にするようなうつけた物言いであり、あたかも自分を「総統Führer」とでも思っているかのような、ヘーゲルの退化した人格を露わにしている。筆者はヘーゲルの言説は真っ当な哲学説などではなく、託宣のようなものだと後に述べるが（本書83頁）、ヘーゲル自らが「託宣」という言葉を使っている時点で自分の正体を白状しており、語るに落ちたというべきである。

　ヘーゲルのお話にならないでたらめぶりは、さらに続く。カントの議論はあくまで絶対的必然的本質体までしか導かないとすれば、この（カントの）規定に制限されている神の表象は、我々の（と言っているが、要するに、われヘーゲルの）より包括的な神の概念ほど深いものではない、と言うのである。「実際またキリスト教的表象は、いわゆる自然神学のあの形而上学的規定よりも一そう深いものを、――ともあれ神についての近代の直接的な知識や信仰が示しうるものよりも一そう深いものを含んでいる」（同17-P285/17-S.426）と彼は述べるが、要するに彼が自分はそうしたイメージを持っていると述べているだけのことで、その深さの内容や様相について何一つ明らかにしていない。他者にそう納得させるものを何一つ提示しないまま、自分で勝手に我々の神概念の方が深いのだと「託宣」しているだけである。ヘーゲルの発言に汲み上げるべき点があるとすれば、カントが抽象的思惟規定の意味での概念によって、神を概念的に把握されねばならないとすれば、ただ必然的本質体に導くだけのもので、最も実在的本質体という神概念にはもともと届きようのないアプローチの仕方をしているにすぎないという主張である（同17-P284-285/17-S.426）。それはその通りで、だからこそカントは神の存在証明は不可能だと結論づけているのである。カントにとって、そんなことはわかりきった話でしかない。だったらヘーゲルがそれ以外のもっと有効なアプローチの仕方で神概念を論じればよいだけのことであって、ヘーゲルの山師ぶりは、それ以外の哲学的論証による――単なる民間信仰的ではない――より妥当性のあるアプローチの仕方を示しもしないまま、あたかもそんなものを自分が温存しているかのように振舞い、感性とか感情とかいう空虚な言葉を持ち出して、自分の方がカントよりも優れた神概念の探求者であるかのようなふりをしていることである。こんな見え透いたインチキをありがたがって拝聴している人々というのは、一体これらのテキストのどこをどう読んでありがたがっているのだろうか。お経を唱えてありがたがる人々のように、ヘーゲルの文句を唱えてさえいれば何か知的活動をしていることになるとでも思っている点で、学者というより信仰者と呼ぶべき人々なのだろうか。

筆者がヘーゲルに関して信仰者にならず、学究であることが堅持できている最大の理由は、筆者が天邪鬼な偏屈じじいだからということではなく――筆者は自分では自分を比較的素直な人間であろうと思っている。カントの「物自体」についてヘーゲルがどう言っているかを検証するまでは、みんなが大哲学者と呼んでいるヘーゲルのことだから、さぞかし有益な見解をいろいろ述べているのだろうという気持ちでテキストの精査を始めた。あにはからんや、それが既述の通りの為体《ていたらく》である。むしろ素直な人間だからこそヘーゲルの嘘が見破れるのだろう。文章を精確に読み解くという以外のいかなる動機も持たずにテキストに向き合うからである——、「はじめに」で述べたように、筆者がもともと文学徒であり、ヘーゲルのテキストを詳細に精読するのが六〇歳を過ぎてからだったということが大きいと思う。つまり、世の中にはどのようないんちきやでたらめが横行しているかに通暁し、それらのそれぞれがどのような特性を持ち、どのような心理的・社会構造的背景を持つもので、人々がどのような動機に基づいてそうしたいんちきやでたらめを横行させているのか、その実行者の舞台裏の内情もつぶさに観察してきており、いまさらそんな詐術に騙されるほどウブなお人よしではない歳になってからヘーゲルを読みだしたことが、その種のいんちきやでたらめに対する免疫が正常に機能する理由として大きいだろう。まだ若い大学生や大学院生の頃にヘーゲルを読み始めた人たちは、テキストが理解できなかった場合、自分の無知や読解力不足にその理由を求めるのは自然な成り行きであり、加えてその際に彼らが助力を請う指導教授もまた、若い頃から同じ道程を経てヘーゲルを学んできた人々であり、師弟共に自分の青春を捧げた長きにわたる尊い努力が詐欺師に丸め込まれることでしかなかったなどと信じたくないのは当然だからである。いきおいヘーゲルが大哲学者であるという前提の枠内でのみ、彼らの知的営みが遂行されることになる。これに本書註43で触れる「馬鹿だと思われたくない症候群」が作用すると、ますますドツボにはまり、抜け出せないことになる（なにしろマルクスにせよフランクフルト学派にせよ、かなりの程度この詐術に丸め込まれているのだから、自分ごときがそれを異とするのは不遜であるとすら、「いい人」である彼らは思ったことだろう。だが、そこには、すでにして真理探究者が厳に警戒しなければならない権威主義的心理が紛れ込んでいることに自ら気づくべきであろう）。筆者も、カール・ポパーがヘーゲル哲学がインチキであることをすでに論じていることは伝え聞いている。だが、読んではいない。その本のタイトルを知らないし、調べれば無論すぐにわかるだろうが、ヘーゲルの「物自体」論を精読した時点で、そんな労力をかけてポパーを読む必要など感じないほどヘーゲルのインチキぶりは自明だからである。中国のテーマパークにあるミッキーマウスに似せたオブジェがミッキーとは違うことくらい見ればわかるように、ヘーゲル哲学が哲学とは似て非なるものであることなど、ポパーの援けなどなくても、読めばすぐにわかることである。弘文堂『ヘーゲル事典』では「弁証法」の項目に一行だけポパーの名が出てくる（同事典460頁）。ポパーをどう評価するかはともかくとして、二〇世紀の歴史的に重大な学術論争の一つである「実証主義論争」をアドルノを敵手として展開した反証可能性に基づく批判的合理主義の泰斗を一項目として扱いもせず、彼のヘーゲル批判に対して一行で済ませてしまうのは、事典の扱いとしていかがなものか。事典解説者のポパーへの反論自体も単にヘーゲルの言説をお経のようにそのまま繰り返しているだけのことで、それで反論になると思っているようである。ヘーゲル哲学が哲学ではなく、宗教教理としてのはたらきしか持たないことを、このこともまた証示している。ポパーがどの程度微に入り細を穿ったヘーゲル批判を行っているかは知らないが、彼の異見におかしいところがあるのなら、正面から彼の立論を逐一各個撃破し堂々と議論を展開するなら、どちらに軍配が上がるにしても、哲学界にとって有意義な議論となったはずである。そこから逃げている以上、彼らは学者なのではなく、「信仰者」なのであろう。

ちなみに筆者が第一書でアウグスティヌス論を書いた時と同様に、今回のヘーゲル批判を書くに際してもニーチェがどういうヘーゲル観を持っていたかは後回しになっている。ニーチェ研究者の一般常識として、ニーチェがヘーゲルにあまり好意的ではないことはすでに承知しているが、先入主を持たないためにも詳しい確認はしないまま自分のヘーゲル論を書いている。筆者にとって、ニーチェ大先生の意向に沿うことを述べるのがニーチェ研究なのではなく、あくまで自分が対象をどう見るかがすべてであるのは言うまでもないことだからである。ニーチェのヘーゲル観で特によく知られたものとして、一例だけここで取り上げよう。『曙光』193である。ドイツ語のGeist（精神）を彼独特の哲学用語に仕立て上げたヘーゲルに対して、ニーチェはフランス語の**esprit**（精神）を対置させたことでこのテキストは人口に膾炙しているが、ニーチェの批判（学問的批判というより、多分に単なる当て擦り）は、それによってヘーゲルの核心を衝いているというよりも、単にドイツ的野暮ったい文体・趣味の問題という表層をかすめているに過ぎない。「しかしヘーゲルもまたそのエスプリにたいして、ドイツ的な大いなる不安を抱いていたので、そうした不安があのヘーゲル独特の悪文を創造することになった。つまり彼の文体の本質は、だいじな核心が幾重にも巻かれて、もうほとんど見えるか見えないぐらい、恥ずかしそうに、もの好きに、［……］『若い女たちがヴェールのかげから盗み見る』ようになってしまったところにある」（『曙光』I-9,P187/3-S.167）とニーチェは述べているので、彼もまた、幾重にもヴェールが巻かれた内部に何やら「だいじな核心」があると考えていたことになる。玉ねぎの皮をむき続けていけば、何もなくなる。彼の言説の幾重にも巻かれた内部には何の核心もありはしない、それがヘーゲル哲学の「核心」であるということに、ニーチェ自身も気づいていない。ショーペンハウアーのヘーゲル嫌いは有名だが、彼のヘーゲル嫌いを理解する際に、同僚だったヘーゲルの講義室は盛況で、自分の哲学講義は閑古鳥が鳴いていたという下世話な事実も含めてそれを評価した場合、そこにやや滑稽感がただようのは否めないが、本当の所ショーペンハウアーがヘーゲルをどの程度理解した上で嫌っていたかは定かではないにせよ、ショーペンハウアーがヘーゲルに対して敵意を持つ理由を「自分ではどうにもうまい説明がつけかねた」とニーチェが揶揄するのは適切ではなかろう。ニーチェ自身もまた、ヘーゲルのどこに問題があるのかは、本当のところではわかっていなかったのだから。

35
先の「物自体」論でも、「物自体は存在一般としての物の根拠（Grund）ではなく基礎（Grundlage）にすぎない」（本書39頁）というヘーゲルの記述も、おそらくその元ネタは、カントが厳に戒めているカテゴリーの誤用である「超越論的使用」（4-P340/3-S.269）批判にあると思われる。つまり悟性概念であるカテゴリーを経験的な現象世界に適用を制限するのではなく、現象を超えた直観不可能な物自体へ適用する場合はカテゴリーの誤用である。「原因―結果」はカテゴリーの一つだが、「物自体」が原因となって「直観」がその結果であるという理解をした場合はカテゴリーの「超越論的使用」であり、誤用となる。ヘーゲルの「根拠ではない」という言い方は、我々の直観の原因が物自体であるとする捉え方が間違いであるという事態を、別の言葉で言い換えたものであろう。この言葉の言い換えにもある種の胡乱な動機を読み取るのはヘーゲルに対して少々酷な気がしないではないが、普通の研究者であれば、この場合は「カントによれば……」とカント自身の説明を援用するだけで済ますのが通常で、わざわざ別の表現に変える面倒は省くだろう。カントの名を伏せ、あくまで自分の立論とする姿に、幾ばくかの「オレ様病」を看取できなくもない。

36
もっとも、そんな非常識な人間が現実にいるはずなどないと人が考えるほどには、彼が希少な類型であるとは必ずしも言えないのである。筆者は実人生の中で、そうしたタイプには幾度か出会ったことがある。筆者の財布を当てにするようなことがちょくちょくあるにもかかわらず、二人で会食中に、あるサービス業者の対応ぶりについて不満を感じた際に、この場合は向こうからそれなりの厚意があってしかるべきではないかと憤懣を述べた筆者の言葉を捉えて、この世にタダのものなんかないのだ、と偉そうに説教するという意味不明な男も過去にいた。他人が自分のために金を支出することを当然のように思っているような男が、金を出してあげている当の筆者にそんな説教をするのである。筆者がまれにネクタイをしめると、なんでネクタイをしめているんだと言いがかりをつけてくるネクタイをしめた男やら、筆者がひげを伸ばすと、何だそのひげは、と難癖をつけてくる、ずっと昔からひげを生やしている男など、意味不明な訳の分からないことを言ってくる、不条理に手足がはえて闊歩しているような徒輩は、まれに筆者の前に現れる。また、相手を自分よりも下に見ていられる間は鷹揚に友人然として振舞うが、相手が自分よりもはるかに優れた人間であることが分かった瞬間に、急に異様なまでの敵意を示し、ついこの間まで友人であった相手に憎悪に満ちた悪罵を投げつけるというのも、この種の類型が持つ特徴である。おそらくこうした男たちもヘーゲルも、筆者が個人的に命名している「オレ様病」あるいは「お山の大将病」に罹患しているので、他者への批判の論拠が自分には適用外になるのだろう。嘘は一回言えば嘘でしかないが百回言えば本当になる、とうそぶいた独裁者がいたようだが、超絶的な嘘つき、超絶的な自己中心者に出くわすと、人は往々にして、それが実際に何らかの正当性を持っているから、そこまで自信たっぷりに言っているのであろうと勘違いしてしまう。「いい人」というのは、「オレオレ詐欺」に引っかかるように、「オレ様詐欺」にも引っかかる。

カフカの作品は、まるで夢の中を描いたような小説世界だと評されるが、現実にはいるはずのない、夢の中でしか出てきそうもないと思われるような不条理な人間は、実は現実の世界でも、わりとよく現れるものなのである。世の多くの人々は、大なり小なり何かしらその種の理不尽で不可解な他者の言動に困惑させられ煩わされる体験をもっているので、そうした事実が、カフカの小説が描く不条理な世界に、われわれ読者が迫真性やリアリティを感じ取る要因となっていると考えるべきであろう。

37　カールスバート決議は、ナポレオンの侵攻に伴いドイツ同盟全土に澎湃と湧き起こった人権意識や平等思想の高まりに対して、反動勢力側から起死回生の巻き返しを図る強力な検閲条項を含む出版法だった。ドイツ西部のヴェストファーレン、バーデンなどでは進歩的な法整備が進み、南部のバイエルンでも憲法で出版の自由などが約束されたのに対して、絶対主義的旧体制の牙城となっていたのが、北東部のプロイセンとオーストリアであった。一八一五年に結成されたドイツ同盟は、その同盟規約に出版の自由が保障されていた反面、同盟内の反政府運動は各国が共同歩調を取って鎮圧にあたる旨も取り決められていた。同盟諸国は、相矛盾するこの不徹底な自由主義的改革の間隙にプロイセンとオーストリアからくさびを打ち込まれ、次第にこの反動的二大国のコントロール下に置かれることになっていく。反動体制の首魁であったオーストリア宰相メッテルニヒは、彼がヨーロッパ秩序の危機を訴えた一八・八年のアーヘン会議を経て、翌一八一九年三月にロシアのスパイと目されていたコッツェブーがブルシェンシャフト運動に共鳴する学生ザントにより殺害されたことを好機と見て、同年八月にカールスバート決議を実現させた。ヘーゲルは、ザントと親交のあったベルリン大学の彼の同僚教授デ・ヴェッテの解任をめぐって、それを不当として批判するシュライエルマッハーと対立したのみならず、『法の哲学』では、ブルシェンシャフトの精神的支柱とされていたフリースを「浅薄さの真骨頂とは、思想や概念を発展させる代わりに、直接的な知覚や偶然的な思いつきの上に学問を築こうとするところにある」(二〇〇〇年、9a-P10/7-S.18)と批判もしている。ヘーゲルのこの発言は、一八一七年愛国主義的運動組織「ドイツ学生連盟」主催のヴァルトブルク祭——ヘーゲルはこれもまた「いまでは悪評高いものになった、ある公の祝祭の場」(同9a-P10/7-S.18)と一方的に決めつけた言い方で呼んでいる——で行ったフリースの演説に対して向けられており、ザントによるコッツェブー殺害もこれに刺激を受けたものと官憲側はみなしてフリースは大学を追われることとなった。ヘーゲルの上記のフリース批判は、公共的な問題の解決は民衆の健康な共同精神や友愛によって結ばれた諸団体の献身により「下から」「民衆から」実現していくのだ、という、今日から見ればある意味まっとうで、さほど問題があるとも思えないフリースの演説内容に向けられている。このフリースの立場が、「人倫的世界すなわち国家——それは自己意識の場面で自己実現した理性であるのだが——は……」(同9a-P6/7-S.15)と述べ、国家を「自己実現した理性」とみなすヘーゲルの国家観とは相いれないものだとしても、フリース個人をやり玉に挙げることには首をかしげざるを得ない。反動体制への批判者の言論が当を得ているか、不十分なものかは第二義的、第三義的な事柄でしかない。ヘーゲルのこの態度は、学問の自由や言論の自由を圧殺する反動勢力による反転攻勢の予兆という今起こっている火事を消そうとバケツリレーをしている人々に向かって、自分は消火活動には加わらないばかりか、そんなへっぴり腰では火は消えんぞと非難しているだけの人間の姿そのものである。それはともかくなおさず、火付けの張本人たちがいたるところで、誰が火を消そうとしているかに監視の目を光らせているからである。その目を恐れて縮こまっているだけなら、まだ可愛げがある。バケツリレーをしている人々を非難することで当局に媚を売る一方で、批判者たちの言説の不備——筆者自身はフリースの上記の視点を不備とは思わないが——を指摘することで、さも自分がより優れた国家観を持つ進歩思想家であるかのように振舞うというのは、胸糞が悪くなるほど欺瞞的な姿である。弟子の相次ぐ逮捕というヘーゲルの身辺にも及ぶ危機的状況があったとしても、これまで大学に認められていた検閲免除が五年間停止されるという第七条を含む学問の根幹にかかわる反動法に対して、「現実的なものは理性的である」と強弁するのはいかがなものか。この時期執筆していた『法の哲学』序文が反動側に迎合的であるというのは、どうにもぶざまである。この見苦しい迎合性は、逮捕された自分の教え子の名誉も傷つけかねないものであろう。当局の目を欺く韜晦のすべは他にいくらでもあったはずである。なにしろヘーゲルは、普段から何を言っているのかよくわからない文章を書く達人だったのだから。考えが多少異なり「仲間」とは言えないまでも、なにも敵よりは自分に近しい人間を嘲笑って保身を図るというのは、『知への問い』註49で筆者が述べた、かつての共産主義諸国で仲間を密告することで国家への忠誠心を示そうとした卑怯者たちと選ぶところのないやり方である。ヘーゲルの場合は、大学に職を得る以前と得た以後とで、その思想家としての姿勢を分けて考えるべきであろう（後述するリヒャルト・ヴァーグナーの場合は、指名手配犯となる以前と以後で分けられる）。『法の哲学』序文（一八二〇年）におけるヘーゲルは、「カル親書」を翻訳し詳細な注釈を加えた一七九八年頃の「進歩思想家」であった彼とは明らかに違う。「現実的なものは理性的である」の真意は、「吾輩がベルリン大学教授である現実は理性的なものとみなされるべきである」というのが言いたいことなのだろう。だからその地歩が脅かされるような言動は一切避け、その地歩を保証する国家の側の立場に与するのである（不遇の頃は進歩的言動をものし、望みの栄達を手にすると反動側に回るというこの種の俗物は、身近なところでいくつもその実例を見てきているので、筆者にとって特に珍しいものではない。そもそも俗物にとって、「進歩的言動」は不遇から成り上がるための方便でしかないのである）。ヘーゲルの結果的には現状追認にしかならない国家観こそ、むしろ進歩思想に偽装した反動思想だと取る方が、自然で無理がない。ニーチェは言う。「国家が文化の秘教司祭としてその姿を現してきた、これは一つの新しい、ともかく奇抜な現象である。しかも国家が自分の目的を促進している間、自分の僕の一人一人に、彼らが普遍的な国家教育という名の松明を手に携えて、自分の前に出て来るように強制しているのである。その松明の揺れる光に照らして、彼らが国家そのものを最高の目標として、彼らの教養のあらゆる努力の報酬として、あらためて認識するよう求めているのである。今述べた最後の現象は、たしかに彼らを当惑させるであろう。たとえばそれは、以前に国家に奨励され、国家目的を目指していたある哲学の傾向――徐々に理解されてきている、右と類縁性のある傾向――、すなわちヘーゲル哲学の傾向を彼らに思い起こさせるであろう。否、教養のためのあらゆる努力を国家目的の下に従属させることにかけて、プロイセンはヘーゲル哲学の、実践に役立つ遺産をもののみごとに手に入れたのだ、と主張しても、おそらく言い過ぎではないであろう。ヘーゲル哲学にみられる国家の神格化は、言うまでもなく、このような従属において、頂点に達しているのである」（『教育施設』I-1,P395/1-S.707-708）ニーチェの時代、彼ら国家の僕が当惑しながら持たされていた松明は、ニーチェの死後三〇年ほどで、ナチスが嬉々として手に手に携えて行進することになる。フリースをイエスに擬するには無理があるかもしれないが、ヘーゲルは手を洗ったポンテオ・ピラト（マタイによる福音書第27章第24節）の威厳を備えている。堂々たる卑怯者の持つ威風である。世界精神の運動は、ヘーゲルの精神の中では運動していないようだ。

38　ヘーゲル研究者には、単にヘーゲルの言葉をそのままなぞっただけのこと言って何かを説明したつもりになっていたり、不明点をすっ飛ばし、無理やり分かったことにしてしまう不誠実な強引さがときおり散見し、――筆者がたまたまそうした質の悪い研究書ばかりを目にしているのかもしれないが――カント研究者たちの質の高さと比べると随分と見劣りがする（註20で述べたように、そうなる最大の原因はヘーゲル自身にあるのだが）。弘文堂のヘーゲル事典とカント事典を見比べると、後者の充実した内容と比べて、前者の場合、各項目で解説されているヘーゲルの主張が、どこに出ているテキストなのかも明らかにしていない、書きっぱなし、言いっぱなしの、およそ事典としての役割を果たしていない記述まで見られる。事典とはそもそも、それを利用する研究者が、ある事柄を検証しようとするときに、その便宜を図るためにあるものであるはずなのに、出典も明示せず検証のための便宜が図られていない点で、学問的手続きの基本もわきまえていない人が執筆しているのかと怪しんでしまう。ヘーゲル研究者たちから師と仰がれている金子武蔵もまた、ヘーゲルにおける詐術的表現や哲学と宗教的絶対者との奇怪な合体に対して何の疑問も呈していないのである。本書47頁で既述したように、金子のヘーゲル理解も多分に粗雑な類推に基づくものである場合が認められる。ヘーゲル研究者のあらゆる磨かれた知性、克己心に満ちた勤勉さ、粘り強い努力の傾注先は、すべてヘーゲル大先生のテキストをどう正しく――正しくとは、この場合、ヘーゲルに都合よく、という意味であるが――読み解き、それがどれほど素晴らしい思想かを明らかにすることだけに向かい、そもそもそれが本当に素晴らしい思想なのかどうか、そんな傾注に値するものなのかどうかについての疑念は一切持つことがない。自分が妖《あやか》しの術にかかっているのか正気なのかの確認が必要だということにすら思いが及ばないという点で、研究者が初動に取るべき自己省察すらできない人々のみが行える研究ということである。彼らの全能力の一パーセントでよいから、ヘーゲルに疑念を向けてほしい。彼らの高い能力の一パーセントもあれば、事の真相は自ずと見えてくるだろう（見えたものを見えたとおりに正直に告白するには、また別の強さと能力が必要となるが）。学問研究における最大必須要件は批判精神である。批判精神とは、つまり疑うことである。

39　ある年齢以上の人には説明を要しないが、若い読者のために付言すると、戦艦大和はそれ自体を見れば当時の超兵器であることは間違いないが、戦争中に兵器として適切な運用がなされたことは一度もなく（南洋でも冷房が効いて、将官たちに居心地の良い「大和ホテル」として好評は博していたが）、前線に出さず、常にお宝大事と後方に置かれていた。戦艦同士の艦砲による決戦は当時の旧弊な海軍軍人にとってのロマンであり、大艦巨砲主義によって建造された大和は、その時代遅れのロマンチストたちがどうしても欲しがった「大人のおもちゃ」であった（こうした戦争に勝つための実効性を持たない巨砲艦を欲しがるおじさんたちは、粗ちんコンプレックスに悩む人々だったのではないかと、つい想像してしまう）。航空兵器こそ艦船攻撃に有効であることは真珠湾攻撃で日本軍自らが実証したにもかかわらず、頑迷固陋な軍人たちは自分たちのロマンを捨てきれなかったのである。戦局がいよいよ悪化してどうにもならなくなってから、最後は航空支援もつけずに沖縄に出撃させるという白痴的なことをやり、当然のことながら米軍の猛爆の餌食となって大和はあっけない最期を遂げた。貧乏な国民から吸い上げた血税で高額なおもちゃを買ってもらい、貧乏人にありがちな発想で後生大事に温存して使い渋った挙句、結局それを無駄にしてしまうおじさんたちというのは、救いようがない亡国の徒である。ところでヘーゲルの哲学的言説の場合は、それ自体は、超兵器であらない。張りぼてのダミー戦車である。

余談だが、筆者が暮らす地方都市に数年前に新県庁舎が海沿いに建てられた。敷地をぐるりと道路が囲むのだが、道路の海側の半円部分は通行止めにして、歩行者が通るのは認めるが、車・自転車には使用させないでいる。県側の説明としては、災害時に緊急車両の駐車スペースとして確保しておくためだと言う。全く意味不明な発想である。災害が起きたら、必要ならば通常使用している道路であろうと出入り口に人を立たせ、緊急車両のためだけに非常時の使用をさせることはあるだろう。そうすればいいだけのことである。災害が起こってもいない状況で市民に道路を使わせないということに、どういう合理的な意味があるのだろうか。何十年も災害が起きなければ、何も使わないままその道路は朽ち果てていくだろう。津波の場合であれば、県庁自体が機能しなくなり、緊急車両の待機場所などにはならない。その道路部分は県庁舎につけられたただのアクセサリーだというのか。我々の税金でそんな無駄なアクセサリーを作られてはかなわない。道路は人や車や自転車が通るから道路なのである。貧乏人にありがちな発想で後生大事に温存して使い渋った挙句、結局それを無駄にしてしまうおじさんたちというのは、救いようがない税金浪費家たちである。初めて家庭に冷蔵庫が登場して、子供が物を入れようとすると、触るな、と一喝する貧乏くさい昭和のお父さんのようである。ついでに言えば、海とは反対側の道路についた横断歩道の信号機は、停止時間がやたらと長い。徒歩の県庁職員の出入りや県庁関係者の車両の出入りのための停止信号である。ほとんど出入りのない土・日でも同じ間隔で同じ長さの停止時間が来る。隣に建つ川を越える大橋に、道路をまたいで県庁側に出る高架の歩道橋を接続すれば、徒歩で入庁する県庁職員は信号機と無縁に出入りができたはずである。車両もリモコン式の信号機にして、必要な時だけ使用すれば、県庁横を通る一般市民の車はストレスなく走ることができる。官尊民卑は明治の太政官政府以来の官の持つ宿痾である。県議・県職員が、市民の権利を意味もなく制限することが自分たちの威権を示すことだと考えるほど愚かな人たちだとまでは思っていないが、市民・県民の権利や利便性への配慮が希薄であることは間違いなさそうである。

40　ヴァーグナーの政治的節操をめぐるこの辺りの消息は、一九七〇年前後の日本の大学紛争の際に見られたものと似た側面を持つ。安田講堂に立てこもった学生たちは、もう陥落が間近とわかると、いわゆる偏差値の高い大学の学生たちから、いつの間にか砦から抜け出していなくなり、最後まで残って抵抗したのは、いわゆる偏差値の低い大学の学生たちであった。彼らはその後有名企業に就職し、普通の良き市民に変貌するのだが、たぶん面接の際に、あの頃は少々悪ふざけが過ぎまして、などと言って、ぽりぽり頭を掻いたのかもしれない。幕末の志士と彼らを比較するのはプロ野球と少年野球を比較するようなもので意味がないが（両者はほぼ同年齢の若者たちである）、幕末の志士の場合は幕吏から逃れられないとわかると、少々悪ふざけが過ぎまして、などとは言わず、その場で腹を切り自分の行動の始末は自分でつけた。有名企業に就職した学生たちは多少の後ろめたさはあったかもしれないが、そうした変貌に特に悪びれることがなかったのは、彼らにとってそれが自分の中の「真実」を賭けた行動ではなく、革命ごっこという遊びの範疇にあったから、大人たちもそれが「ごっこ」であるとわかってくれることを最初から当て込んでいた上での行動だったからと言えるだろう。一見進歩思想を振りかざすこうした類型の本質がどこにあるかと言えば、戦時中に国に殉ずることの「大義」を振りかざして大言壮語し他人を面罵する国粋主義青年の遺伝子を引き継いでいる類型、なんのことはない、見かけは正反対だが、実質は反動の類型だということである。筆者に言わせれば、彼らの本当のダメぶりはどこにあるかと言えば、意気地がないということではなく、彼らが「本当の勉強」をしていないということにある。彼らのやったこととは、仲間内で虚勢を張るためにマルクス主義のような「高級な」（と当時思われていた）思想を振りかざして自分を大層なものに見せかけようとする、自分の内実とは縁のないウケ狙いの行動でしかなかったということなのだ。「本当の勉強」とは、マルクス思想を正しく理解できているから本当の勉強、できていないから本当ではない勉強という意味ではなく、自分が本当に望んでいることと合致していることを正しく学ぼうとする勉強ではなく、それを学んでいるふりをすれば周りから大した奴だと思われることを期待し、自分自身の本然とは無縁なことばかりにかまけることを「本当の勉強」ではないと言っているのだ。結局、彼らの本然が高給取りとなって安楽な生活を送ることだったから、頭を掻いて苦笑いする程度のことで済むのである。本当に世の中を良くしたいのであれば、「本当の勉強」をする以外に方法はない。世の中を良くするやり方は無数にある。そのために必要となる「本当の勉強」にも無数の形態がある。本を読むことばかりが勉強でないことは言うまでもない。中村哲医師は、食べていくために戦闘員になるしかないアフガニスタンの人々の負の連鎖の現状を憂い、彼らをまともな職業に就かせることが肝要とし、そのためには農業だと考え、農業のためには灌漑だと考え、灌漑のためには……とショベルカーの操作を自ら学んだ。親や学校の先生が子供に勉強しろというとき、通常ショベルカーの操作は含まれていない。筆者の言う「本当の勉強」とは、それも含む。学校の勉強が嫌いでも、何か一つの技能を持ち、それを正しく使う知恵と志を持った者なら、利権に群がる高学歴のダニやシラミたちが死ぬまで知ることのない高度な人生の愉悦を味わう生き方ができるのである（大人たちから悪い子だと言われ続けてきた良い子のみんなは、夜中にバイクで暴走しているくらいなら、ショベルカーの操作を学べばよいではないか。被災地支援に行って、そこで華麗なる操作術を見せれば、全国から集まってきたボランティアの女の子たちにモテモテだぞ。無意味なことをやってないで、少しは頭を使ったらどうなのだ。――筆者は二〇歳の時にリュックを背負い沖縄を旅した。移動は主にヒッチハイクを使った。やって来る暴走族風の集団にも親指を立てたが、「いま乗せてあげられないんだー、ごめんねー」と言いながら彼らは走りすぎた。行く先々で過剰なまでの親切に出会ったが、沖縄では暴走族までもがこんなに明るいのかと感じ入ったものだ。あれから四〇年以上がたち、少しは分別のある老人になったのか。相変わらずのアホたれなのか。彼らの現在が善きものであること、また、彼らの苦悩の上にあぐらをかいて安穏と生きている本土国民の一人として忸怩たる思いをいだきながらも、日本社会の矛盾を一方的に背負わされ、かつ、それにもかかわらず訪れる人に善き人であることを止めない、かの島の人々に、幸多かれと願わざるをえない）。自分の本然と結びつかない学びと、そこから派生する行動は、たとえそれが一般的に世の中で「善行」とされていることであったとしても、世の中を良くすることにはつながらないし、むしろ自分も他人も不幸にするのがおちである。中村は使命感のようなものも持っていたかもしれないが、独りよがりな使命感ほど傍迷惑なものはない。彼は使命感に突き動かされていたというより、アフガン人と一緒に働くことが楽しかったのだろう。「楽しい」「面白い」が人生を豊かにする。そして彼は「美しい」も知る人間であったろう。陽が傾く夕刻に、遠くの山々や荒れ地が五分ごとに角度を変えて陽に照らされ刻々と色彩のグラデーションが移ろいゆき、そばで働くアフガン人の横顔がオレンジ色に染まるのを眺めながら、「とまれ、汝はいかにも美しい」と感じる瞬間が中村に幾度か訪れたことだろう。よい子のみんなは、よく学び、よく遊ばなければならない。学ぶことが大事なことはすぐにわかるだろうが、遊ぶことがなぜ大事かというと、遊ぶことによって自分が何に興味を持ち、どういうことを面白いと思う人間なのかがそれによってわかり、そのためには何を学ばなければならないかが、つまり自分にとっての「本当の勉強」とは何かが、はっきりと自覚できるためである。勉強は自分のためにするのであって、他人のためではないし、ただ親や先生から褒められることだけを基準にする勉強というのは本当の勉強ではない（もっとも、とは言っても、義務教育の段階では先生の言うことを聴いてしっかり学ぶのがよろしい。自分の学びの自由度を上げるのは大学生になってから、早くても高校生になってからである。天才は無論そんな制限など気にしなくてもよいが、自分を天才だと思っている人のほとんどは高校生になってからである。天才は無論そんな制限など気にしなくてもよいが、自分を天才だと思っている人のほとんどは二〇過ぎればただの人になる人なので、無理は禁物である）。東大を出て「便通」だか「姦通」だかという会社に入れば幸せになれると思うのは思慮の足りない連中の考えることで、親や先生がそう言ったとしても話半分に聞いておればよい。自分が本当に面白いと思うことをすることが、君たち自身や君たちの周りの人々を幸せにするのである。

国家と個人の関係について、個人が国家とどう向き合うかとは別に、もう一つ論じなければならないことがある。国家の側が個人とどう向き合うかで、それは国家の成熟という問題でもある。大名行列の前を横切っただけで、子供でもその場で斬り捨てられる時代がかつてあった。逃れられないと知った志士が潔く腹を切るのも、国家が——幕府や藩を一つの国家と見た場合——そうした苛烈さを持つ時代だったからと言える。ロシアのような国であれば、致死性のガスでも使って安田講堂に立てこもる学生たちを虐殺し、抵抗むなしく観念した学生たちが自決を図ったのだと、嘘の声明を発したことだろう。学生たちは日本政府がそんなことをするはずがないことを知っているので、安心して悪ふざけで憂さを晴らしていたのである。そんな彼らを馬鹿な奴らだとは思いながら、社会から放逐するのではなく有為な人材として入社を許す企業の大人たちも、お上に逆らう不届き者として志士たちを処断した幕吏や、若者がマルクス関連の本を持っていただけで連行し拷問を加えた昭和の特高警察のおぞましい前近代性よりも、より高次な段階にある社会にふさわしい、成熟した行動を取ることができる市民たちと言える。悪ふざけと言うには度が過ぎた「あさま山荘事件」では、狙撃によって犯人を射殺し制圧することは、やろうと思えばその方が警察にとって簡単なことだった。だが、人質がいたことがあるのはもちろんだが、警察官に犠牲者が出てもそうしなかったのは、たまたま結果的にそうなったのではなく、犯人を殺さないという明確な意志が警察の側にあったからである。敬意に値することである。二〇〇二年モスクワ劇場占拠事件では、ロシア政府は無関係な一般市民百人以上を巻き添えにして危険な催眠ガス——本当に「催眠ガス」であったかどうかは怪しいものだが——で劇場を制圧した。百人程度の犠牲なら想定内として片づける成熟とは無縁なロシア国家の野蛮性と比べるのなら、戦後、営々として積み重ねてきた成熟した民主国家への日本人の努力は軽んずべきではない。

もっとも、昔は「地球よりも重かった人命」が——それもまたテロに対する妥協を正当化する愚かしい詭弁でしかないが——近年ではオリンピックよりは軽いとする点で、日本の国家的成熟度もかなり落ちているようである（それもまた簡単な話で、人命は政府関係者や関連業者の利権とは何の関係もないが、オリンピックは大いに関係があるからである。主権国家の意思よりもＩＯＣの意向が上位にあるかのような振る舞いをする傍若無人なバッハ会長らに対して日本政府が何も言わないのも、彼が自分たちに利権をもたらすありがたい存在、同じ穴のムジナ仲間だからということだろう。バッハのろくでなしぶりは、その後の女子テニス選手の失踪問題における中国政府への同調によって決定的に明白となる。彼は北京冬季オリンピックが開始されてから、つまりもはや開催が後戻りする心配がなくなり自分の利権の確保が確定したのち、フィギュアスケートのドーピング問題では正義の味方ぶった発言をし始めた。白々しい限りである）。昨今の日本国家の成熟度は、「あさま山荘事件」における国家の成熟した姿勢とは反転した形で現れる。彼ら政府関係者や関連業者は、安田講堂に立てこもった後、しれっと企業に就職した学生たちと、どこか似ている。コロナで苦しむ国民の惨禍を横目で見ながら、これを好機と補助金を「中抜き」した官僚や巨大プロジェクトに関わるたびに不当な利益を貪る御用業者は、ひと昔前ならば、天井から逆さ吊りにされ、特高警察や憲兵さんから竹刀で打ち据えられるべき「国賊」たちである。成熟した現代社会は、無論そんな無体なことはしない。世の中をどんなに清潔に保っても彼らのようなダニやシラミが湧いて出るのは織り込み済みであり、だからといって人間たる我々自身がダニやシラミになろうなどと考えるわけがなく、人間たる者、まじめに働き、まじめに税金を納めるのである。ダニやシラミであることによって得られる幸せとは、高級腕時計を身につける、高級外車を乗り回す、高級レストランに入り浸るなど、ダニやシラミが思いつく程度の紋切り型の幸せであることは、我々にとってとうに知れたことだからである。

剣を空中に放り上げ、それが自分に向かって落下する菅義偉元首相の秘技「自滅の刃」は、就任早々学術会議への対応でしかと拝見させていただいた。国民の自由な議論よりも国家の都合が優先されると考える者は、すでにして国家主義者である（安倍や菅の場合は、実態として「自分の都合」でしかないので、ただの「オレ様主義者」でしかないが）。国家の成熟度が為政者の個人的成熟度に左右されるようであってはならない。それには国民全員の中に、国家が個人に対して取るべき態度とはこういうものというコンセンサス、というより「常識」が定着していなければならない。国家主義者を標榜する者、あるいは民主主義者を装いながら実態として国家主義者である者ならば、自分の身命を賭して国家に身を捧げなければならない。生まれたての赤ん坊のような柔らかい皮膚を持つ明治国家を、自らの皮と肉と骨で兇徒の白刃から守り抜いた大久保利通のような国家主義者なら一興だが、六〇を過ぎても赤ん坊のようなひ弱な皮膚しか持たず、罵声を浴びて当然のことを散々しておきながら、なんでみんなぼくちゃんの頭をなでなでしてくれないんだろうといじけて胃腸を患い、国民から投げつけられるトイレットペーパーの芯や便所のスリッパから身を守るために、国家という硬い鎧を身に着けようとする国家主義者など、「国家主義者」の名が泣こうというものである。哲人王政治を目指してプラトンが接触を試みたシュラクサイ（現在のシチリアのシラクサ）の僭主ディオニュシオスⅡ世の頭上に吊るされていたのは、いわゆる「ダモクレスの剣」であった。現代ののどかな日本社会では、政治家の頭上に吊るされているのは、ただの金盥でしかない。いまや日本の政治家は、お笑い芸人程度に体を張れば務まる仕事になった。これこそが、爆弾を投げつけられることも心配しなければならないプーチンや習近平が垂涎の的とする、反転した形で現れた日本国の成熟度である。侮蔑しているのではない。寿いでいるのである。為政者が国民を簡単に殺さないということ、為政者が国民から簡単に殺されないということ、それが文明国と非文明国とを分かつ指標の一つなのだから。人を殺すことで解決できる問題など何一つないことに、二一世紀の今日、一部の国の一部の権力者を除けば、そろそろ多くの人が気づき始めている。その兆候は大いに慶賀すべきである。

（山上による安倍への銃撃は、すでに述べたように思想信条に基づくテロではなく、私怨である。政治思想とは関係のない殺人なので、政治的テロが日本で起こる可能性は山上事件によって高まったとは必ずしも言えない。無論、社会の不安定化への大きな要因になったことは間違いないが。安倍の側も、彼の政治的信念に基づく言動が原因で狙われたのではなく、反社会的教団との癒着という悪行が理由となっているのだから、自分で蒔いた種によって起こったことだと言える。山上の行動が社会の不安定化への大きな要因になったというよりも、そもそもが、そうした政権政党中枢の腐敗が社会の不安定化の原因で、山上事件はその腐敗の結果として我が身に起こった悲劇に対する報復というのが実相である）。

41　余談だが、ベートーヴェンが一八〇一年に書いた嬰ハ短調ソナタ『月光』を献呈したジュリエッタ・グィチャルディは、一向に進展しないウィーン会議期間中の一八一四年に、各国貴顕と閨を共にし、会議参加国の腹の内を探る女スパイとして活動していたらしい。最終的な報告はメッテルニヒに上がっていたことだろう。筆者が二〇代の頃に山根銀二氏の講演で聴いた話である。その際、講演会場の各所から、「ええーっ！」という悲鳴に近い嘆声が上がったことを覚えている。

日本では芸術は政治とは最も縁遠いもの、芸術家の発言が政治的意味で重きを置かれることなどないと思われているのが一般的だろうから、ベートーヴェンのように使用人が逃げ出してしまうような変人ぶりが喧伝されている人物の政治的発言に重きが置かれなかったのは当然とされてもおかしくはない（もっとも、それは常識人の発想に視点を置いた場合の変人ぶりということでしかない。トーマス・マン『ファウストゥス博士』〔新潮社版全集第Ⅵ巻、一九七一年、61頁〕でも取り上げられている逸話だが、ベートーヴェンが『ミサ・ソレムニス』のクレドのフーガと格闘していた時のことである。二人の女中がいつまで経っても主人が夕食に現れないために竈の側で寝入ってしまう。ベートーヴェンが夕食を命じようとすると、女中たちは眠り込んでおり、竈の料理は黒焦げになっている。激怒したベートーヴェンは「お前たちは私と一緒に一時間ほども起きていることができないのか」と大声で女中たちを罵った。だが、実際にはその時はすでに深夜の一時であって、夕飯の時間から五、六時間経っているということにベートーヴェン自身は気づいていなかったのだ。二階から下りてきたベートーヴェンは、シナイ山から下りてきたモーゼにも見えたかもしれない。乱飲乱舞をしていた訳でもない使用人にとってはたまったものではない。半ば狂人に近い狂乱ぶりであり、当然二人は逃げ出してしまう。本書註10で触れたニーチェの求婚時の非常識な言動の瑣末さとは比べものにならないほど常軌を逸した聖なる奇人ぶりである。「奇」の反対は「正」だが、ベートーヴェンにあっては、「奇」はそのまま「貴」であり、反対が「正」というより、「奇」がそのまま「聖」ですらある。芸術創造の現場の恐ろしくも崇高な深淵を覗き見て戦慄するような、その前に思わず跪きたくなるほど深甚な感動を覚えさせる逸話である)。だが西欧市民社会の伝統では、市民社会の危機に際して民衆が誰の声に耳を傾けるかという時に、民衆が向かうのは政治家・宗教家のみならず、芸術家である場合も珍しくはないのである。なぜなら、芸術家はどこかに隠棲し、そこで何をやっているのか周囲にはよく分からない謎めいた人物のような、日本人にイメージしやすいタイプばかりではなく、西欧においては、本書註47でも述べるように、芸術も芸術家も、市民生活の日常から切り離されたところに存在しているのではなく、健全な市民生活の日常の延長線上にあるものでもあるからである。ベルリンの壁崩壊の端緒となった一九八九年一〇月九日ライプチヒ月曜デモの際に、市の周辺に待機する鎮圧部隊との一触即発の事態を避けるべく、東ドイツ当局に冷静な行動を取るように呼びかけたのはライプチヒ・ゲバントハウス管弦楽団常任指揮者クルト・マズアだった。民衆もまた彼の声に耳を傾けたのは、彼が自分たちとはかけ離れたところにいる特殊な存在ではなく、自分たちの仲間、自分たち市民を代表する、信頼するに足る普通の市民の一人だったからである。

悠揚迫らぬ偉大な人格性や異数な天才性を持つかのように誇張化した芸術家像が出来上がったのは一九世紀半ば以降である。その頃の芸術家たちにとって範例となった一人がベートーヴェンであった。彼らはベートーヴェンの姿に芸術家のあるべき姿を認め、それに合わせて自分たちの芸術家像を構築したのである。もっともベートーヴェン以後には、そうした芸術家像を体現できる者はほとんど現れてはおらず、カラスやスズメたちが鷲のイメージを自分にあてはめ、鳥とはこうしたものなのだというイメージを今日まで定着させてきた。

ベートーヴェンの生きた時代には、まだ今日でいう自立した芸術家というものは存在しなかった。彼の晩年になって彼の圧倒的存在感がそうした振る舞いを可能にした例外的な事例であったのだ。モーツァルトは自分を「芸術家」と自覚していたが、彼の時代にそういう概念は存在しなかった。音楽家、作曲家は、料理人、庭師などと同様に、使用人や下僕の一種というのが当時の社会通念であった(今日では料理人、庭師も芸術家の列に加えられている)。『後宮からの誘拐』についてヨーゼフⅡ世が「この曲には音符が多すぎる」と評した際に、モーツァルトが胸を張り、多すぎる音符など一つとしてありませんと答えた有名な逸話がある。モーツァルトが二六歳のころの出来事である。それによって大変な物議が巻き起こったとは伝えられていないから、その場は事なきを得たのだろう。モーツァルトが世間知らずの空気が読めない人間であることは多くの伝記作者が述べているし、彼自身にもその自覚があることが手紙に残っているが、彼にとっては危険を察知して沈黙するよりは、自分の矜持を示すことの方が重要であったことは間違いなかろう。ミケランジェロなら絶対にしなかったことである。

モーツァルトの時代、芸術家は使用人や下僕であった。ミケランジェロの時代、芸術家は奴隷であった。モーツァルトの場合は、使用人の分際でありながら場違いに自分の矜持を示したとしても、せいぜいザルツブルクのアルコ伯爵に蹴飛ばされたり、不遇のままウィーンの宮廷を去って路頭に迷うくらいのものである。だがミケランジェロの時代にあっては身体的危険を招きかねない暴挙であった。使用人や下僕であったモーツァルトは、いちおう人間であったが、ミケランジェロは権力者にとって虫けらにすぎなかった。ミケランジェロに特徴的な、権力に対する病的な恐怖心は、威勢の良かった若者時代に、偉そうに振る舞ったばかりに同僚から殴られ、終生折れ曲がったままになる鼻にも由来していたのかもしれない。彼の生涯は、確かに彼自身が述べているように、奴隷の生涯であり、長い奴隷労働の果てにようやく築きあげた芸術作品が権力者の気まぐれによって一瞬で水泡に帰す悪夢が繰り返されるむごいものだった。彼はびくびくおびえて暮らす小心者で、メッテルニヒの反動体制下で大胆な放言をするベートーヴェンとは、およそ対極の人間だった。

ミケランジェロにも有名な逸話がある。ダヴィデ像の制作を依頼した市政長官ピエロ・ソデリーニが現場に現れ、鼻が大きすぎると文句を付けた。ミケランジェロはこっそりと大理石の粉を手に持って足場に上り、のみを軽く動かしながら粉末を少しずつ下に落とした。像はもとのままである。

「これでいかかでしょう?」

「うむ、だいぶよくなった。」

ダヴィデ像の内にこめられた「力は侮蔑と憂鬱に満ちている」とロマン・ロランは評している。幾多の才能が百花繚乱と咲き誇ったルネサンス期は、芸術家にとって危険で過酷な時代だった。ミケランジェロは無間地獄にいた。だが右の逸話にはかすかな光が見える。中身などなく、芸術のことなど何一つ分かっていないにもかかわらず、たまたま権力を占めているだけで尊大に振る舞う愚物に恭順を示さねばならない屈辱、怨嗟、絶望の慟哭。だが、その平身低頭の陰に見えるかすかな笑い。時の権力者こそがダヴィデ像の足下に踏みつぶされるべき虫けらだったのだ。相手の卑小さと自分の偉大さという歴然たる事実の自覚から発せられる声を立てぬ大いなる哄笑。大理石の粉を手に取る行為は、二六歳のモーツァルトには思いもよらぬ芸当であったろう。秀逸であり、優雅である。ミケランジェロの時代にも、モーツァルトの時代にも、そして現代にも無数にいる無言のまま大理石の粉を手に取らねばならぬ者たちに、笑みを浮かばせ、痛快がらせ、そして哀惜と共感の涙を誘い、彼の前に跪拝し、花束を捧げようとさせるに足るものがある。

42 カントは『視霊者の夢』で、「霊魂」とは何かという以前に、「霊魂」という言葉で人々がどういうものを考えているかすら定まっていないと述べ、次のように言う。それについての大学での饒舌な議論は、「言葉の意味の定まらなさを利用して、答えにくい問いをうまく回避するという思惑が一致するからにすぎない。というのも、『私はわかりません』という、容易でしかも分別のある答えは、学術の世界ではなかなか聞かれないからである」(**3-P233/2-S.925**)。

43 筆者はこの兆候を、個人的に「馬鹿だと思われたくない症候群」と名づけている。
知的な職業に就く人は、概して「馬鹿だと思われたくない症候群」にかかっている。周りにいる知的な同業者を意識しすぎ、馬鹿だと思われまいとして馬鹿なことをやってしまい、馬鹿であることがかえって露見するという病である。そもそも賢明な人間は、馬鹿だと思われたくないなどとは考えない。そもそも馬鹿ではないのだから。

もっとも、この名称を筆者が思いついたのは、ヘーゲルをどう評価するか、などという高尚な話からではなく、大学の教授会の内情を見てきて、しらけた顔で席に着きながら、暇つぶしにつらつら考えていたことが元になっている。

話は変わるが、「三人寄れば文殊の知恵」は、思わず笑みがこぼれる言葉だ。「止揚 **Aufheben**」の本質がこの言葉に凝縮されている。一人一人はぱっとしない人間でも他者とああでもないこうでもないと思案をめぐらすことで、一人ではとうてい到達できない卓見を得るという姿は、単に一人一人が「考える葦」であるということ以上に、人間が人間であることの意味を明らかにしている。『知への問い』では他者の存在が良質な人間にとっていかに苦痛をもたらすものかについて繰り返し触れたが、この愉快で美しいことわざは、人間が他者と交わることの喜びと醍醐味を最大限に伝えるものである。しかもこの「三人」というのが心憎い。二人が知恵を絞ることも相乗効果をもたらし、一たす一は二以上の知見に達しうるが、三人の場合には三かける三以上の効果をもたらしうる。さらに、しかも、この言葉がいかに知恵に満ちたものかは、次の点でも明らかである。四人、五人と増えていけば、さらにその効果は増すかと言えば、そうはならない。人数が増えれば議論における当事者意識が薄まり、議論をリードする者たちに議論をゆだねてしまって真剣に考えない者が必ず出てくる。さらに不都合なことに、自分が議論の中心にいるのが無理とわかると、議論をまぜっかえしたり、単なる反論のための反論をしたり、極端な暴論によって自己主張をしようとする者が現れ、議論がぐちゃぐちゃになってしまうこともよく起こる。参加者全員が当事者意識を持った中心メンバーとなり、最も議論の効果を上げる人数が三人なのである（数十人で行う大学の教授会は、おおむね上記の理由で議論がぐちゃぐちゃになる）。

44　第一書『知への問い』の「あとがき」で、筆者はビゼーをヴァーグナーよりも軽んじるようなことを書いたが、誤解を避けるために少々言葉を尽くしたい。「彼は決して、世間で言われたような『欠陥だらけの』、『できそこないの』、『矛盾した』天才ではなかった。ヴァーグナーはある完全なものであり、典型的なデカダンであって、すべての『自由意志』を欠き、その一挙手一投足に必然性があるのである。ヴァーグナーに何か関心を呼ぶところがあるとすれば、それは、ある生理的疾患が実習および手続きとして、原理上の刷新として、趣味の危機として、ひと区切りひと区切りを、一歩一歩を進める際の論理である」（『ヴァーグナーの場合』II-3,P232/6-S.27）というニーチェの記述は、ニーチェ自身、ヴァーグナーが作曲の巧者であることを認めていることを示している。実際のところ、確かに少年期のリヒャルトは楽理の勉強に難渋する子供ではあったが、ライプチヒ大学に入学した一八歳の頃には、大学の学業はそっちのけでトーマス・カントル（かつてバッハが務めたトーマス教会の合唱指導者）のヴァインリヒに師事し、楽理の勉強に励み、対位法技術にも習熟できていた。ヴァーグナーの原理上の刷新、作曲技法上の向上は、ことごとく当を得た合目的なものであり、そうした技法の後世への絶大なる影響は、言うまでもなくビゼーを凌駕しており、それも当然なことだとニーチェは考えていたはずである。筆者はその意味で、多くの人々と同様に、ヴァーグナーの対抗馬としては、ビゼーではなく、もっと他の選択もあったのではないかと考えたのである。ただ、誤解されると困るのは、ニーチェが言わんとしているのは、「いまや音楽家は俳優になり、彼の芸術はいよいよますます嘘をつく才能として発達する」（同II-3,P231/6-S.26）と言っているように、その合目的的に優れた技法の目的そのものが、ヴァーグナーの場合、病んでいるということなのだ。ビゼーにそのような刷新はなく、手持ちの武器が貧弱だとしても、そのかわりに技法の用い方は、「生命」や「真実」に基づく極めて自然で健康的なもので――『カルメン』におけるような愛の残酷性というものも含めた意味での健康的ということだが――、その健康な目的に向かって合目的的だということなのである。そのような意味で、筆者もまたニーチェと同様に、ビゼーはヴァーグナー以上に好きな作曲家であると「あとがき」で述べたのである。さらに言えば、後世への影響が絶大であることが、即、その音楽の芸術としてのあり方が優れているということにはならない。本書に続く第三書で詳述する予定だが、二〇世紀の現代音楽との関係で述べるなら、ヴァーグナーを端緒として、その後の西洋音楽は間違った方向へ向かったということも言えなくはないのである。

45 「ソナタ形式」は、ハイドン、モーツァルトの時代には使われていない言葉だった。メンデルスゾーンの友人で、ベルリン大学でヘーゲルの同僚でもあった音楽学教授のアドルフ・ベルンハルト・マルクス（一七九五―一八六六）が最初に使った名称である。ソナタ形式が音楽における弁証法とも言われる所以は、それ以前の単純な三部形式がBを間にはさむA-B-Aの主題の繰り返しに終始しているのに対して、ソナタ形式では、Aに当たる最初の呈示部で対比的性格を持つ第一主題と第二主題が呈示され、Bに当たる展開部で二つの主題の葛藤・相克が繰り広げられ、再現部Aで再度現れる二つの主題は、もはや同じ繰り返しではなく、両者の対照が解消し、統一が図られたA'となっていることによる。

46 音楽にせよ、絵画にせよ、古典派と呼ばれる様式は、言うまでもなくギリシャの古典世界を範とすることで、命名されている。音楽の場合ハイドン、モーツァルト、ベートーヴェンが古典派であり、なぜそう呼ばれるかと言えば、彼らがソナタ形式の確立者たちだからである。ヨーロッパ人が受け止めたギリシャ美の真髄とは、久しくヴィンケルマンの定式「高貴なる素朴さ、静かなる偉大さ」が規定してきた。その定式を具現するのが装飾性のない白亜の彫刻群であり、パルテノン神殿のファサードが体現するシンメトリーの美である。それゆえ音楽においてはソナタ形式のシンメトリー的構造が古典的とされるのである。既述したように、ベートーヴェンにおいては、このシンメトリーがやや崩れてきているので、彼を古典派と呼ぶことに異論を述べる人もいる。

ただし、ギリシャ芸術が白亜ではなく元々極彩色の世界であったことは当時から知られており、ヴィンケルマンへの敬意を失うことのなかったニーチェもギリシャの彩色文化の実態について言及している。現代の最先端の科学的調査・研究によっても彩色の事実は裏づけられている。従って、ヴィンケルマンの定式自体がすでに成立当初から間違った意味での「古典的」古典芸術観ということになるのだが、筆者はあえてここで、やや強引のそしりを免れないかもしれないが、ヴィンケルマンのギリシャ芸術観欺瞞説および極彩色真実説を相対化する別の観点を提起したいと思う。

筆者がここで提起したい観点とは、なんにでも色を塗って極彩色で飾る美の様式はアジアからギリシャへもたらされたものであったが、それを積極的に受け入れた人々は、ギリシャ社会の中で、最優良な美的感覚を持つ人々だったのかという疑いである。おそらくヨーロッパ人がアジア人を見下すようになったのは、彼らが近代化に成功し、圧倒的軍事的優位の下でアジア人を奴隷化の対象として見るようになった一八世紀以降のことで、古代においてすでに彼らがアジアに対して常に優越的な意識を持っていたとは考えにくい。現在のトルコにまで版図を広げ隣接していたペルシャ帝国は強大な専制的軍事国家であり、つねにギリシャに脅威を与えていた。それが国家体制・政治思想としてギリシャ人が容認できないものであったことはプラトンらの発言からもうかがえるが、文化的文物や工芸技術の点で自分たちが常に彼らより優位にあるという感覚はおそらくなく、ものによってはあこがれの対象となる場合もあったのではないだろうか。どの地域、どの時代にも新しがり屋はいるもので、日常目にするものとは異質のもの、珍奇なもの、新奇なもの、それこそが今の自分たちの常識を乗り越え刷新するものと捉える感覚は人の常であり、それ自体は否定すべきことではない。ただ、別の点でいえば、江戸期の日本人の唐物の珍重ぶりは、当時の日本人にとってそれが本当に美しいと感じられたということの他に、それらが容易に手に入れられない貴重品・希少品であったことが大いに与っていただろう。つまり、美的価値それ自体ばかりではなく、それを手に入れられる自分の富貴や社会的ステータスの誇示という、美とは無縁の心理学的・社会学的分析対象となる要素がその現象に果たした役割は小さくはなかろう。二〇世紀後半の日本人のあこがれの対象となったのはアメリカの文物であるが、家の壁や庭の柵にペンキを塗りたくる彼らの美的感覚を受け入れがたく思った日本人は少なくないだろう。色を塗りたくる文化は、明らかに日本人の美意識とは異質なものである。仏教芸術の受容においても、六世紀に初めて百済からもたらされた金銅仏を目にした日本人は、初めて懐中電灯の灯りを目にしたジャングルの未開人のように、それが美しいかどうかという美的な問題ということよりも、この世ならぬものを実現しているテクノロジーへの驚嘆がまずあり、それに圧倒される形で宗教思想的帰依につながっていったこともあったであろう。その後も金箔で飾られた仏教彫刻は数多く流入し、日本人の手によっても作られるようになるが、金を美しいものとして愛でる感覚は、もともと日本にはなかったか、希薄なものでしかなかったのではないか。日本人の自然の素材への愛着、単純な形象への嗜好は、仏教彫刻においては鉈彫りのような素木像に現れる。豊臣秀吉の黄金の茶室は、彼の卑賤な出自と無教養に由来する悪趣味の典型として評せられることが多いが、ああいう感覚は日本人の本来の美意識とは異質なものであったのではないか（日本人が金をさほど貴重なものと捉えていなかった例として、貨幣を持たなかった時代の日本は、金を放出して中国から銅銭を買うという、今日から考えれば笑い話になるような度外れたことをしていたということもある。一二世紀後半から宋銭は輸入されていたので、中国からの銅銭購入がマルコポーロ滞在中の元の時代にも行われていたのならば、銅銭ごときのために金を放出する日本人の奇天烈ぶりに、日本が金などいくらでも手に入る黄金の国ジパングであると対岸の彼らが思ったとしても不思議ではない）。日本の寺院建築の様式は中国のそれとは明らかに違っている。中国もまた色を塗りたくる文化を持つ。かの地の寺院建築の装飾過多や青や朱の原色を塗りたくった彩色のどぎつさは、平均的日本人の美意識には閉口せざるを得ない過剰なものと映る。加藤周一が『加藤周一著作集9』「中国の屋根の反り」（平凡社、一九七九年、103頁以下）で詳論しているように、中国の寺院の屋根が極端な湾曲を見せるのに対して、日本の寺院の屋根の傾斜は穏やかなものである。長安に倣ったはずの平安の都における日本の寺院では、屋根の反りは、その曲率を弱める。一説には富士山の稜線の傾斜が日本人の屋根の傾斜の美意識と関係しているとも言われているが、富士山など見たこともない人々が住む地方の神社仏閣でも同じような傾斜・湾曲度を示しているので、それが正鵠を得た指摘かどうか、筆者には判然としない。高い蓋然性で言えると思えるのは、中国寺院の屋根の反りを、日本人はあまり美しいとは思わなかったということだ。筆者は、刀剣のそりについても同じような指摘ができるように思っている。日本刀は世界的に刀剣美の極致と評価されているが、筆者は刀剣の素人ながら、その美の根本には、人を斬るという武器としての合目的性に基づく形状が与っているのだろうと思っている。飛行機が大人も子供もかっこいいと感じるのは、飛行という目的への合目的性に基づくフォルムを持つからであろう。妙な装飾物を機体に着けて飛行の安全性を損なうような愚かなことは誰も考えないのである。中国や中東世界における刀剣の場合、人を斬るという合目的性に対して未だそぎ落とされていない過多な部分が残る極端な形状やただの装飾物は、その装飾性があるがゆえに、かえって刀として美しくない。剣術についても——これについても筆者はさらなる素人だが——同じことが言えはしないか。剣技の本質は剣の操作という物理的運動でしかなく、要は相手よりも先に自分の剣を相手の肉体に到達させるということに尽きる。剣術の流派はいくつもあるだろうが、筆者がイメージする実戦的な剣技とは、見た目の派手さなどない、動きの少ないものである。刀を振り上げ振り下ろすという単純な運動を、人を斬るための合目的性に基づいていかに合理化するかというのが、各流派が腐心したことのはずである。中国の剣術が中国のアクション映画のように、合理性の点で疑問を感じざるを得ないダンスのような動きを実際に取るとは思っていないが、やはり日本の剣術と比べると幾分無駄な動きが容認されたものなのではないかと勝手に想像している。寺院の屋根のそりは合目的性という観点では論じられないが、何かしら過剰なもの、無駄なものを容認するかしないかという文化的特性の違いは、知性のあり方、つまり思想の問題とも関わっているような気がする。中国寺院建築の装飾過多や彩色のどぎつさは、美意識の問題にとどまらず、かの民族の白髪三千丈的表現法や発想法、またそうした過剰性があって初めて満足を感じる情念のあり方とも無縁ではないだろう。筆者は孔子をどう評価するかについて特に定見を持たないが、筆者がこの文脈で常に思い浮かべるのは、「渇しても盗泉の水を飲まず」という言葉で、孔子といえども、やはり白髪三千丈的文化性のなにがしかを分かち持っている例として、しゃらくささが鼻につく思いを禁じ得ない。「盗泉」は誰かがつけた泉の名前でしかない。泉が物を盗むことなどあるはずもないのに、そんな名前がついているというだけで喉が渇いていてもその水は飲まないなどと言うのは、何の合理性もない単なる道学者ぶった気取りや衒いでしかない。民衆を教化するために、そうした気取りや衒いを必要とするとしても、そうした文化性には、ある種の反知性主義を感じざるを得ない。逆に言うと、気取りや衒いで「教化される」民衆も民衆である。「渇しても盗泉の水を飲まず」に現れているのは、そうした低レベルの民衆を教化する際に必要となる低レベルの知性ということである。刀を抜いて命のやり取りをしている最中に、ダンスのような刀の振り回し方をすれば、一刀の下に切り捨てられ、何やってんだ、あいつ、馬鹿じゃないの、と思われるのと同じことである。

ギリシャの話からそれてしまった。アジアからの彩色文化を受容したギリシャ人たちは、筆者の一つの仮説として、ギリシャ社会の中でも第一級の美的感性を持った人々ではなく、日本風の自然美を生かした生垣を取り払い、ペンキを塗った柵で囲った芝生の庭でアメリカン・ポップなどを流しながらバーベキューをする人々と同じ類型、本当は土ものの茶碗が美しいと思っているが、周りに自慢したくて極彩色の唐物を誇示する類型に近似した人々、要するにスノッブと呼ばれる類型だったのではなかろうか。過剰なものとは、無駄を含むということ。無駄を含む思考とは、その分真理から離れた思考であるということである。命のやり取りをしている侍がダンスのような剣舞をする余裕などないように、気取りや衒いでしかない思考に費やせる余分な時間も体力も、真の知性人は持たないのである。ヴィンケルマンは発掘したばかりの彫刻を見ているだろうから、彩色の痕跡を目にしているだろう。その事実をなきものにしたのは、確かに誠実さにかける欺瞞的姿勢であった。だが、色が剥げかかって白い地が現れている彫刻を見て、彼が、むしろその姿にこそギリシャ的美を認めたということには、一半の首肯すべき点がある。我々日本人も、金箔が剥落した仏像に新たに金箔をはり直そうとする意識は働かない。もし金箔の放つ光彩が日本人の美意識にとって本質的な要素であるのなら、ルネサンス絵画の表面の黴や汚れを取り除き、当時の顔料を用いて色を補う修復作業と同様に、仏像においても金箔を張り替える修復作業が必須なものとなっただろう。我々は剥落し、まだらになった仏像をそのままの姿で美しいものとして愛でる。仏像をモノとして、その表層の光彩を愛でるのではなく、モノの内奥にある、その表現形態を取った作り手の精神に触れ、その精神を愛でるのである。仮に彩色文化を受け入れた人々がギリシャのスノッブたちであったとする筆者の仮説が正しいとすれば、スノッブたちの美意識に、スノッブならぬヴィンケルマンが美の審判者として道を譲るいわれもないのである。

映画『アマデウス』（二〇〇二年）で、モーツァルトが自作の『後宮からの誘拐』の内容を皇帝と廷臣たちに説明するシーンがある。彼は、イタリア歌劇がウィーンの宮廷を席捲していた時代に、イタリア人は愛を語って声を張り上げるばかりで愛のことを知らないと臆面もなく口にする。そのエピソードの文献的裏付けを筆者は持たないので、それが実際にあったことかどうかはわからないが、その逸話が示すモーツァルトのおかれた時代環境の描き方は、当を得たものと言えるだろう。その場にいた廷臣たち、愛の表現の第一人者を任じるイタリア人宮廷作曲家にとって驚天動地の発言であった。無論、当時においては「非常識」でしかないそんな発言は、妙なことを言う奴だと、その場では歯牙にもかけられなかった。当時の音楽の先進国はイタリアであり、ドイツ語のオペラ（この場合はジングシュピール）など、現代でいえば、さしずめ最新のアメリカン・ポップを日本語訳の歌詞に替えて歌うのと似たようなダサさを人々は感じたはずである。モーツァルトにとって、表層的ダサさどうこうではなく、芸術が人間の真実を捉えたものかどうかに核心的基準があったはずなので、イタリアかぶれの宮廷人の揶揄などが彼の矜持を揺るがすことはなかったに違いない。イタリア人の感情表現には、イタリア人なりの言い分があるだろう。その感情表現が真実であるかどうかについての感覚は、民族性の違いはありうるのかもしれない。だが、サカリのついた動物的衝動の真実性と、生物学的衝動に発しながらも、愛をより高次の精神活動へと深める文化と比べた場合、どちらが内省に向かう文化か、つまりどちらが知性と結びつく文化かは分明であろう。筆者もまた、「高貴なる素朴さ、静かなる偉大さ」の美意識に近しい感覚を持つ日本人として、そう考えるのである。

47
跪くしかない「俳優ヴァーグナーは暴君であって、彼のパトスはいかなる趣味をも、いかなる反抗をも打倒する」（『ヴァーグナーの場合』II-3,P235/6-S.29）というニーチェの指摘は、ナチズムの心理学を剔抉した短編小説として夙に有名なトーマス・マンの『マリオと魔術師』を想起させる。聴衆自身に物事を考えさせるのではなく、幻惑し、思考停止にさせ、彼らを闘牛場に誘い込み、揺れる赤い布に突進させ、最終的には屠殺するための魔術的民衆操作法の解明を試みた小説である。ヴァーグナーは一八五〇年に『音楽におけるユダヤ性』という文章を雑誌に寄稿し反ユダヤ的主張をしているが、そうした主張をする動機の半分は、敵対していたメンデルスゾーンやマイヤーベーアへの攻撃という音楽界の内輪の事情が関係していたことだろうと筆者はみている（残りの半分は、そうした考え方をする人間だったということで間違いないだろうが）。リヒャルト自身が反ユダヤ主義的傾向の持ち主であったにせよ、彼の死後に、ヒトラーがヴァーグナーの楽劇にナチの世界観――そんなものがあればの話だが――との一致を見て、それを吹聴していたにせよ、ヴァーグナーの思想――そんなものがあればの話だが――にいきなりナチズムとの親縁性をかぶせるのは少々気の毒に思わないでもない。誤解をしている人もいるかと思うので一言述べると、反ユダヤ主義はドイツ人の専売特許ではなく、イギリスにもフランスにも見られる全ヨーロッパ的に広がる病弊の一つだった。反ユダヤ主義は、特異な人格に現れる特異な言動ではなく、ごく一般的な市民の間でも、ときに潜在化し、ときに顕在化する、珍しくもない差別意識であった。その極端な現れ方をした現象が、帝政ロシア末期における一連のポグロムであり、ナチスドイツの蛮行だった。ただ、歴史的事実として、四女エヴァの夫チェンバレン（イギリス人）や一人息子ジークフリートの嫁ヴィニフレッド（イギリス人）の手引きによって、一九二三年最初にヴァーグナー家にヒトラーが招き入れられる。後に一時期両者が疎遠になるものの、三三年の政権奪取後ヒトラーがバイロイトのナチの聖地化を推進して以降、ナチス政権との持ちつ持たれつの癒着関係が加速化することを考えると、またそれよりも前に、まずヴァーグナーの妻コジマ存命中に反動思想家のチェンバレンが娘婿として一族入りすることを考えると、リヒャルトの代のヴァーグナー家の家風に、すでになにがしかのそうした種子があったのではないかと見ても不自然とは言えないだろう。特に注目すべきなのは、ヴァーグナー晩年の一八八〇年頃フランス外交官ゴビノーとの交友があったことである。ゴビノーの『人種不平等論』の影響を受けて、より反ユダヤ主義的な論文をヴァーグナーはその頃書いている（ゴビノー自身は必ずしも反ユダヤ的ではなかったらしい）。ゴビノーの『人種不平等論』はナチスにも利用され、かつてヴァーグナー家に出入りしていたニーチェもそのとばっちりを受けて、第二次大戦後にニーチェの思想がナチズムとの類縁性を持つかの如き誤ったニーチェ像が広まった一因にもなっている。ヴァーグナーの反動思想家との交友関係を見るならば、類は友を呼ぶとすれば、暴君は暴君を呼ぶということなのか。

　同じような類型は、演奏家でいえば、ナチ党員であったヘルベルト・フォン・カラヤンの名が浮かぶ。ニーチェによれば、ヴァーグナーが本来そうであったもの、つまり彼が暴君であったことが、彼を音楽家にし、詩人にした（同II-3,P235/6-S.30）ように、カラヤンもまた、彼が暴君であったことが彼を指揮者たらしめたと言っていいかもしれない。戦後ドイツの非ナチ化政策によって若きカラヤンはドイツを出てイギリスに活路を求めることになるのだが、ロンドンのフィルハーモニア管弦楽団と組んで録音されたものが、彼の生涯で最も優れた演奏の記録となっている。彼は後年、異邦人として孤独にロンドンの街を歩いていた頃が最も忌まわしい思い出だと述懐していたが、彼が真の音楽家ならば、逆に、あの頃は社会的に追い詰められ、不遇だった最もつらい時期だったが、人生で自分が最も真摯に音楽と向き合っていた最良の日々だったと語ったことだろう。彼は「帝王」となった晩年にエベレストに登ってみたいと言い出したり、ジェット機の操縦を習ってみたりするのだが、そうした振る舞いが我々に暗示する彼という人間の内実は、音楽家とはかなり異質なものとなる。彼という人間の核心は音楽にはなく、別なものにあって、そこから音楽とは無縁な行動が拡散されるということのようだ。音楽家とは、朝陽が登るとともに朝飯前の野良仕事に出かける農夫のような生き物のことで、その生き方は質実素朴なものである。バッハの『無伴奏チェロ組曲』を弾くことを日課としたパブロ・カザルスのように、朝起きて顔を洗い、朝食を食べ、働いてのち、風呂に入り、歯を磨いて寝る。音楽家にとって「音楽する」とは、そうした生活の一部に組み込まれた日常のありようを意味する。かつてテノール歌手のペーター・シュライアーは、プライベートなことをインタビュアーに尋ねられ、自分の日常生活はごく普通の人の生活と変わりはない、むしろそうした普通の生活をすることが歌手（芸術家）として重要なことなのだと語った。芸術家の日々の営みとは、エベレストに登ったりジェット機を操縦することではなく、毎日毎日同じことを倦むことなく繰り返す昆虫や植物の生に近い。昆虫や植物との違いは、その同じことの繰り返しが実は同じではなく、単調に繰り返される行為から得られる経験の堆積物が、海の底のように静かな世界で、長い時間をかけて熟成されていく変化の契機を持つということなのだ。われわれ名もなき市民もまた、平凡で単調な日々の暮らしの微細な経験の堆積から、同じ芳醇な変化のなにがしかを知る者として、「心より出て、願わくは再び、心へと至らんことを」と彼らが奏でる調べに、同じこの世を生きる友の声を聴くのである。

さて、ヘーゲルはどうなのか？彼もまた反動側の人間だと言えば、ヘーゲル信奉者から砲弾の雨あられを浴びせられることになるかもしれない。筆者個人の規定では、知の営みを知の原理以外の理由で――例えば、哲学の「帝王」となって哲学界に君臨したいという動機で――そのあり方をゆがめるとしたら、その時点でそれは、れっきとした反動である。はっきり言えることは、進歩的な言説を弄していれば、その人が進歩的な人間だと決まる訳ではないということ（第九を指揮しさえすればシラーの思想の体現者となる訳ではないのは言うまでもないこと）である。それどころか自分の反動性の拡張を目指して進歩的な言葉を口にする、野心を内に秘める迷彩服を着た人間など、いたるところにいるありふれた類型だということである。その言論を詳細に見て行けば、進歩的言説としてはずいぶんと綻びがあると気づくのは難しいことではない。その綻びのすきまから進歩思想家とは別の地金がちらちらと透けて見えるのである。そもそも暴君的なものの言い方をする進歩的な人間など、ふつういないと思った方が良い。片言隻句に注意せよ。芸術作品と同様に、人間もまた、細部にその本質が宿る。

48

ユートピアは、なぜ「どこにもない場所」なのか。

旧約聖書の失楽園の物語は、神の言いつけを守らなかったために転落する人間の宿業を描いている。働くことなく食べ物は好きなだけ手に入り、温暖と快適を手にし、あのまま楽園内で身ごもればイヴは陣痛の苦しみを知ることもなかった。ただ一点、神が禁じた智慧の実さえ食べることがなかったならば。これをもって人間が神に背くいかに罪深い生き物かを教えるのはあくまでユダヤ・キリスト教の視点であり、その圏外にいる者にとってこの物語は別のことを教える。つまり楽園と智慧とは両立しないということ。智慧を持たぬ者は退屈というものを知らない。智慧の実を食べる以前のアダムとイヴは、身体的欲求を満足させるだけで満ち足りることができる動物的存在だった。同じことを永遠に繰り返しても退屈することはなかっただろう。彼らは智慧の実とともに動物から人間になったのである。彼らは智慧とともに退屈というものを知る。単なる快適さでは満たされぬものを自分の中に感じ始める。すでに知り尽くしたものに、もう興味はわかない。別のものを知りたい、見たい、感じたいと思う。実際のところ、アダムとイヴは楽園を追放されたのではなく、脱走したのではないか。楽園の風景はバーチャルな疑似映像で、楽園の食べ物は蝋細工でしかなかった、本物のみずみずしい食べ物は智慧の実であるリンゴだけだったのではないか。楽園の外で彼らは額に汗して土を耕すことで食物を得、イヴは産みの苦しみを知ることになる。それは神が与えた罰ということになっているが、アダムは鋤を通じて手に伝わる大地の抵抗と、それにもかかわらず広大な土地が耕されていく自分の労働の成果に、血豆が破れて赤く染まった手とともに、生きているという実感、誇らしさ、充実感で胸を満たしていたのではないか。イヴは長い陣痛と自分の命をも危うくする出産という難事を通して目にするわが子を、それゆえいっそう愛し、自分の命よりも大事な命として胸に抱いたのではないか。

若い男女が出会って恋をし、結婚する。二人は裸一貫で商売をはじめ、互いに協力し合い、寝る間も惜しんで働く。食べたいものも、遊びに行くのも我慢し、着ているものも年中同じ。子供もでき、子育てと仕事でさらに苦労を重ねる。長年の努力の甲斐あって、事業が拡大し、成功をおさめ、もう生活の心配はない。欲しいものは何でも手に入る財力を持つ。二人は長年の夢であった理想のマイホームを一流の建築家に依頼して建ててもらう。家具調度も若かったころショーウィンドーで憧れながら眺めていた高級品を買いそろえる。子供部屋には子供がなに不自由なく過ごせる最高の環境を整える。自分たちが若かったころ、夢に描いていた理想生活をついに手に入れる。これから家族全員で夢の生活を始められると思った矢先、子供は家を出るという。両親はなぜと驚愕する。ここはおまえの理想世界であり、外にはたくさんの危険、不快、醜さが待っている、なのになぜここにとどまらないのか、と。子供は言う。ここにあるものは、お父さんお母さんの力で手に入れたものであって、僕の力で手に入れたものは何一つない、僕にとって最初からあるものばかりだ、僕は自分の中にあふれる力を感じる、僕はそれを使って自分に何ができるか試してみたい、ここはお父さんお母さんが獲得した理想世界であって、僕のではない。

以上が、ユートピアが「どこにもない場所」となる理由である。

これが完全無欠な理想社会だ、このシステムに異を唱える者は異端者、反逆者、危険分子と見なす、となった瞬間に、ユートピアはデストピアに暗転する。しかも、智慧とは、何かに疑問を持ち、異なるものを求める衝動の別称であり、動物ならぬ智慧を持つ人間は必然的に何事にも疑問を持つのを習性とする。したがってユートピアは必然的に「どこにもない場所」となる。

反知性主義とは、異質なものとの接触を拒否する精神のあり方を言う。当たり前のことだが、国粋主義は反知性主義である。さらに言えば、愛国主義とも似て非なるものであることは言うまでもない。彼（女）らが愛しているのは国ではなく、自分である。国粋主義的言辞を弄する人というのは大概ナルシストである。その種の人を少し観察すれば直ぐに気づく。ナルシシズムは多かれ少なかれ誰もが持つものなので、そのこと自体に目くじらを立てる必要はないが――屁は誰もがこくもので、さほど気にならない程度の匂いの屁に対して、誰もが鼻をふさぐほどの匂いの屁を放つ人が「ナルシスト」と呼ばれる――、歪んだ自己愛が歪んだ国家像を喧伝するようであれば、それは看過できないものとなる。彼（女）らは満たされぬ自己承認欲求のゆえに何かしら巨大なもの（あるいは、と思われているもの、国家とか偶像化された人物など）に自己を肥大化しつつ同化させることで自らの承認を他者に恫喝的に要求する、または承認されず傷ついた自己の欲求を虚喝による埋め合わせをし、対社会への復讐を遂げるのである。誰も見たがっていない、いかにも頭が空っぽそうな顔写真を、他人にとってそれが見る価値があるものとでも言うかのように、ネット上の至るところにやたらと張り付ける人がいる。甚だ困ったことである。こうした迷惑行為は、ネット空間内の景観条例でも作って、早々に取り締まってほしいものである。彼（女）らは、彼（女）らの歪んだ国家像が彼（女）らの歪んだ自己愛と同様に他者から容認されない場合は、ヒステリックに地団太を踏む。自分の足で自国の国旗を踏みにじっているとは考えてみようともせず。

49

お前は 註14で東京オリンピック開催を批判するようなことを書いておきながら、随分熱心に大会を視聴していたではないか、と批判する読者が出てくることも考えられるので、先回りして筆者の立場を明確にしておく。

コロナの蔓延とオリンピックの開催が連動しているかの科学的根拠は、今のところ存在しない。それは政府のワクチン接種の強力な推進とコロナの鎮静化が連動しているかについてのはっきりとした科学的根拠が存在しないことと同様である。今のところ、すべては蓋然性の中で動いている。菅政権がダメだから蔓延したという科学的根拠はないし、他の政権であれば、もっと有効な対策ができたと断定する根拠もない。ウイルスは我々の努力とは無縁に蔓延し、我々の努力とは無縁に鎮静化したのかもしれないからである。それらの科学的根拠が出そろうのは、まだしばらく時間がかかることだろう。我々が未知の事態に対して取れる行動・対策は、すでに手にしている知見の蓋然性の範囲内で最も有効と考えられる手段に訴えることができるだけである。なぜコロナが沈静化したか本当の所はわからないという科学者の発言に、わからないじゃ困るんだよと噛みついた言論人もいたが、科学者の立場としてはわからないことはわからないと言うしかない。そのわからない時点で、その時最善と思われる判断に基づく行動を取るということがすべてであって、それ以外のあり方はない。オリンピックの開催中止は、その蓋然性の範囲内で取るべき判断だと、筆者もまたあの時点では考えた。それに反して政府は開催を決定した。一部のコロナ蔓延を危惧する中止論者が有名選手に、あなたから開催中止を呼び掛けてほしいと訴えたことがあったが、無茶な要請だと思う。選手はどのような特殊事情があろうが開催されるとなれば参加したいと思うのは当然であり、それをやめろというのは、愛する人との間に身ごもった子供を第三者が堕胎しろというようなむごい話である。アスリートが選手として競技に参加することは、愛する人との子を産むのと同じように自分が生きている証そのものだからである。そして出場する以上、我々が選手を応援するのは当然の事であり、彼らの「生きている証」を拝見させていただいて、自分自身の「生きている証」が今どんな具合なのかを再確認すること、自分が今やっていることが何かを証することになっているのかどうか自分の胸に問うてみることは、国民全員にとって意義のあることだからである。政府の判断が正しかったかどうかは、今後の科学的検証によってようやく結論が出ることで、間違っていたという結論が出たとしても一方的に政府批判をすることはできない。なぜならあの時点では何が正しいかについて誰にも確証はなかったからである。

ただし、別の論点では政府批判は可能である。つまり、政府の動きの動因が奈辺にあったのかという論点である。国民の生命・財産を守ろうと必死に動いてはいたが、行動判断の正確な根拠を持てない未知の現象に対して、すべきことをしなかったり、してはならないことをしてしまった場合があったとしても、誰がやってもそうなったかもしれないので、ある程度しかたがなかったと許容することができる。だが、そもそもその判断が別の胡乱な動機に基づいていたとなれば、容認できないものとなる。オリンピックはとうに過ぎてしまったことではあるが、これからもオリンピックのような巨大イヴェントは開催され続けるので、今後のためにも、我々は巨大イヴェントにまつわる金の動きを追跡し、どこへどのように金が流れたかを見定め、開催決定の背後に何があったのかを詳細に明らかにしなければならない（言うまでもなく取材対象者にぶらさがり、雛鳥のようにぴーぴー鳴いてぱくぱく開けた口に政府側が「関係資料」を入れてくれるのをおねだりするような白痴的なやり方ではなく、彼らが見せようとしようが見せまいとしようがジャーナリストが自力で事実を見つけ出すということである。自然科学者は自分の本性を見せたがらない自然に対して実験・計算等でその本性を白状させることが仕事であり、それが自然科学の研究である。学者の言うことなど当てにならないというジャーナリストがいたとすれば、それほどの人なら、証拠品が投げ捨てられたどぶに飛び込んで、両手両足でヘドロをかき回して証拠品を探し出し、シュレッダーで裁断された証拠書類を秘かにごみ箱から取り出し、虫眼鏡とピンセットで元の書類を復元し、対象者の監視のために松の木に化け、犬におしっこをかけられても半日じっと動かずにいるジャーナリスト本来のやり方で、権力が見せようとしない真実を自力で突き止めてくれることだろう)。政府の開催決定の理由が、選手の「生きている証」を見させていただくことにあった訳ではなく、開催決定権者の私利私欲が決定理由であった場合、当然弾劾しなければならない。開催がコロナ蔓延につながる蓋然性がそれなりにある以上、その場合は国民の命の危険も顧みず開催決定したということになり、蔓延した・しなかったの結果にかかわらず、そういう政府や大会関係機関・業者は、国民の生命・財産よりも自分の利権を追求する国賊集団として糾弾されるべきである。

じいさんやおっさんたちの話よりも少女たちの話をしよう。イエスは幼児《おさなご》たちを指して、「天国はかくのごとき者の国なり」(マタイによる福音書第19章第14節)と述べた。その言葉は通常、幼児たちの無垢さに焦点が当てて論じられることが多いが、筆者はこの言葉に少しく哲学的省察を加えてみたい。我々はふつう成人を人間の完成形、子供は将来的にその成像(Imago)へ至るべき未完成形という捉え方をする。それは当然あっていい捉え方であるが、反面で、すでに数十年生きてしまっている成人は、その人がたまたま過ごした特殊個別的環境に適応するための特性を備えた特殊個別的存在と化した人間であるという捉え方も可能である。だから、その分だけヒトという生き物がもともと白紙状態でどのような特性を持つ生き物なのかは、成人を見てもかえってわからないということがある。狩猟民族であれば、勇敢さや果断な行動力がその民族の成像(Imago)の特性とされ、農耕民族であれば忍耐強さや勤勉さがその特性とされるであろう。それらの個々の特性を取り出しても、ヒトとはそもそもどういった特性を持つ生き物なのかは、その個別化によるフィルターがかかり、見えにくいものとなる。幼児たちは通常、「武士は食わねど高楊枝」などという、ある時代、ある社会階級、ある文化性に基づく特性など持たず、腹を空かせば泣くだけである。腹を空かせば空腹を訴えるというのは、万古不易の人間の実相であろう。スケートボードの少女たちの姿は、「幸吉はもう走れません」と自死した円谷幸吉選手の持った、ある時代、ある文化性に基づく、美しくも悲しい特性とは対極にあるものである。あの少女たちの姿こそが、白紙状態における本来の(あるいは本来あるべき未来の)人間の姿であると筆者は思いたい。貧乏な家庭に生まれ、粗末な服しかきれず、性に目覚めたら女の子にふられ続け、世の中から軽んじられてばかりいる青春時代を過ごした者が、今に見ておれと、金と権力の亡者となって、その二つの力を借りて世の人々を睥睨するようになったタイプというのは、この世を競争・闘争・自己顕示、あるいは復讐の場としか捉えていない。その種の負の感情を肯定的エネルギーに変えて金メダルを取り、どうだ、見たか、と達成を誇るのもぎりぎりアリだとは思うが、そんな動機はどこか虚しいのではないか。人間が本当に美しい姿を見せるのは、楽しくて、面白くて、うれしくてしょうがないという時であろう。だからあの少女たちは、メダルを失することもあることを承知の上で難しい技にトライして転倒した選手を、最高にクール、イカシてる、やったじゃん、とみんなで取り囲んで健闘を称えたのである(二〇二二年北京冬季五輪でもスノーボード女子の岩渕麗楽選手が、なんたらカンタラかんたらナンタラという誰も試みたことのない技を、尻もちはついたもののほぼ決め、他の出場選手が駆け寄り健闘を称える光景があった。彼女らの基準は、メダルを取ることがすごいことなのではなく、すごい技をすることが一番すごいことなのであろう)。競争し闘争し勝ち抜いて生き残るというヒトの特性は、ある時代までは人類に必須なものであったろうとは思う。二一世紀に入ってそれとは別の価値意識が人類に芽生え始めているような気がしてならない。強さ、攻撃性、繁殖力の元となる男性ホルモンを代表するテストステロンの減少傾向は、嘆くべき現代人における負の側面としてばかりではなく、人類の新たなステージへの移行を示す寿ぐべき変化として見るべきものであるのかもしれない。固い食物をかみ砕く強靭な咀嚼力を可能にさせた筋肉とつながる眉のあたりの骨の隆起は、類人猿の特徴の一つである。火で煮炊きを覚え、道具によって固い食物を裁断することを覚えた人類に、眉のあたりの隆起はもうない。必要のなくなったものは減少衰退する。未だに強さ、攻撃性の原理で生存を拡大しようとするどこかの国家元首は、その分だけ類人猿に近しいと言える。上記のイエスの言葉は、無垢さを失うほど天国に入るのは難しくなるという意味で捉えられることが多いが、彼岸の天国論ではなく現身の世をどう生きるかを此岸主義的に考えると、人間が本来的に幸福で充実した生き方ができるかどうかは、「どうだ、見たか」ではなく、「楽しくて、面白くて、うれしくてしょうがない」に焦点を合わせた生き方をするかどうかにあるのだと言っているように思える。少女たちに取り囲まれた選手は、メダルを確実に取ることよりも、「楽しくて、面白くて、うれしくてしょうがない」に基準を置いた技の選択をしたから、同じ基準に価値を置く少女たちに取り囲まれ、やんややんやの喝采を得たのである。陰鬱で、苦行をすることで何か自分が偉い人物でもあるかのように見せたがる背世界者たちは、イエスの教えの正反対の側にいる者たちである。やや肯定的に捉えるとしても、彼らは、『ツァラトゥストラはかく語りき』「三段の変化」の章（『ツァラ』II-1,P39/4-S.29）でニーチェの言う「駱駝」であり、彼らが急ぎ行くのは「砂漠」でしかない。少女たちは親や先生から褒められるからではなく、メダルをもらえるからでもなく、楽しいからスケートボードをする。精神は、駱駝から獅子となり、獅子から幼児となる三段の変化を遂げる。幼児は「己自身の意志を意志する」。少女たちの姿に我々が見るのは、「創造の遊戯」が必要とする「聖なる肯定」である。

ここからは、このことをやや別の側面から論じる。高校から大学への環境変化にスムーズに慣れさせるため、今どきはどこの大学でも新入生用のゼミを開いていると思うが、筆者が新入生ゼミを担当したときに、ある学生から「先生、一生楽に生きるにはどうしたらいいですか」と質問を受けた。筆者は、君は一生楽に生きることが楽しい一生だと思うのかね、と問い返した。良い子のみんなはそんなアホなことはそもそも考えないと思うが、筆者の勤務していた大学の職場には同じような発想をする教員が若干紛れ込んでいたので、そうした「学風」に適った新入生と言えないこともない。テレビゲームで、出てくるモンスター出てくるモンスターどれもこれもザコキャラで、最後に登場した巨大なラスボスがいざ闘ってみるとザコキャラ並みに弱かったとしたら、購入者は、なんだこのゲーム、ふざけんな、金返せ、と怒りまくるだろう。小学生に相撲で勝って感涙にむせぶ大学生などいないように、楽しいことには困難の克服という要素が必ず付きまとう。「楽をする」ことと「楽しい」こととは両立しない。註48で「楽園と智慧とは両立しない」と述べたが、それと同じことである。プレイヤーのレベルアップがテレビゲームを楽しいものにする重要要件であるように、「楽しい」には自己の向上が重要要件となる。できなかったことができるようになること、分からなかったことが分かるようになること、それが「楽しい」の発生源である。そして「向上」と「困難の克服」は不可分の関係にある。「楽しい」を維持するには、つらさを伴う努力が必要となる。そのつらさを避ける限り、その「楽しい」は、「つまらない」に限りなく近づく希薄なものとならざるを得ない（ただし、「つらさ」については、習慣化がいくらか軽減してくれるものでもある。一定のレベルに達した者は、学者にせよアスリートにせよ、努力がすでに習慣化している。筆者がまだ大学浪人中だった青年時代に知己を得たある老学者・文筆家は、一日二百ページほど本を読まないと気持ちが悪くて眠れないと語ってくれた。ランニングが日課になっているアスリートが、こんな寒い日に走るのは嫌だなと、たまさか思ったとしても、走らないことの方が彼にとって気持ちが悪く感じられたことだろう。歯を磨くのが面倒くさいと思うことがあっても、習慣化している者にとって、歯を磨かずに寝ることの方が気持ちが悪いこととなる。かつて、受験生の面接の際に、勉強は楽しいものだよと筆者が語ると、横に並んでいた面接官の同僚二人が、勉強とは「強いて勉める」と書くように、つらいものだ、そのつらさを堪えて頑張るのが勉強だと異見した。そんなマヌケなことを言っているようだから、お前たちはろくな研究ができていないのだろう、とは無論、常識人である筆者はそのとき言わなかった。彼らの言う努力とは、楽しいと思うもののために必要な努力を自ら進んで行う筆者の言う「楽しい努力」ではなく、本心はちっともやりたいことではないにもかかわらず、論文を増やせば昇進し、何かの役職に就けるという動機で行う努力ということである。「強いて勉める」と言っている時点で、学問など自分たちは本当はやりたいとは思っていないと白状しているようなものである。彼らは昇進し役職につけば、案の定、それ以降はなんの勉強もしなくなる）。

ニーチェにとって快不快・幸不幸は不可分の関係にあって、不快を小さくしようとする者は小さな快しか手にできないし、大いなる苦悩を避ける者は大いなる歓喜とは縁のない者であると言う（『朗らかな知（華やぐ智慧）』I-10,P309/3-S.567）。それをより分かりやすく卑近なレベルで説いたのが上記の議論である。第一書『知への問い』の註48で筆者は、弱者の慰藉としての笑いとツァラトゥストラの大いなる哄笑とは違うものであることを、ちらと触れたが、前作でアドルノの『啓蒙の弁証法』に触れたあたりで、読者の中には筆者がニーチェの同情道徳批判とは反対の立場（つまり同情に価値を置く立場）にいると勘違いされた方もいるかもしれないので断っておくが、筆者はニーチェの同情道徳批判には概ね賛同している。ニーチェの場合は振り子が大きく振れすぎて理不尽な暴虐までをも肯定しているので、それは間違いだと論じたのである。我々現代人が奉じる民主主義はまさに、できるだけ多くの人々に安心・安全・快適を分配・保証することを至上命題とするものといえる。それはまさに弱者に焦点を置いた低レベルの民主主義である。民主主義とは否応なくそうした低レベル性を含まざるを得ないものではあるのだが、その低レベル性に照準を合わせている限り、本来のあるべき民主社会から逸脱・頽落した社会にならざるを得ない。民主社会の主権者は国民である。民主社会とは、弱く怯懦な自分にも権利を保証し、保護してくれる社会だと多くの国民が勘違いしている。民主社会は国民一人一人が腰抜けであることを許さない。国民全体が腑抜けになるに応じて強いリーダーが必要となる。強いリーダーと強い国民が相携えて高邁な目標に突き進むなどというのは、古今東西、例外中の例外の僥倖であり、一瞬垣間見えるだけの理想国家の幻影である。強いリーダーと平凡な国民は九九パーセントのケースで利益相反の関係にある。国民が腰抜けで愚鈍になるに応じて、強いリーダーは国民の利益に反する愚劣で危険な冒険をし始める。それを抑えるには国民一人一人が強い個人でなければならない。強い一人のリーダーにつき従う、その他大勢の弱く愚鈍な大衆で構成される国家など、制度がどうあれ民主国家の名に値しない。国民一人一人が強い個人となるに応じて、国民は名ばかりの主権者から真の主権者になり、さらには主体者になる。そしてリーダーは名ばかりのお飾りとなる。それが民主社会のあるべき姿である。自分でできることをしようとせず、あれが欲しい、これが欲しいと、リーダーのすねをかじり、袖を引っ張り、背中におぶさり、脚にまといつくような、下賤で、さもしく、意地汚い国民であれば、リーダーもまた、ほとほと嫌気がさし、自分一人が立派なリーダーであろうとする意志など萎えてしまうことだろう。あるいは他方で、自分のところに山ほど陳情団が詣でる立場になれたことに脂下がり、自分を大層な人物になったかのように勘違いして増長し、やってはならないことをやっていいことだと勘違いする閣僚も出て来ることだろう。リーダーは国民を映す鏡である。「そんな心配には及びません。そのくらいのことは、自分でやりますよ。こっちはいいから、他の困っている人を助けてあげてください」という国民であれば、リーダーは自分がどうあるべきかを常に自覚し、国民に対して恥ずかしい姿など見せられないと奮励することだろう。そうした国民であれば、リーダーが彼らをコントロールすることは難しく、むしろそうした国民によってリーダーがコントロールされる。国民が卑しく低劣であれば、リーダーが彼らをコントロールすることはたやすい。ちょっと喉をなでたり、餌をまけば、しっぽを振ってついてくるのだから。国民をより卑しくさせる方法はいくらでもある。その逆は難しく、方法は少ない。国民を卑しい存在と見ている卑しい政治家は、選挙が近づくたびに金をばらまこうとする。コロナ対策予備費二〇兆円は、国会の審議を経ず、何に使ったのか誰も正確には検証できない金である。筆者のような下品な人間は、ついいろいろ下品な想像をしてしまう。コロナ禍での一〇万円の給付金は、コロナ対策予備費を本来の目的とは違う使い方をした卑しい政治家たちが、自分たちのやっていることのあまりの卑しさに彼ら自身が自分の姿にげんなりしてしまい、お前たちにも多少はいい思いをさせてあげるよと国民に金をばらまくことで、その内なる疚しさをいくらかなりと軽減しようとしたのも理由ではなかったのか。そんなゲスの勘繰りは心外であるというのなら、すべての金の流れをデジタル化して明らかにすれば、一切のゲスの勘繰りは不可能になるはずだが、そうしたらどうなのか。自分がゲスではないことを証明できる簡単な方法があるにもかかわらず、それを実施しないというのは、実際に彼らがゲスだからという以外にどんな理由が考えられるというのか。デジタル庁を作ってデジタル化を推進しますと言いながら、政務調査費や文通費の使途のデジタル化は決してしないのである。まっとうな先進国のどこでもやっていることを、なぜまっとうな国であるはずの日本だけができないのか。結局、日本人もまた、こうしたアジア的後進性を脱却できない劣等民族であるしかないのか。コロナ禍における給付金一〇万円をもらって喜んでいる国民は、刺身にして出された自分の足を喜んで食べているタコである（筆者もその給付金をもらっているが、自分のこと以外のためにそれを使った）。国民を低劣にさせることが統治を円滑に進める上策であるというようなことが帝王学で伝授されているのだとすれば、それは帝王の学ではあっても、真の賢王の学ではない。前者は荒廃した土地に君臨する王であり、後者は豊穣を楽しむ。

（ここから先の文章は〝うつ〟の病状を持つ人、自分では自覚がないが他人から〝うつ〟ではないのかと言われた経験のある人は、症状が悪化する恐れがあるので読まないでいただきたい。きちんと医者の診断を受けて、そうではないことが分かった人だけが読んでくださることを望む。病気が判明した人は、激励・叱咤など、他人の言葉で自分の人生を好転させようとするのではなく、便秘になったら便秘薬を飲むように、誰に恥じる必要のないことなのだから、薬を飲むなどの即物的な病理学上の対応を取っていただきたい）。

（以下、ふやけた健康人のために書く。）ニーチェの同情批判論は弱者の切り捨てにつながるのではないかと考える人も多いことだろう。逆である。弱者と呼ばれている人というのは、大概、自分で自分を切り捨てている人たちである。前途に絶望を感じる者というのは、ちょっと知恵を使えば落ちる気遣いなどない穴に、誰から頼まれてもいないのに自分から落ちようとする粗忽者のことである。自分で自分を救おうとしない人は、周りにいる人々がいくらその人を救おうとしても、誰も救いようがないのである。福澤諭吉の「天は自ら救くる者を救く」は、徹頭徹尾正しい。あるテレビ番組で、生活に困窮する視聴者から「私は生きてていいのでしょうか」という訴えが届き、番組キャスターはそれを「重い言葉だ」と語っていた。「私は生きてていいのでしょうか」などという問いは愚問中の愚問、そんな問いを発すること自体が無意味である。その人は、「いや、お前に生きている価値などない」と誰かが告げたら即座に命を絶つのだろうか。そんなことはあるまい。その人がいま生きているということは、その人自身が自分は生きててよいのだとすでに判断しているということだ。そもそもその人の命に対して責任が取れる人間など、その人以外に誰がいるというのか。その問いを向ける相手が自分の命に関して何らかの責任が取れる人だとでも思っているのだろうか。その人を産んだ両親にすら、その人の命の責任は自分が取る、と主張する資格などない。生きるか死ぬか、どう生きるかどう生きないかは、本人のみに答えが出せる問いである。なに不自由なく生きているかに見える人も、難題を常に追い求めているかに見える人も、なんにも考えずに生きているかに見える人も、誰もがto be, or not to be ?の問いに不断に自分で答えを出し続けているハムレットなのだ。自分で答えを出すべき自分の問いについて、他人にその答えを求めたところでどうなるものでもない。「重い言葉だ」と受け取った件のキャスターにせよ、答えなど持っていないし、その困窮者のために何かする訳ではあるまい。番組終了後にバスタブの湯につかりながら、次回の番組でのコメントの文案でも考えているくらいのことだろう。すると弱者への社会的支援などなくてもいいのかと反論してくる人が出てくるだろうが、筆者もニーチェも、そんなことを言っているのではない。「私は生きてていいのでしょうか」という発言には、私のようにうまくいっていない人間に対する社会的支援が足りていないという訴えが含意としてあることに間違いはなかろう。事業に失敗したり、勤めていた会社が倒産して失業したりするのは世の常であり、そのためのセーフティーネットがあるのは当然のことである。だが社会的支援というのは穴の開いたバケツに水を入れること（自ら救くることをしない人を無制限に支援すること）ではない。それを果てしなく続ければ、弱者を救おうとする社会そのものが共倒れになってしまうからである（筆者はここでは障碍者のことを含めて論じているのではない。その種の人々についてはまた別な議論が必要となる。ここでは「私は生きてていいのでしょうか」と自ら発信できる通常のコミュニケーション能力を持った人を対象にした議論をしている。コミュニケーション能力を持ちながら自ら救くるために何もしない人間の場合は、野垂れ死にする自由を認めてあげるしかないと思っている。その人の命に責任を取れるのはその人以外にはいないからである。その人の命に責任を取れない人々の命は、我々が代わりに責任を取るしかない。なぜか？　我々はたまたま自分の命に責任を取れる状態で生まれてきただけであって、彼らもまた、たまたま自分の命に責任を取れない状態で生まれてきただけだからである。一定の確率で誰もが後者の状態で生まれることになる。前者の状態で生まれた我々自身もまた、病気や怪我でいつなんどき自分の命に責任を取れない状態になってしまうことが起きうるからである)。「自ら救くる者」とは自分独りの力だけで何でもできてしまう人のことではなく、必要な場合は他人に助けを求めることができる人のことである。他人に助けを求めることもまた、「自ら救くる」行為の一つである（生活保護を求めるために役所に行くと、その窓口で、あんたは他人の金で生きようとするのかと罵られることがあると聞いて思わず笑ってしまった。役人とはそもそも他人が汗水たらして稼いだ金で養ってもらっている人たちである。なぜ彼らが養ってもらえるのかというと、汗水たらして金を稼いでくれる人の暮らしを支える仕事をする人たちだから「他人の金で生きる」ことが許されているのである。汗水たらして金を稼いでくれる人が困っている時に支えないのであれば、役人こそが他人の金で生きることしか考えていない人たちということになるだろう)。「自ら救くる者」とは、自分のケースではそれに対応するどのような支援策があるのか自分で調べられる人、自分で調べられない場合は調べられる人に聞いたり頼ることができる人、やみくもに援助を欲しがるのではなく、この種のこの程度の支援さえあれば自分はやり直せると自分に必要なものを精査できる人、精査できない場合はそれができる人に聞いたり頼ることができる人、しかるべきセーフティーネットに正当にアクセスしたにもかかわらず役所からけんもほろろの扱いを受けた場合、「重い言葉だ」と受け取った件のキャスターに手紙を書いて自分の窮状を訴えることができる人のことである。当該キャスターは役所に乗り込んで窓口の役人の胸ぐらをつかんでくれることだろう（無論、比喩的な意味でだが）。「私は生きてていいのでしょうか」は、そうした「自ら救くる」行為をきちんとできる人が口にするとは思えない言葉、苦難に臨んで自分の手足や頭を働かせようとしない人間、どこか覚悟の欠落した人間だけが口にする言葉のように思える。蒔くことも刈ることもせず蔵に取り入れることをしなくとも、自分の生命の意義を疑うことなく健気に生きる空の鳥に比して、雨にも負け、風にも負け、暑いと言っては文句を言い、寒いと言っては文句を言い、雨が降ると言っては文句を言い、雨が降らないと言っては文句を言うばかりで、寒夜に凍死し枝から地面にぽとりと落ちてもそれをみじめな死とは思わない覚悟と誇りを持って生きている野の鳥の爪の垢でも煎じて飲まねばならない人間には、もし神様がいるならば、こう言うだろう。くだらないことをうだうだ言ってないで、死ぬまでは生きていろ、と。「水の中に落ちたなら手足を動かすだろう。体に付けている余計なものはさっさと捨てろ。まず一旦、全身の力を抜け。体に力を入れているから沈むのだ。それからあわてず騒がず、力を入れずにゆったりと水をかいて岸を目指せ。岸に上がったら、誰でもいいから通りすがりの人に着替えを借りろ。お涙頂戴で哀訴するのではなく、ちょっとしくじっちゃいました、と笑顔で頼むのだ。こんな奴とかかわったらこっちにも災いが舞い込むのじゃないかと思わせるようにではなく、この人とかかわると何か楽しいことがありそうだと思わせるように頼むのだ。行政支援を求めるために役所に行く時は、持っている服の最上のものを着て行け。鏡の前で自分の姿をチェックし、髪の乱れを直し、いかにも尾羽打ち枯らした落魄者の体ではなく、背筋を伸ばし、優良な公僕たる足下は善良な市民たる私の窮状を救う知恵を出したまえ、と端然とした態度で役人に臨むのだ。なるべく働かずに給料をもらうことだけを考えているとすれば、彼らは哀れな木っ端役人でしかないが、彼らとて胸ぐらをつかまれてではなく、そうするのが面白そうだ、楽しそうだと思えるのなら、自分から喜んで知恵を絞ってくれる優良な公僕の面目を示すことだろう。手足を使え、頭を使え、目を使え。窮状を脱する方策はいたるところにころがっているはずだ。やせ蛙、負けるな我はここにあり……」と神様は言うだろう。

弱者は自分を救っていればよい。仮に本当は弱者でしかなかったとしても、自分は強くありたいと願っている人間には、他にすべきことがある。我々が真に目指すべき社会とは、「楽しくて、面白くて、うれしくてしょうがない」の原理に基づいて血のにじむ楽しい努力を惜しまない人の邪魔をしないで励ます社会、その種の人たちに焦点を置く社会、自分は何もしないくせに努力を惜しまない人に難癖をつけ、そうした人々とぐーたらしている自分とが同じ社会に暮らす同じ人権を持つ同じ平等な国民であるかのように、実態とかけ離れた思い上がりが許されると考える人たちの妄想には焦点が置かれない社会、脂肪でぶよぶよの連中が好き勝手なことを言って円谷幸吉を死に追い込むことがない社会、子供がなぜそんなことを面白がっているのか自分にはよくわからないが、自分の持っている価値に照らしてそれは有意義である、それは無意味であると即断するのではなく、たとえそれが自分には無意味に見えても黙って見守り、子供が面白がっている以上、そのために自分の自慢のゴルフクラブを質に入れてでも金を出してやる親の大度・おおらかさを持った社会である。安倍政権下の経済真理教信者たちは、自分の持っている価値に照らしてその研究は有意義である、その研究は無意味であると即断する大学政策を取ってきた。彼らは、ニワトリに金の卵を産ませたいのであれば、放し飼いにするのが一番であるということが一向にわからない者たちだった。彼らは学者をケージに閉じ込め、排卵誘発剤入りの飼料を与え（科学研究費偏重政策）、殻も味も薄い安卵（見せかけだけのゴミ論文）を量産させるという愚策を行った。さらに言えば、実業の世界でも、彼らが求めてやまない経済活動における金の卵にも放し飼いが最重要であることに変わりはなく、新たな発想やヴィジョンを持った経済人に対して、仮に支援しないまでも、邪魔をしないことが肝要であるにもかかわらず、既得権益にしがみつく、もはや卵を産むことのない旧弊な老いぼれ経済人と結託することで、わざわざ若いニワトリが金の卵を産むことをできなくさせるような政策を取るのである。彼らは、若いニワトリがひょっとしたら将来もたらしてくれるであろう五億円よりも、老いぼれどもが自分に渡してくれる目先の三千円の方がうれしいのだろう。あるいは、日本経済の発展が阻害されるかどうかよりも、自分に渡してもらえる目先の票の方が大事なのだろう。傾国の老害集団である。

50

お前も学者のはしくれならちゃんとそれを読んでから論じろよ、と叱られそうであるが、その叱正はごもっともで、筆者自身それは重々承知してはいるのだが、コロナ禍の状況がそれを困難にしている。カントやヘーゲルなどのビッグネームなら一般の市民図書館に蔵書を確認することは容易だが、ヴォルフが市民図書館にあるとは考えにくく（全国すべての図書館を確認したわけではないが）、一方で大学図書館はコロナ禍のため全国的に部外者の使用が禁止されている。筆者がコロナ禍を恨めしく思った第二の理由は、大学を辞め、部外者となってしまった筆者には、大学図書館が使えないという不都合である。

コロナ禍を恨めしく思った第一の理由は、前作のほとんどをそこで書き上げた、歩いて行ける近所のカフェが閉店になったことで、これは筆者にとって由々しき事態であった。筆者の住む地方都市に微かに灯る小さな文明のともしびであり、これが郵便局に変わったことで、住まいの周辺は文明なき荒野に変わった。市の中心部にも同じ系列のカフェがあるのだが、二流でしかない。一流のカフェとは筆者の仕事が捗る店と、手前勝手に基準を定めている。これが本書執筆の最大の障害となった。

カフェの始まりは九世紀頃のイスラム世界であったと言われている。ヨーロッパにカフェが次々現れたのは一七世紀半ばであった。人がそこで何をするかは現代日本のカフェと実質的に差はない。日常を離れてくつろぐ場所である。ただ、ヨーロッパでは「カフェ文士」という言葉があったように、カフェで執筆する物書きは昔から数えきれないほどいた。詩の朗読や寸劇などが行われることもあったので、貴族階級の社交場であったサロンに対して一八・一九世紀にはカフェはブルジョワの社交場の観があった。狭い空間に主客が対座する日本の茶室とは大いに様相は異なるが、唯一似通っている点は、一杯のコーヒーさえ頼めば、そこでは大臣もサラリーマンも、俳優も主婦も、高校生もキャバクラ嬢も、その空間内では平等であるということである。筆者は隣の席に主婦が来ようが高校生が来ようが、彼ら彼女らの権利を侵害したことはない。主婦グループが隣で旦那や子供のことをあれこれおしゃべりしていようと、筆者の執筆を妨げることはない。ふんふん、そうなんだ、大変だね、などと頭の半分で思いながら執筆を続ける。執筆に集中すると隣の声はもう聞こえなくなる。音量によっては少々困るが、幼児がぎゃーぎゃー泣こうが、子供の声を聞くのが好きな筆者には不快ではない。だがこれに反して、なぜかカフェで仕事をする筆者の姿を露骨に不快がる客・店員は少なからずいる。これは筆者だけの体験ではなく、カフェで勉強すると店員から意地悪をされるという話はしばしば聞くので、日本のカフェに一般的な傾向なのだろう。これはヨーロッパではありえないことである。無論、人種差別をする人はいたるところにいるので、その種の意地悪を受けることはあっても、勉強や仕事をしていることで不快がられることなどない。人に迷惑をかけない限り、一杯のコーヒーさえ頼めば、一日中そこで何をしていようとその人の自由なのである（筆者が仕方なく行っている二流のカフェでは、混みあう時間帯では利用を九〇分に限らせるような掲示が出されるが、これもヨーロッパ的カフェ文化の伝統ではありえないことである。筆者の住む文明果つる地方都市では、文明を求める客の需要と供給が一致していないという不幸が、こうした無粋な事態を生じさせる。混んで席が埋まれば、もうそれ以上の客を入店させなくするだけのことで、すでに入っている客としての個人の権利はあくまで守られる。客を回転させてもっと儲けたいという店の営業上の都合など考慮されない。カフェは、商売であると同時に、文化でもあるからである。これは日本ではカフェが文化にまで育っていないということ、あるいは、カフェは単なるサービス業の一形態でしかなく、文化と捉える発想がそもそもないことを意味している。ホテルや旅館にも同じことが言える。客がホテルや旅館に求めることはビジネスライクなサービスだけではなく、文化も含む。ホテルや旅館側が自分たちの仕事に文化的側面があることを忘れ、ビジネスだと割り切ってしまうと、客が求めているものとのずれが生じ、そのホテルや旅館の凋落が始まる)。これは個人の確立という月並みな観点を持ち出せば、それでおおよそ説明がつく事柄で、個人が確立していない社会では個人の自由も確立しえないのは当然の話であろう。無論この月並みな観点を、ヨーロッパはすばらしく日本は劣っているなどという月並みなだけではなく愚昧でもある観点に結びつけようとは思わない。ヨーロッパ的行き過ぎた個人主義をある程度制限し、個の自由を公共性に幾分道を譲ってでも自分が属する集団・群れ・階層の枠内で自分というものの立ち位置を考える日本人の傾向は、それはそれで、社会の健全さを維持する上で利点がある面を持つものだからである。だが、本来自分とは無関係な、カフェで勉強する他人の行為を自分と勝手に結びつけて嫌悪の対象にするというのは、この日本的傾向の悪しき側面であろう。多分、学校で勉強が嫌いだったり苦手だったりする過去を持つ人は、勉強に邁進できる人の存在を目にすることは、その人にとってそれだけで自分への侮辱と映るのかもしれない。人はどんな生き方をするにせよ、死ぬまで勉強を続けなければならないものなのだが、二流以下のカフェの店員というのは、学校さえ出てしまえば、もう自分は勉強をしなくてもよくなったと考える人たちで、社会人になってもまだ勉強を続け、向上しようとする人間が忌々しく映るものなのかもしれない。自分とは何の関係もない他人の行動を一方的に自分と関連づけて捉える関係妄想の類であり、これが昂じれば、おうおう随分と見せつけてくれるじゃねえか、と幸せそうなカップルに絡んでくるチンピラの心理と同質なものとなる(今時そんな昭和なチンピラがいるかどうかは知らないが)。筆者の言う「一流のカフェ」とは、この種の客や店員がいないカフェのことである(コメダ珈琲店の社長さん、ただ静かに勉強しているだけのお客様を白眼視することなどもってのほかであると、いま一度社員教育を徹底してください。そしてコロナが収まったら、かつての素晴らしい店員さんたちを再招集して、近所でカフェを再開してください)。

再度、言い訳がましくなるが、ヴォルフの原典確認を割愛するもう一つの理由は、論文や本を執筆する上で、どのような研究であってもいつかはどこかで対象範囲を区切らなければならないという大前提がある。人間の持つ時間も活動能力も有限なものであり、その精査の範囲を果てしなく拡大することはできない。ヴォルフの原典を確認せずに書くことに後ろめたさはあるが、それを言い出すと同じことが他の個所にも言えて、本書を執筆するためだけですら、厳密に言えばあと数千冊の本を読まなければならないことになる。そんなことは無理だから、どこかで区切らねばならない。本書刊行後、読者諸賢から、お前のここがこう間違っているというありがたい御批判を賜ったのち、筆者は向後それに関するさらなる議論を起こすこともあるだろう。

51　ただしここまでは、筆者のような凡人が考え得ることで、カントはさらにその先へと話を進める。カントは魂と物質との異種性あるいは類同性について語り（『純粋理性批判（中）』5-P65/4-S.367）、しかもその議論はその類同性の方向へと傾いていくのである。この辺りになると、もう筆者の頭（凡人の良識、凡人のbon sens、言うなれば凡サンス）ではついて行けなくなり、カントは一体何をどう考えているのか判然としなくなる。彼は霊魂論批判の文脈で、合理的心理学が前提とする魂の単純な本性が消滅性を持つ物質の本性とは異なるものであり、「魂は物体的ではない」とする霊魂論の立場を、単なる理性判断の意味においては客観的妥当性が許容されるものとしながらも、魂と物質との異種性あるいは類同性についてより深く追求していけば、それは客観的使用の実在性を欠く単なる諸理念でしかないことがわかるとする。彼はここで彼の物自体論を援用する。物体は外的感官が捉える諸現象であり物自体ではない、これと同様、我々の思惟する主観は物体的ではない、とはつまり、この主観は外的感官のいかなる対象でもありえないからである。この主観は内属する主語としての「私」であって、空間におけるいかなる現象でもありえない。確かにこのことは、魂と肉体とは全く異なる存在者であることの論拠になりうるかに見える。だが、ここでカントは、凡人たる筆者の常識の一線を越える。一般に物質の特性とされる延長、不可入性など外的直観の対象となるものは、確かに一般に魂の側に帰属すると考えられる思考、感情、傾向性、決意等々ではありえないが、外的現象の根底に存する或るもの、我々の感官を触発する或るもの、ヌーメノン〔感覚によって知覚されるフェノメノン〔現象〕と対をなすヌース〔精神〕によって認識されるもの〕として考察されたこの或るものは、同時にまた諸思考の主観でもありうるとカントは言う。それゆえ、人間の魂は、それが現象とみなされる場合には、その基体に関して（in Ansehung des Substrati derselben）物質からは決して十分には区別されていないと言う（同5-P67/4-S.369）。物自体ならぬ外的現象にすぎない物質は、合成された存在者でしかなく、単純性を持つ魂とは区別し得るが、その基体はいかなる形でも認識されない。それゆえ——とカントは述べるのだが、果たしてどう考えればよいのか——物質の実体には、それ自身の内的感官によって意識的に表象されうる諸思考が内属しているということだとし、ある関係においては物体的と呼ばれる当のものが、別の関係においては同時に思惟する存在者でもあると言う。平たく言えば、物もまた考えている、とカントは言うのである。無論、筆者のような凡庸な人間には俄かには理解しがたい考え方である。次の「むしろ」以下の文は、肉体を持つ物質的存在者でもある人間もまた、「人間が思惟する」と言ったとき、外的現象として延長的である存在者（この場合は人間）が内面的には主観である、つまり合成的ではなく、単純性を持つ思惟する主観とされるのと同じだと言うのである。その先には「われわれが物質と呼ぶ外的現象の根底にある知性的なもの」という言葉も現れる。物も人間同様考える主観たり得、人間もまたそのような考える物（延長的である存在者）に類同するものであると言う。この物質と人間主観との類同性の主張を我々はどう考えればよいのか。以上の部分は『純粋理性批判』のA版、つまり第一版（一七八一年）での記述であり、B版（第二版一七八七年）にはない部分なので、カント自身は後になってこの箇所は削除すべきだと考えたものなのかもしれないが、ヘーゲルのように一読してインチキだとわかる駄弁ではない限り、無碍に捨て去るのではなく、我々にとって有益でありうるものを能う限りそこから汲み取るべきであろう。

　最初、筆者はＡＩのようなものを考えているのかとも思ったが、カントが彼の時代ですでにそうしたものを想定していたとは考えにくい。ただしデカルトの心身二元論的発想が、当時すでにAutomat（英語ではautomaton。自動人形。つまり今日でいうヒューマノイドのような思考し意思を持つ人型機械、と言っても当時の実態は、からくり人形に毛の生えたようなもの）の着想を生み出し、文学作品にもそうしたものは登場していた。人工知能の研究の最先端が現在どうなっているのかは知らないが、人工知能が感情らしきものを示し得たとしても、現在はまだ計算によってＡＩ自らが割り出した「感情らしく見える外形的見せかけ」が可能になっているにすぎないのではないかと想像している。

もし将来、本当にＡＩ自らが自律した思考を持ち、感情を持つようになるとしたら、思惟するという点だけを取ると、生物と非生物の区別は難しくなるだろう。

常識人でしかない筆者は、生物以外の非生物が思惟することなどないと考えていた（いる）が、上記のカントの主張をたどるとすると、カントが彼の「くるりんぱ（コペルニクス的転回）」で、「認識が対象に従う」とする従来的発想に対して「対象が認識に従う」とする新たな発想を示した訳だが（本書68頁参照）、その際カントの頭の中では、対象（物質）もまた我々に対して自分をこう見せようと思惟しているということまで発想していたのだろうか。筆者は先に、脳細胞と電気信号のやりとりという物理現象を「考える」の前提としたが、確かに脳細胞は「考える」に特化した神経細胞の集積に他ならないが、脳に次いで多くの神経細胞が集積している腸もまた「考える」ことが可能な器官である。それが脳腸相関として脳との緊密な連携の下で可能になっているのだとしても、脳でなければ「考える」が成立しない訳ではなく、ある程度の神経細胞があれば「考える」は発生すると言えるのだろう。例えばミミズのような生物を考えた場合、本来、体の隅々に備わる神経細胞が、土をかき分けて進む頭頂部に集積が加速し、考える役割を担ういわゆる「頭部」が形成されるというのと同じような経緯を、あらゆる生物がたどってきたのだろうと素人ながら考える。次々と新たに外界と接触する先端部分に神経が集積されるのは、その外界の危険性・有益性を生命維持のために瞬時に判断しなければならないからだろう。脳と呼べるようなものが形成されていない段階でも、神経細胞さえあれば「考える」は可能なのだと言える。ところで神経細胞すらない植物もまた、ものを考えているという説がある。それを初めて耳にしたのは筆者が学生時代のことで、ひょっとするともっと以前からあった説なのかもしれない。植物は神経細胞を持たない。だから考えることなどできないはずなのだが、単なる気温や湿度の変化への対応ができるだけの生物とするのでは説明のつかない現象がある。学生時代に聞いた話では、植物に刃物を近づけると「ヤバいよ、ヤバいよ」と不快を示す電子的反応が感知されるというのだ。それは単に筆者が人から聞きかじったというだけで、誰がどこでそう論じているかのオリジナルの議論は知らない。さらに、野山を徘徊すると衣服に植物の種が付着していることがあるが、それは動物によって自分の種を遠くへと運ばせる植物自体の戦略によるものとされている。とはつまり、植物は自分の外界にうろつく動物の存在を認識できていることを意味する。目もなく神経もない植物に、いかにしてこれが可能となっているのか。動物から植物へ、さらに非生物へと話を進めると、半導体のような人工物を神経細胞の集積と見た場合、「考える」を成立せしめるものは、必ずしも有機的神経細胞である必要はなく、無機物（物）によってもそれは可能になるということなのか。「考える」に関して、物と人（生物）とは類同するものなのか、はたまた何の違いもないものなのか。

おそらくカントは半導体のような人工物によってはじめて可能になる物の「考える」ではなく、ごく当たり前に目の前に存在する事物においてすら、すでに「考える」の可能性を想定していたのだろう。だとすれば、かつてホフマンスタールの『チャンドス卿の手紙』（一九〇一年）がフッサールの現象学的還元と関連づけられて論じられたことがあったが（フェルディナント・フェルマン『現象学と表現主義』岩波現代選書、一九八四年、第五章）、カントの時点ですでに物の側からの我々の側への働きかけという哲学的視界が開けていたということになる。『チャンドス卿の手紙』は現実世界の把握が破綻していく様相を主題にしており、事物（対象）に対する距離感の喪失、言語による伝達能力の放棄、通常の現実連関の解消などが扱われている。それはドクサの世界から解放された本来的現実の経験を目指す現象学的還元における意識の純化という態度とも軌を一にするものである。人間主観の外界の把握能力への懐疑が語られ、本来、事物（対象）に向かう人間主観と、その事物の側からの主観の再帰的関係が扱われる。

以上、筆者が縷々述べたことは全く的外れなことでしかなく、カント専門家から、カントの超越論的主観の問題とはもっと単純化できる、これこれこういうことなのだと説明を受けることができるなら、また生物学・脳科学の専門家から、それはとうに片のついている話で、こういうことなのだとご教示をいただき、筆者の無知が判明してすべての疑問が氷解するのなら、筆者にとってそれはそれで、誠にありがたい望外の喜びである。

52　ヘーゲルのカントに対する「固定的」批判は、カントが馬の筋肉の切片をプレパラートに載せ顕微鏡で観察しているのに対して、そんなやり方では実際に走っている馬の筋肉の状態を観察していることにはならないと言っているようなものである。現代のCTスキャンでも人体を固定することによってしか、輪切りで人体の内部を確認することができない。そんなものは動いている肉体の状態とは違うとヘーゲルが主張するのは勝手だが、それは自分が動いている肉体の観察が可能となる能力を得た上で口にして、初めて意味を持つ発言である。貧弱な顕微鏡一つで能う限りの観察をおこなったカントと、自分自身ができもしない動いている筋肉の観察の重要性を強調し、観察できてもいない対象にあれこれ好き勝手なことを言い散らかし、挙句の果てに「絶対精神」などというほらを吹くのは、暴慢の極みと言うべきものである。

53　ついでに言えば、中国共産党がいかに愚者の群かも、ここまで書けば明瞭であろう。都合の悪い情報を制限・禁止し、言論を弾圧し、好奇心を委縮・封殺することは文化の成熟の委縮・封殺でしかなく、文化の成熟が委縮し封殺される社会では思想も知もまた委縮・封殺されるしかない。彼らが推し進めているのは、覇者たち、正当性のない権力簒奪者たち——彼らは選挙をしない——によって栄枯盛衰を繰り返す、あぶくのように生まれてはまた消える無数の王朝国家と同様の、四千年前から何も変わらない進歩や成熟とは無縁な非文明国家である。彼らの考える進歩とは、技術的進歩でしかなく、テクノロジカルな知を知のすべてと考えるところが、非文明人の非文明人たる所以であろう。「百年河清を俟つ」どころか、あと何千年経とうと、彼らが「近代」とはどういうものなのかを理解することはないだろう。

中国における人権弾圧へのバイデン政権側からの批判に対して、アメリカだって人種差別の問題を抱えており、そんなアメリカが我々に偉そうに説教するなと中国政府は反論したが、彼らの知性がどの程度のものなのかが、その反論によく表れている。アメリカで人種差別をし、有色人種に迫害を加える者たちは、犯罪者として官憲に取りしまわれる側の者たちである。ウイグル人や香港人に迫害を加える者たちは、中国の官憲とその代理者たちに他ならない。犯罪の主体は中国政府自身である。アメリカでは、差別主義的なごろつきやならず者は刑務所に入る。中国政府の反論は、中国政府それ自体がごろつきやならず者の集団であると自ら公言しているようなものである。対岸で見ている我々にとって喜劇でしかないが、中国人民にとっては、自分たちの指導者が、本来自分たちを指導する法的資格のない権力簒奪者であり、知的にも指導する資格のない間抜けな犯罪者たちでしかないことは、二重に悲劇である。

54　ブータンの国民はむろん未開民族などではないが、彼らや彼らと同様に、他人よりも多くのバナナをほおばることに特に興味を示さない質朴な社会を形成する民族と、キリスト教原理主義者や中国共産党らがどう違うかと言えば、前者が近代の成果が特に自分たちにとってさほど必要なものだとは思えないのと、自分の生命をつなぐ本数のバナナがあればそれに満足し幸福でいられるのに対して、後者は近代の（テクノロジーとしての）成果を人一倍強欲に手に入れようとするくせに、その成果をもたらしてくれる近代性の本質を理解できないことにある。おそらくブータンの人々にとって、食べきれないほどのバナナを手に入れることに意味はない。食べきれずに捨てるほどのバナナを欲しがることは愚かなことだと思っているのではないか。命ある人間が同じ命あるものたちを食べきれずにごみとして捨てるほどの貪婪ぶりは、生命への不遜とすら考える人たちなのであろう。アメリカのキリスト教原理主義者たちが近代の成果に見向きもせず、アーミッシュのような生活に甘んじるかと言えば、そんなことはなく、バケツのような容器を両ひざに挟んで、口の周りをべたべたにしながら近代の成果の一つであるアイスクリームを貪るデブの原理主義者も多いことだろう。

中国共産党の提供するカレーライスは、テクノロジーという新開発のカレールウと強権的独裁政治という糞便が一緒に盛られている。豚ですら、そんなものを食べ物とは思わない。街路で糞尿をまき散らさないように共産党政府は「文明的行動」をとるよう人民を指導するわけだが、共産党指導部自体が国際社会で糞尿をまき散らしていることに気づいていないので、人民が「文明化」することもないだろう。役割を果たしたロケットの落下の際に、安全な位置に誘導して地上に被害を出さないよう配慮するのが先進国での常識だが、中国の宇宙開発事業では、この常識が無視され、どこに落ちようが後のことはどうなろうと知ったことではないかのような振る舞いをしているのは、辺りかまわず糞尿をまき散らす中国的「文明」の姿そのものである。彼らのテクノロジーのみの進歩は、彼らの文明人としての品性の洗練には何らつながらない。共産党指導部は、洗練された品性を持つ香港人は同胞だとは思えないらしく、見かけは自分たちと同じなのにせっけんやシャンプーの香りがする彼らが憎くてたまらないらしい。同胞ならば、自分たちのように糞尿の中で寝転がれと強要する。中国共産党支配下の土地で、シャワーを浴びて清潔でいることは命がけである（香港市民の英雄的抵抗活動を目の当たりにして、本土の中国人民は、腹いっぱいご飯が食べられさえしたら、後のことはどうでもいい人たちなのかと、やや軽蔑的に眺めていたが、ようやく白い紙を手に抗議を始めた若者たちの姿を見て、今では頼もしく思っている）。中国の現状を見ると、つくづくニーチェに言ってやりたくなる。「ほらね、トラシュマコス的原理で国家運営をするとああなるのだよ」と。自分たちへの批判をモグラたたきのように弾圧し、虚勢を張り続けていればどうにかなると考えるのは、救いようのない愚かさである。自国を植民地化しアヘン戦争を仕掛け、人民に塗炭の苦しみをなめさせたイギリスを筆頭とする欧米諸国に偉そうに説教するなという気持ちは、多少わからないでもない。だが、クズにひどい目に合わされたから自分もクズとなって仕返ししてもいいのだというのは、クズの考えることである。しかも自分たちにひどい目を合わせた当のクズに仕返しするならまだしも、強い者には逃げ腰で、自分たちに何をしたわけでもない自分よりもずっと弱っちい者を探し出していじめの対象にするのだから、クズの最たるものである。二〇〇〇年も経ってから、またぞろ帝国主義的拡張主義の真似事をするのは時代錯誤もいいところだろう。そんなことをやってもろくなことにはならないことはすでに歴史が証明している。いっしょにつるんでいたチンピラ仲間のプーチンの末路を見て、中国もいささか慌て始めているのかもしれないが、無理を通せば道理は引っ込むのは、一時的個別的状況下ではありうるとしても、それが元々道理に反していることである以上、いつかはすべてが通らなくなるのが道理というものなのである。あれほど広い国土と一四億もの人的資源を持つのだから、国土を有効活用することに資金や人材を投入すれば、外へと拡大しなくてもより豊かな国となり、共産党の正統性を人民に知らしめ、内からも外からも称賛を受ける真の意味での「大国」となることができるだろう。習近平が腰に手拭いでも下げて、数万人の失業者・生活困窮者と共に荒れ地に苗木を植える事業でもすれば、ガンジーの「塩の行進」（運動の性格は異なるが）とまではいかないまでも、国の内外に好ましい印象を与えるパフォーマンスとなるのではないか。逆にミサイルや空母を誇示するなど、教室内でナイフを見せびらかす貧乏な家庭で育った不良生徒の姿そのものである。原理的な話をするならば、仮に現在の中国共産党が目指す拡張主義的方向がすべてうまくいき、周囲の外国勢力の抵抗を粉砕し、自分たちの思い通りに中国の拡大政策が成功し続け、最終的に中国が世界征服を達成したとしよう。それで中国共産党の理想世界が実現するかといえば、絶対にそんなことにはならない。そうなった時は、また中国の世界征服国家の内部で強権主義への怨嗟の声が満ち溢れ、内部からその状況に抵抗する勢力が澎湃と沸き起こるのはわかりきったことだからである。つまり中国共産党が目指す方向とは、終わりなき不毛な努力を繰り返す堂々巡りとなるしかない。四千年前から何も変わらない堂々巡りである。ソクラテス的原理、つまり誰もがそれを「善い」と考える公準に基づく社会を構築することによってしか、その堂々巡りは終わらない。近代性とは、別言すれば、誰もが「善い」「正しい」と考えるこの世の姿を探るあり方のことである。

日本のアニメが世界で受け入れられているのは、自分を笑うことのできる高度な文明国の産物だからである。日本人は自分の卑小さや滑稽さを自ら笑いの対象とすることで、それを文化的コンテンツとしてアニメや芸術作品に盛り込む。それが共感を呼び世界の人々に受け入れられるのである。自分たちは偉大な民族で、そんな卑小さや滑稽さなど持たないと強弁することで卑小さや滑稽さから逃れることはできない。クマのプーさんに似ていると言われただけで怒り出す人間が「偉大な人物」であるはずがないのは、誰にとってもわかりきったことだ（筆者もかつて、「仲井はスーパーマンだ」と呼ばれていたことがあったが、それは単に「スーパーで買い物をするのが大好きな男」という意味でしかなかった）。教室内でナイフを見せびらかす不良生徒の虚勢には、救いようのない無惨すぎるコンプレックスが隠れようもなく表れている。こうした劣等感に苛まれる者が、手が震えだすとそれを鎮静化しようとして何としてでも手に入れようとするのが、「権力」という麻薬である。オレ様を崇めたてないと収容所に送るぞと恫喝することで自分の劣等感の埋め合わせをしようとする不毛なやり方を取る限り、より強い麻薬が必要になる。その行き着く先は、権力ジャンキーのプーチンのそれと似たような末路であろう。

あとがき

本書で多用している「良い子のみんな」という呼びかけは、五歳から四〇歳までの若者を対象としている。軽んじたり、おちゃらかしているのではない。最大限の敬意をもって、この呼称を用いている。この世界を次へと託すに足る人たちと想定しての呼称である。

筆者が高校を卒業し、東京に出てすぐに知己を得た初老の――若かった筆者にそう見えただけで実はその時まだ五〇代であった――学者・文筆家に、筆者が二〇歳のときに「あなたも、あと二〇年は若いですから」と言われ、その人にとって四〇歳までは若者ということになるのだと了解した青春の記憶と関係している。筆者は現在その時のその人の年齢をとうに超えてしまっているので、四〇歳までの読者を若者と見ても不当とは言えないだろう。繰り返すが、筆者にとって、相手を若者と見ることと、相手を軽んずることとは別である。若くて物を知らなくても、それは軽視の理由にはならない。物を知っているということがその人の品格の向上には何もつながらない、山ほど物を知っている馬鹿な大人は山ほどいるからである。本書は概ね、そうした若い賢明な読者諸氏を念頭に書いている。

筆者ごときが何も言わなくても、良い子のみんなが今後どのような生き方をしようと「山ほど物を知っている馬鹿な大人」になる気遣いなどないだろうが、寸心をもって、いくつか言っておきたいことがある。本書はいちおう哲学について語っている。上の年代の人々ほど、哲学をとんでもなく難しい、高度な、込み入った話で、それを云々できる人はとてつもなく頭のいい人で、一般の人には近寄りがたい世界だと思っていることだろう。だが、あまり頭のよくない筆者が二冊の哲学関係の本を書いてみて、哲学する上で最も大切なことは頭がいいことではなく、素直で率直でよけいな邪心やスケベ心がないこと、自分にも他人にも正直であることだとつくづく思う。一たす一が二であることがわかり、人をだますのが悪いことだとわかる人なら、哲学書はちゃんと読めるはずだと思っている（それがちゃんとした哲学書なら）。それを何かとてつもなく難しいことのように思ってしまう人がいるのは、そう思わせようとすることで何らかの利を得ようとする似非哲学者・似非哲学論者がいるからでしかない。良い子のみんながもし哲学に興味を持ったなら、今後こころがけなければならないのは、これがこうでこうなっているからこれは正しいよな、これがこうでこうなっているからこれは間違っているよな、と自分自身の良識に従って判断することである。周りの人間がこれはこう考えるものなのだといくら言おうと、自分の中の良識が納得できないものを感じる場合はそれに従う必要はない。素直で正直であることと、他人の言うことをろくに検討もせずに鵜呑みにすることが、別であるのは言うまでもない。正直ではない他人、勘違いしている他人がこの世に満ち溢れているのは、五歳以上の子ならば誰でもわかるはずのことだ。そこまでは、「良い子のみんな」と呼ばれるに値する人なら間違うことはないと思うが、老婆心ながら筆者が最も懸念する点がある。自分では判断できないことに出会ったときにどうするかということである。ここに「良い子のみんな」ですら滑り落ちかねない陥穽がある。ここでも大事になるのは正直であるということである。わからないことをわからないと正直に自他に認めること。そして、わからないからといって、わかっていると称する人に安易に同調するのではなく、答えを留保することが大事だということ。生きてきた時間が短い若者はついせっかちになってしまうものだが、その留保期間は一〇年二〇年はざらで、場合によっては四〇年五〇年にわたることもあるだろう。だが決してわかっていないことをわかったことにしてしまってはならない。偉い先生が言おうと仲井先生のような偉くない先生が言おうと同じである。そしてその一〇年から五〇年をただ漫然と過ごすのではなく、未決の疑問を解決するヒントとなるものにアンテナを広げ、常に鋭敏でいなければならない。五〇年は人生の大半なので、その間どこかで働いて飯を食わねばならないから、世の中の波風をやり過ごす工夫も不可欠である。俺の言うことが信じられないのかと怒り出す先生もいるかもしれない。俺の見解に沿った論文を書かないと学位を認めないぞと恫喝する、その時点で本当は偉くないことが判明する、世の中で偉いと思われている先生もいるかもしれない。

良い子のみんなはまだ発展途上だから、自分がわからないことについて色々な人の意見を聞くのは重要であり、ちゃんとした先生が君の考え方は間違っているという場合も謙虚に耳を傾けることは大事なことだ。賢明なあなたたちなら、いったん自分の信じるものを脇に置いて、相手の立場に添った考究を試行してみるという賢明な手続きを踏むだろう。だが、どうしても納得できない場合は、自分の疑問点・不明点を宝石のように大切に胸の奥に保管すべきである。そのために、どうにもならない場合は、一時的な見せかけの同調という戦術的退却が仕方がないこともあるだろう。ただ、その戦術的退却を何度か繰り返し、世の中で生きるということは、そうせざるをえないものなのだと聞いた風なことを言うとしたら、「良い子のみんな」の尊称は剥奪され、ただのバカちんと呼ばれることになる。

筆者は世間的な栄誉とは無縁なただの風来坊だが、自分は最後に笑って人生を締めくくることができる人間だと自負している。幸せに生きるとはそういうことだと思っている。自分の志操を汚す生き方しかできない者は、おそらく死ぬまで腹の底から笑うことができぬまま人生の終幕を迎えることになるだろう。知っていることを正直に話すこと、それもまた五歳以上の人ならば誰でもすぐにできるはずのことだ。虫歯を抜くのを怖がって、死ぬまで憂鬱な痛みに苦しみ、おいしいものを食べられないのは不幸な生き方である。佐川宣寿さん、虫歯を抜いたら、清々しい外の空気をすって、一緒においしいものを食べよう。赤木俊夫さん、あなたはもっと笑って生きていてよい人だった。あなたにユーモアが足りていなかったことが、僕は悔しくてならない。

本書を読んで、「我もまた、仲井の言う良い子なり」と言う八〇歳の高齢者が現れたら、それもまた筆者の快事である。

二〇二二年一二月一四日

仲井幹也

ニーチェ　知のゆくえ　二　知と非知

発行日　二〇二三年七月二〇日　初版第一刷発行

著　者　仲井幹也

発行所　株式会社 三元社
〒一一三-〇〇三三　東京都文京区本郷一-二八-三六鳳明ビル
電話／〇三-五八〇三-四一五五　FAX／〇三-五八〇三-四一五六
郵便振替／00180-2-119840

印刷＋製本　モリモト印刷 株式会社

コード　ISBN978-4-88303-572-4